Toby Widdicombe

J.R.R. TOLKIEN

O mundo fantástico do criador de O Senhor dos Anéis e O Hobbit

TRADUÇÃO
UBK Publishing House

ubook UBK Publishing House

Publicado mediante acordo com Bloomsbury Publishing. Edição original do livro
J.R.R. Tolkien: A Guide for the Perplexed, publicado por Bloomsbury Publishing.

COORDENAÇÃO Alessandra Brito
EDIÇÃO Juliana de Oliveira
COPIDESQUE Christian Daniel
REVISÃO Vivian Sbravatti | Thamiris Leiroza
REVISÃO TÉCNICA Cesar Machado (Consultor Tolkienista)
PROJETO GRÁFICO E CAPA Bruno Santos

Dados Internacionais de Catalogação na Publicação (CIP)
(Câmara Brasileira do Livro, SP, Brasil)

Widdicombe, Toby
J.R.R. Tolkien : o mundo fantástico do criador de o senhor dos anéis e o hobbit / Toby Widdicombe ; tradução [Ubk Publishing House]. -- 1. ed. -- Rio de Janeiro : Ubook Editora, 2021.

Título original: J. R. R. Tolkien
ISBN 978-65-5875-111-3

1. Biografia 2. Tolkien, John Ronald Reuel, 1892-1973 I. Título.

21-58334 CDD-920.71

Ubook Editora S.A
Av. das Américas, 500, Bloco 12, Salas 303/304,
Barra da Tijuca, Rio de Janeiro/RJ.
Cep.: 22.640-100
Tel.: (21) 3570-8150

Para Page
Você me ganhou no prato feito

Sumário

PREFÁCIO

Escrevi muitos livros em minha carreira acadêmica. No entanto, este é especial para mim, não apenas porque Tolkien é muito importante como figura literária. Há razões mais pessoais. Quando eu tinha dez ou onze anos, minha escola em Oxford encenou uma versão musical de *O Hobbit*. Isso deve ter ocorrido em 1965 ou 1966. Eu li esse livro um ou dois anos antes, mas ainda não havia lido a obra-prima de Tolkien. No musical, desempenhei um papel pequeno como membro do Coral das Aranhas. Sim, houve algo do tipo — e eu era horrível. O próprio Tolkien veio assistir à produção e nos encontrou nos bastidores após a apresentação. Como eu me lembro, ele era cortês, charmoso e gentil o suficiente para dizer coisas sobre nossos esforços que nos incentivaram e apertar as mãos de cada um de nós. Momentos como esses são inesquecíveis, principalmente quando eles o acompanham ao ler *O Senhor dos Anéis* e ser totalmente cativado pelo livro. Depois, descobri que Tolkien era vizinho da minha família em Headington (ele morava a uma rua de distância) e que seu filho Christopher e meu pai foram ambos estudantes da mesma faculdade de Oxford por vários anos.

Portanto, este livro é especial para mim porque sinto como se estivesse retribuindo a Tolkien pela sua bondade de tantos anos atrás ao tentar explicar às pessoas a maravilhosa e sedutora complexidade do seu trabalho.

AGRADECIMENTOS

Este livro não teria sido possível sem meus alunos, que tornaram os estudos sobre as obras de Tolkien uma verdadeira alegria. Portanto, tenho que agradecer aos seguintes alunos por fazerem deste livro o que ele é, e esta é apenas uma lista parcial: Aaron Acuna, Vincen Avichayil, Molly Bailey, Alex Bako, Frances Basketfield, Matthew Benice, Ian Cady, Edmar Carillo, Deb Castillo, D'ana Castro, Elise Chadwick, Elizabeth Chadwick, John Chenault, Alicia Clement, Erika Coker, Patrick Czyz, Kira Decker, Michael DiBattista, Crystal Dietz, Marijna Donker-Haverman, Kathryn Dufresne, Danielle Essary, Eric Flanders, Robert Foran III, Adam Foutch, Alec Garcia, Josh Garcia, Toni Godes, Kara Griffith, Heather Guthrie, Tiffany Hancock, Jonathan Harvill, Mitch Hoback, Jacob Holley-Kline, Joe Hopp, Justine Jackson, Kjol Johnson, Alex Jones, Ben Kraft, Andrew Krause, Apsen Knight, Elizabeth Kronz, Megan Linton, Samantha Mack, Katie Mansfield, Stacy McAfee, Rory McAllister, Kjersti McElwee, Megan McIlmail, Robyn

McKerley, Andrew Mullins, Julia Murakami, Cameron Murray, Dan Murray, Paige Nelson, Aurora Newkirk, Jessie Overton, Lori Paajanen, Katie Pace, Elizabeth Pearson, Sarah Reeves, Chris Richardson, Tania Rowe, Josef Rutz, Myra Scholze, Tyler Smith, Tony Stevens, Antoinette Street, Zach Tate, Jonathan Wagner, Sarah Ward, John Warren, Chelsea Wentland, Richard Whitney, Connor Younce e Jason Yurman.

Vocês continuaram fazendo perguntas, e eu tentei responder a todas o melhor que pude. Aqui eu tento respondê-las de uma forma um pouco mais completa.

Gostaria também de agradecer ao meu editor da Bloomsbury, David Avital, por sempre acreditar no projeto e confiar que eu poderia fazê-lo durante uma sabática peripatética, e à minha copidesque, Liz Hudson, por fazer um belo trabalho com um manuscrito difícil.

INTRODUÇÃO

É comum ver livros que discutem brevemente as conquistas literárias e culturais de J.R.R. Tolkien começarem citando sua popularidade com base em pesquisas que julgam os gostos e interesses dos leitores. Tais elogios assumem mais frequentemente a forma de "escritor do século" ou algum conjunto similar de palavras. Também é comum citar a importância fundamental de Tolkien no gênero fantasia, um gênero que, junto à ficção científica, é o favorito de muitos leitores. Tomarei como certa a verdade dessas visões: sim, Tolkien é extraordinariamente popular, importante e influente. O que tal avaliação mascara, entretanto, é que também é difícil de compreender Tolkien de maneira fundamental. Podemos ler e apreciar *O Hobbit* e *O Senhor dos Anéis*, por exemplo. Podemos ir um pouco além (talvez *muito além*) e apreciar *O Silmarillion*. No entanto, as questões que permanecem após o reconhecimento da estatura de Tolkien como figura literária são, talvez, as mais importantes nos estudos sobre Tolkien. Como as partes do legendário[1] de Tolkien estão relacionadas? Como o legendário de Tolkien está ligado ao resto de sua produção como escritor criativo? Como poderia um homem produzir um trabalho acadêmico e criativo tão notável e tão variado? E, finalmente, como as obras publicadas durante a vida de Tolkien estão conectadas com as que foram publicadas postumamente?

Como sei que são essas perguntas que preocupam os leitores? Porque essas são as perguntas que meus alunos sempre têm quando ministro cursos sobre Tolkien. Independentemente de eu ensinar Tolkien como um escritor de fantasia ou como um dos grandes escritores do século XX, essas quatro perguntas surgem com frequência. Este livro é a minha tentativa de responder a essas quatro e mais uma (que corre como uma corrente subterrânea através das aulas sobre Tolkien que eu ministro): Quais são os temas das obras de Tolkien? Tolkien apresenta preocupações recorrentes em sua obra, e este livro também vai iluminá-las.

O primeiro capítulo deste livro analisa a vida de Tolkien em relação a seu trabalho como escritor criativo. Aqui meu propósito é destacar alguns fatos-chave da vida de Tolkien como forma de usar a sua vida para ilustrar e explicar a arte. A infância difícil e perturbada de Tolkien; seu amor pelas línguas inventadas; seu catolicismo romano; sua capacidade de fazer amizades íntimas; seu serviço na Grande Guerra; seu namoro prolongado e posterior casamento com Edith Bratt; sua conquista de honras de primeira classe na Exeter College, Universidade de Oxford; sua longa e distinta carreira como professor na Universidade de Oxford — tudo isso se desenrola em sua ficção de formas fascinantes que nos ajudam a ler o mapa de seu legendário.

O segundo capítulo trata da complexa gestação do próprio legendário, com seus falsos começos (em *O Livro dos Contos Perdidos Partes I e II*), sua excursão à literatura infantil (em *O Hobbit*), sua coroação de conquistas em uma longa realização (*O Senhor dos Anéis*), sua complicada história de fundo (*O Silmarillion*) e as inúmeras partes do quebra-cabeça publicadas após a morte de Tolkien em 1973 por seu filho Christopher, que se dedicou à edição e à apresentação de toda a obra literária de seu pai em detalhes maravilhosos. Uma vez esclarecida a gênese e o desenvolvimento do legendário, a relação entre esse conjunto de obras de fantasia e as demais obras de Tolkien de literatura infantil e de empreendimento acadêmico também precisa ser esclarecida, pois o leitor que simplesmente se depara com algumas das obras de Tolkien pode não compreender a conexão entre os dois sem algum conhecimento prévio.

O terceiro capítulo aborda as línguas de Tolkien. Ele parte da premissa de que Tolkien criou seu mundo de fantasia da Terra-média como um meio de desencadear seu fascínio por línguas, em especial as inventadas. Não vou apresentar uma discussão detalhada sobre nenhuma língua (os élficos, por exemplo), mas mostrarei como o amor de Tolkien por línguas expande-se por todo o legendário e, de fato, por quase todo o seu trabalho publicado como escritor criativo e acadêmico. É a única constante em tudo o que ele produziu, e parte do que farei é mostrar como desde cedo esse fascínio o definiu como pensador e escritor.

O quarto capítulo é dado ao meticuloso tratamento que Tolkien dá ao tempo em sua obra. Tolkien trabalhou meticulosamente na cronologia nos Apêndices de *O Senhor dos Anéis*, e esse esforço se manifesta ao longo do legendário na criação das Quatro Eras, bem como na sua representação do mundo antes do início dos tempos (como descrito em *O Silmarillion* e em outras obras). Três questões são enfatizadas neste capítulo: a profundidade do mundo de Tolkien deriva, em parte, da onipresença do tempo; a conjuntura moral, na qual o bem está sempre em guerra contra o mal, é sempre vista apenas como um conflito quase infinitamente vasto; as diferenças entre os povos que ele cria derivam em grande medida de sua relação com o tempo. O complicado encaixe entre eventos específicos, precisamente retratados, e o contexto de milênios nos quais esses eventos se desenrolam, entre o macrocosmo e o microcosmo, requer elucidação.

O quinto capítulo focaliza os povos ou, melhor, as espécies com as quais Tolkien preencheu seu mundo criado da Terra-média. Tolkien fala dos Valar, Elfos, Homens, Anãos, Orques e Hobbits (os mais famosos). Cada espécie é ainda subdividida histórica, geográfica, linguística ou politicamente em grupos diferentes e distintos. Há seres, também, que desempenham papéis cruciais no legendário (os magos e os Nazgûl), bem como os seres únicos: Beorn e Tom Bombadil.

O sexto capítulo examina os temas dominantes do legendário de Tolkien, tanto os que considero significativos quanto os que outros estudiosos têm enfatizado. A minha intenção é oferecer uma espécie de fio condutor através do labirinto da realização artística de Tolkien. Faço isso em parte porque os estudiosos da obra de Tolkien encontram na identificação de temas uma tremenda ajuda para compreender o mundo criado por ele.

O livro é concluído com um posfácio e três apêndices. O posfácio discute a publicação de *A Queda de Gondolin*: o que ela revela sobre o legendário e o que ela significa por ser a última obra de Tolkien (pai e filho). Quanto aos apêndices, o primeiro refere-se a um conjunto de tabelas que ilustram as fontes da mitologia de Tolkien nas literaturas anglo-saxã, escandinava, celta, germânica e de inglês médio. A essas tabelas acrescento mais duas: as fontes que Tolkien utilizou de literaturas antigas de fantasia e outras fontes importantes, mas diversas, que não se encaixam conveniente ou precisamente nas outras tabelas. Esse apêndice dá ao leitor geral uma compreensão das fontes de Tolkien com detalhes suficientes para tornar a experiência ou o estudo do legendário mais rico e satisfatório. O segundo apêndice foca como o mundo de Tolkien foi retratado em filmes: desde os desenhos animados dos anos 1970 e início dos anos 1980 até os três filmes de Peter Jackson sobre *O Senhor dos Anéis* (2001–2003) e os três sobre *O Hobbit* (2012–2014). Meu foco é entender como e por que os filmes divergem dos livros. O terceiro apêndice oferece ao leitor uma lista de textos para leitura posterior, com algumas sugestões sobre direções futuras para os estudos sobre Tolkien.

Esse livro não é, naturalmente, a primeira introdução ao trabalho de Tolkien. É, no entanto, diferente dos seus precursores na medida em que responde deliberadamente a questões particulares que os leitores intrigados ou curiosos provavelmente terão. É também um tipo diferente de livro sobre Tolkien porque parte do pressuposto de que a obra de Tolkien é importante não só porque é bela, artística e segura, mas porque sua mensagem é indispensável. Em suas raízes, o legendário de Tolkien retrata, com frequência e grande variedade, a luta entre o bem e o mal no mundo. É antiquado, nesta era pós-moderna, falar de conceitos supostamente tão ingênuos. É ainda mais estranho (na opinião de alguns) acreditar que o bem e o mal existem como entidades. Ainda assim, vivemos agora em um mundo em que três grandes forças estão em jogo, e o resultado da luta não poderia ser mais profundo, pois é uma questão de vida e morte para muitos de nós, se não para todos. A primeira é o conflito entre uma visão de mundo fundada no Estado-nação e uma fundada no globalismo. A segunda é o conflito entre secularismo e religião. A terceira é o conflito entre aqueles que veem as mudanças climáticas como uma ameaça genuína para todos neste planeta e aqueles que as veem como ficção, sem importância ou não provocadas pelo homem (ou alguma combinação entre essas características). Tais conflitos estão acontecendo em uma arena onde muitos países (entre eles Estados Unidos, Rússia e China) têm a capacidade de aniquilar para sempre a humanidade apenas digitando algumas linhas de código e apertando alguns botões. A essa luta, Tolkien acrescenta uma voz profundamente mítica que diz que o bem pode triunfar sobre o mal, mas só pode fazê-lo por um certo tempo. Ele mostra de forma recorrente em sua ficção de fantasia que o bem deve sempre estar vigilante contra o mal. Para milhões, ele é profundamente convincente. Sua voz é muito importante, talvez até mais profunda do que as vozes dos políticos e líderes que fracassaram persistente e imperdoavelmente nas tentativas de resolver problemas de natureza global, problemas que no fundo e nas horas escuras da noite todos nós sabemos que existem. Sua voz também importa, pois fala com muita beleza, convicção e complexidade. Este livro é o meu esforço para explicar essa voz maravilhosa.

CAPÍTULO I

A VIDA E A ARTE DE TOLKIEN

A vida de Tolkien pode ser resumida em apenas dois parágrafos, em grande parte como uma sucessão de datas.

John Ronald Reuel Tolkien (conhecido como "John Ronald" ou, mais familiarmente, como "Tollers") nasceu em 3 de janeiro de 1892, em Bloemfontein, África do Sul. Seu irmão mais novo (Hilary Arthur Reuel Tolkien) nasceu em fevereiro de 1894. Seu pai, Arthur Tolkien, morreu em fevereiro de 1896, quando Tolkien tinha apenas quatro anos. Entre 1900 e 1911, Tolkien estudou na King Edward's School, em Birmingham. Sua mãe, Mabel Tolkien, morreu em novembro de 1904, então Tolkien passou a ser criado por um tutor, o padre Francis Xavier Morgan, escolhido por sua mãe. Em 1908, Tolkien conheceu sua futura esposa, Edith Bratt. Em 1910, Tolkien foi premiado com uma bolsa parcial na Exeter College da Universidade de Oxford. Entre 1911 e 1915, ele estudou na Exeter College e graduou-se com honras de melhor da turma em língua e literatura inglesa. Em 1915, ele foi comissionado no regimento de fuzileiros de Lancashire. Em março de 1916, casou-se com Edith Bratt e, entre julho e novembro daquele ano, esteve em combate na Primeira Guerra Mundial (1914–1918) na Batalha do Somme. Também em novembro daquele ano, ficou inválido por febre das trincheiras, e deixou de servir na guerra. Em novembro de 1917, seu filho mais velho, John, nasceu. Em 1918 e 1919, ele colaborou com o *New English Dictionary* (que viria a se tornar o *Oxford English Dictionary*).

Agora, tem início sua carreira acadêmica. Em 1920, ele foi nomeado professor associado de Língua Inglesa na Universidade de Leeds, e seu segundo filho, Michael, nasceu. Em 1924, foi nomeado professor de língua inglesa na Universidade de Leeds, e nasceu seu terceiro filho, Christopher. Em 1925, foi nomeado professor Rawlinson e Bosworth de anglo-saxão na Universidade de Oxford. Em 1929, nasceu sua quarta criança, sua única filha, Priscilla. Em 1937, foi publicado *O Hobbit*. Em 1945, Tolkien foi nomeado professor Merton de língua e literatura inglesa na Universidade de Oxford. Em 1954–1955, foram publicados os três volumes de *O Senhor dos Anéis*. Em 1971, Edith Tolkien (antes Bratt) morreu de complicações de uma inflamação na vesícula biliar. Ela e Tolkien estavam casados há 55 anos. Em 2 de setembro de 1973, Tolkien faleceu aos 81 anos de uma úlcera hemorrágica aguda.

Uma vida inteira descrita em menos de duas dúzias de datas.

A primeira pergunta que deixa tantos leitores da extraordinária obra de Tolkien perplexos é esta: Como alguém que levou uma vida aparentemente comum (nascença, educação, carreira, família, morte) criou algo tão notável e admirável como o legendário? A resposta a essa pergunta é fácil e crucial para iniciar qualquer estudo sobre a vida e a obra de Tolkien. No entanto, a pergunta em si deriva de uma profunda incompreensão da vida, que começa com a primeira (e única autorizada) biografia de Tolkien — escrita por Humphrey Carpenter e intitulada simplesmente *J. R. R. Tolkien: Uma Biografia*.[1] Ela foi publicada pela primeira vez pela George Allen & Unwin em 1977, apenas quatro anos após a morte de Tolkien. O mal-entendido começa logo no início da obra de Carpenter. Antes de tratar da biografia propriamente dita, ele começa com uma descrição de um encontro com Tolkien em 1967 na casa de Tolkien em Headington, nos arredores de Oxford. Carpenter o reduz (apesar de *O Hobbit* e *O Senhor dos Anéis*) ao "arquétipo do professor de Oxford, às vezes, até mesmo à *caricatura* de algum deles no palco"[2]. Esse mal-entendido leva a pensar ou imaginar que a vida de Tolkien era comum, desinteressante e monótona. Carpenter com frequência retrata a vida de Tolkien desta forma, como "monótona e sem complicações"[3]. Biógrafos posteriores adotaram a mesma leitura da vida de Tolkien. Assim, por exemplo, quase um quarto de século após o lançamento do livro de Carpenter, Michael White, em *Tolkien: Uma Biografia* (publicado originalmente em 2001 como *Critical Lives: J. R. R. Tolkien*), fala de Tolkien como um "professor obscuro" com "em muitos aspectos, [antecedentes familiares] completamente banais, quase modestos"[4] e uma vida "convencional"[5].

Antes de responder à questão crucial de como alguém como Tolkien poderia ter criado o legendário, é necessário contrariar essa visão amplamente defendida, mas errônea, de que Tolkien levava uma vida obscura e enfadonha. Apresentarei novamente os fatos da vida de Tolkien, mas desta vez não será na forma de uma sucessão de datas, mas como uma breve discussão sobre a vida que está por trás delas.

O pai de Tolkien, Arthur, morreu quando John Ronald tinha apenas quatro anos. Seus pais já estavam separados fisicamente, com seu pai alocado em Bloemfontein e sua mãe residindo na Inglaterra. A mãe de Tolkien, Mabel, morreu quando ele tinha doze anos. Então, Tolkien perdeu os dois pais antes mesmo de se tornar adolescente. Apenas quem ficou órfão pode compreender como é desmotivador e confuso não ter pais enquanto se cresce. Em 1899, sua mãe, Mabel, escolheu mudar do protestantismo (o pai dela tinha sido metodista e mais tarde tornou-se unitarista) para o catolicismo romano. A consequência dessa decisão foi que ela sofreu ostracismo por quase toda sua família e passou de uma mãe pobre com dois filhos (sobrevivendo do retorno do investimento do falecido marido nas Minas Bonanza e da generosidade do cunhado) para uma quase despossuída. Ela mudou sua família de lugar em lugar com base no custo e na proximidade de igrejas católicas: da casa de sua família em Birmingham para Sarehole (uma vila nos arredores de Birmingham); para um alojamento em Mosley (um subúrbio de Birmingham); para um pequeno lugar perto da King's Heath Station;

para uma pequena casa na Oliver Road (ambas em Birmingham). A certa altura, por ter sido hospitalizada por complicações da diabetes, seus dois filhos (John Ronald e Hilary) foram separados, indo morar com diferentes membros da família. Depois, todos se reuniram em um subarrendamento em Rednal, Worcestershire: eram apenas dois quartos em um pequeno chalé, de propriedade do Oratório de Birmingham, alugado pelo carteiro local. Assim, antes de John Ronald se tornar adolescente, ele havia vivido uma pobreza real, antes que existisse qualquer esboço de um Estado de bem-estar social.

Após a morte de sua mãe em 1904 — ela tinha apenas 34 anos — Tolkien foi colocado sob a tutela formal do padre Francis Xavier Morgan. Na época, Tolkien morava no subúrbio de Birmingham, em Edgbaston, com sua tia materna, Beatrice, uma viúva nada amável. Morgan, entretanto, percebeu que tal ambiente não era propício para crescer feliz, e assim, em 1908, ele mudou os dois irmãos para um quarto em uma grande casa de propriedade de alguns amigos seus, os Faulkner. Então, aos 16 anos, Tolkien havia se mudado quase dez vezes de um lar temporário para outro: às vezes com sua mãe (antes de morrer jovem) e irmão, e às vezes sem eles. Em quase qualquer pessoa, isso geraria um sentimento de incerteza acirrada sobre pelo menos quatro das pedras fundamentais da vida: segurança, modesta riqueza material, abrigo e afeto.

Ao se mudar para a casa dos Faulkner em 1908, Tolkien conhece sua futura esposa, Edith Bratt. Ela era quase três anos mais velha do que ele, muito atraente (como atesta sua foto[6]), órfã (como Tolkien) e ilegítima. Em certo sentido, eles se salvaram das privações materiais e sociais de suas vidas até aquele momento. Entretanto, o guardião de Tolkien, padre Morgan, descobriu o relacionamento e proibiu-o de vê-la até que Tolkien atingisse a maioridade (naquela época, 21 anos) — em parte porque ela distraía Tolkien de seus estudos e em parte porque ela não era católica. O padre Morgan também transferiu os irmãos da casa dos Faulkner para alojamentos nas proximidades. Tolkien levou as ordens de seu tutor a sério — porque o admirava e porque Morgan o apoiava financeiramente. Tolkien não viu ou se comunicou com Edith entre o início de março de 1910 e 3 de janeiro de 1913. Quando voltou a falar com ela, Edith já estava prometida a outra pessoa (George Field, irmão de uma de suas colegas da escola, Molly). Foi preciso uma viagem de trem para Cheltenham (onde Edith estava morando) e muita conversa antes que eles finalmente concordassem em se casar. O padre Morgan de forma relutante, mas educada, aceitou o que era quase um fato consumado. John Ronald e Edith casaram-se em março de 1916, mas somente depois que Edith se converteu do protestantismo ao catolicismo e foi recebida na Igreja Romana em janeiro de 1914. A relação de Tolkien com a religião era, então, muito complicada.

Enquanto isso, a educação de Tolkien progrediu. Durante o tempo que estava na King Edward's School, em Birmingham, ele tornou-se membro de um clube intelectual e literário de vários rapazes veteranos: o "Tea Club and Barrovian Society" [Clube do Chá e Sociedade Barroviana]. Esse grupo teve uma influência extraordinária em sua vida; sua amizade com os membros do clube, Christopher Wiseman, Rob. Q. Gilson e Geoffrey Bache Smith (muitas vezes conhecido como GBS), provou ser formativa em sua longa vida. Ele ganhou uma bolsa de estudos na Exeter College da Universidade de Oxford em 1911 e se formou com a nota mais alta possível (honras de primeira classe) em 1915. Em certo sentido, então, suas conquistas intelectuais e sua convicção compensaram todas as formas pelas quais, ao crescer, sua vida foi tudo, menos certa e segura. Com essas conquistas e seu amor por Edith reafirmado por um casamento, ele foi à guerra e, entre julho e novembro, participou da Batalha do Somme. É impossível exagerar o quanto a Primeira Guerra foi terrível para aqueles que nela lutaram. Para Tolkien, o Somme foi tão terrível que ele quase não descrevia o ocorrido de forma direta. Ele simplesmente dizia que a guerra de trincheiras era um "horror animal"[7] e a própria guerra um "absoluto desgaste estúpido"[8]. A história registra que, na batalha de cinco meses, os Aliados avançaram apenas seis milhas em uma frente de dezesseis milhas, ao custo de 650 mil baixas. Dos três melhores amigos de Tolkien do TCBS, apenas um sobreviveu: Christopher Wiseman. Rob Gilson morreu em La Boiselle em 1º de julho (o primeiro dia da Batalha do Somme), e GBS morreu em 3 de dezembro por ferimentos causados por estilhaços. O próprio Tolkien teve a sorte de ficar inválido, voltando à Inglaterra em novembro de 1916, passando o resto da guerra com febre das trincheiras (uma infecção potencialmente fatal transmitida por piolhos). Foi durante sua longa convalescença que Edith cantou e dançou para ele em um bosque perto de Roos em Yorkshire, um momento mágico que se tornou central no mito de Beren e Lúthien.

Depois da guerra, houve a colaboração para o *New English Dictionary* e a espetacular ascensão à eminência de uma cátedra de Oxford na notável juventude de 32 anos; houve o longo casamento e quatro filhos; houve o grande esforço para equilibrar seu amor pela escrita criativa com seu trabalho acadêmico e sua vida familiar como único sustento e pai devoto. Como sugeri anteriormente, tornou-se um fato biográfico que esses foram anos monótonos e comuns na vida de Tolkien, mas não o foram, por várias razões. Primeiro, o casamento de John Ronald e Edith foi complexo e difícil, em parte por causa de sua preocupação com seu trabalho, em parte por causa da timidez dela com os colegas acadêmicos e amigos dele, em parte por causa de sua idealização de Edith, e em parte porque a relação foi fundada sobre coerção. Tolkien tinha forçado Edith a se converter ao catolicismo quando suas raízes sociais estavam no protestantismo, e ela estava prestes a se casar com outra pessoa quando Tolkien entrou em cena bem a tempo. Segundo, foi um feito extraordinário continuar sua escrita criativa quando uma carreira estritamente acadêmica ou uma vida familiar teria sido suficiente para a maioria dos mortais. No entanto, tal foco teve suas consequências, e, neste caso, o resultado foi que Tolkien e Edith tiveram vidas bastante separadas. Terceiro, como professor, Tolkien foi às vezes criticado por seus colegas por não produzir estudos estritamente acadêmicos o suficiente, e ainda assim ganhar um número notável de batalhas disciplinares e curriculares enquanto esteve em Oxford. Esses conflitos podem parecer banais para o público em geral, mas, quando você está no meio deles e se preocupa com o resultado, eles não o são. Depois, há aquela maravilhosa inscrição na lápide que os Tolkien compartilham em seu túmulo no cemitério de Wolvercote:

Edith Mary Tolkien, Lúthien, 1889–1971
John Ronald Reuel Tolkien, Beren, 1892–1973

Acima de tudo, essa inscrição consagra tanto o idealismo quanto o amor e insinua a complexidade da relação entre vida e mitologia para Tolkien.

E como esta vida, então, informa a sua arte? O próprio Tolkien escreveu este comentário profundamente comovente sobre sua vida de casado (para seu filho Christopher em 1972), logo após a morte de Edith:

> Como parece provável, jamais escreverei qualquer biografia exigida — é contra minha natureza, que se expressa sobre coisas profundamente sentidas em histórias e mitos —, alguém próximo a mim no coração deve saber algo sobre coisas que os registros não registram: os terríveis sofrimentos de nossas infâncias, dos quais resgatamos um ao outro, mas não pudemos curar completamente as feridas que mais tarde com frequência se mostraram incapacitantes; os sofrimentos que suportamos depois que nosso amor começou — todos os quais (além de nossas fraquezas pessoais) poderiam ajudar a tornar perdoáveis, ou compreensíveis, os lapsos e as escuridões que de vez em quando frustravam nossas vidas — e a explicar como estes nunca tocaram nossos íntimos nem turvaram as lembranças de nosso amor juvenil. Pois ainda sempre (especialmente quando sozinhos) nos encontrávamos na clareira do bosque e andávamos de mãos dadas muitas vezes para fugir da sombra da morte iminente antes de nossa última despedida.[9]

O que essa comovente afirmação sugere é que o legendário é muito mais um substituto para a autobiografia, com Tolkien se expressando "sobre coisas mais profundas sentidas em contos e mitos" (ou seja, colocando suas mais importantes experiências de vida em narrativa criativa) do que na autobiografia convencional. Essa carta também sugere que sua vida não foi a existência monótona e rotineira que convencionalmente se argumenta ter sido. Por exemplo, em pelo menos uma ocasião, pode se deduzir de suas cartas publicadas que Tolkien sofreu um colapso nervoso no primeiro semestre de 1938. Para isso, ele recebeu o tratamento padrão da época: repouso absoluto.

Então, como poderia alguém como Tolkien produzir o maravilhoso e assombroso legendário (principalmente *Os Contos Perdidos, Contos Inacabados, O Hobbit, O Senhor dos Anéis, O Silmarillion, Os Filhos de Húrin, Beren e Lúthien* e *A Queda de Gondolin*)? A resposta atrevida é que é difícil imaginar outra pessoa fazendo isso. Tolkien trabalhou em seu legendário de 1913 ou 1914 até sua morte sessenta anos depois. Isso mostra a tenacidade de propósito como uma característica natural, especialmente porque Tolkien não era um escritor criativo profissional, mas um acadêmico. Ele tinha, então, que se desdobrar entre aquela estressante ocupação assalariada e a criação de sua mitologia nas primeiras horas da manhã, noite após noite, ano após ano, década após década. Tolkien tinha tremenda dificuldade para terminar qualquer coisa porque (entre outras razões) ele era um perfeccionista. Os apêndices de *O Senhor dos Anéis*, por exemplo, mostram quanto mais ele teria desenvolvido com o épico se a editora e seus prazos o tivessem permitido. *O Silmarillion* em sua forma condensada e fragmentária mostra o quanto ele teria a dizer se sua vida não tivesse chegado ao fim, e, ainda, sua incapacidade de terminar *O Silmarillion* nos dezoito anos entre a publicação de *O Senhor dos Anéis* e sua morte em 1973 sugere menos energias diminuídas do que a perfeição na escrita nesta peça mais ambiciosa de seu legendário.

O legendário é o meio para criar uma sociedade e uma história, e uma cultura para dar expressão literária às línguas inventadas por Tolkien, particularmente o élfico. A língua primeiro; a história depois. Como Tolkien disse: "mitologia é linguagem e linguagem é mitologia"[10]. Só um filólogo poderia imaginar tal arranjo. Tolkien foi um linguista acadêmico durante 39 anos (1920–1959) e um filólogo por inclinação muito antes de se tornar um professor. Ele era um amante das línguas desde que, aos nove anos, viu, no fundo do jardim de sua casa em King's Heath, caminhões que transportavam carvão com nomes galeses como Nantyglo, Senghenydd, Blaen-Rhondda, Penrhiwceiber e Tredegar. Para Tolkien, e para outros poucos, tais palavras eram comoventes. E somente para Tolkien (por ser graduado em Oxford), duas linhas do poema anglo-saxão de Cynewulf, *Christ*, eram mais deslumbrantes por causa de *como elas soavam* do que por causa do que *queriam dizer*:

Ēala Ēarendel Ēarendel engla beorhtast
ofer middangeard monnum sended.[11]

Sim, "Ēarendel" pode ser visto como uma luz brilhante, mas o que mais significa? Apenas um filólogo comprometido teria passado a vida inteira descobrindo. Também é certo que apenas alguém tão comprometido com sua carreira *e* com a autoexpressão criativa teria sido capaz de produzir não apenas o legendário em toda sua variedade, mas também livros e artigos acadêmicos, importantes quando publicados pela primeira vez e ainda hoje. A lista de tais trabalhos acadêmicos é longa, mas o principal entre seus notáveis trabalhos acadêmicos é sua edição de 1925 — com E. V. Gordon — de *Sir Gawain e o Cavaleiro Verde*, seu ensaio seminal de 1936 sobre Beowulf intitulado "Beowulf: Os Monstros e os Críticos", sua palestra "Sobre Estórias de Fadas", de 1939, e sua edição de 1962 do *Ancrene Wisse* [Guia dos Anacoretas].

Se alguém passar do seu caráter e realizações para a sua vida considerada mais diretamente, é possível que a infância órfã de Tolkien (com seu pai morrendo — longe dele, na África do Sul — quando Tolkien tinha apenas quatro anos) possa plausivelmente ser vista como a fonte de figuras paternas repetidas, por vezes, com comportamento mesquinho, abusivo ou ruim (Gandalf, Saruman, Elrond, Denethor e assim por diante). Seria surpreendente, também, se os esforços do padre Morgan para anular o romance de Tolkien com Edith Bratt não aparecessem em sua mitologia. Basta pensar nos esforços do pai de Lúthien, Tinwelint/Thingol para evitar que Beren tivesse sucesso em seu romance ou nas tentativas de Elrond de dissuadir Arwen de escolher uma vida mortal com Aragorn para ver como a vida pode ser expressada na arte.

Também é surpreendente que o legendário raramente inclua famílias funcionais completas, ou, dito de outra forma, é notável a frequência com que o legendário inclui agrupamentos familiares fragmentados em uma época (do início a meados do século XX) em que as famílias nucleares eram consideradas a norma. Tolkien também não poderia ter buscado em Edith algum modelo de vida familiar tradicional, pois ela mesma também era órfã e ilegítima. Assim, há Galadriel e Celeborn sem descendência; há Elrond sem esposa e com apenas uma filha com quem seu relacionamento é controverso; há Denethor, que maltrata seus dois filhos, Boromir e Faramir, colocando expectativas pouco razoáveis em ambos; e há Frodo, que não tem pais vivos e por isso é adotado por Bilbo. Esta lista poderia ser estendida para incluir outros órfãos criados por Tolkien, em um caso fora do âmbito restrito do legendário: Kullervo, Túrin e Beren. Mais uma vez, não é surpreendente ver repetidos tais elementos narrativos, pois o próprio Tolkien não tinha um modelo pessoal e experiencial no qual pudesse basear uma família em seu legendário. Ele quase não tinha lembranças de seu pai porque ele havia morrido quando Tolkien era muito jovem. Sua mãe, Mabel, não se casou novamente, então, quando ela morreu quando Tolkien tinha doze anos, e seu guardião escolhido foi um padre católico, não poderia haver mais mães em sua vida.

Também é importante ressaltar que, além de Tolkien e Edith não terem uma vida familiar típica quando jovens, a mãe dele sofreu um grande ostracismo tanto pela sua própria família quanto pela do seu falecido marido, uma vez que decidiu tornar-se católica. Em um conto de fadas, talvez ela tivesse sido aceita de volta ao rebanho tanto pela família (os Suffield) quanto pela família do falecido marido (os Tolkien), mas, na vida real, isso não aconteceu. Tolkien pode ter escrito sobre contos de fadas enquanto acadêmico e pode ter escrito o maior épico de fantasia de toda a literatura ocidental, mas sua longa narrativa da Terra-média definitivamente não é uma idealização da vida familiar cotidiana.

Tem sido observado com frequência, com certa justiça, que Tolkien apresenta poucas mulheres no seu legendário, e as que aparecem são bastante unidimensionais. Não é difícil entender por que isso ocorreu. Tolkien idealizou sua mãe, mas ela morreu quando ele era bem jovem e só depois de sacrificar-se tanto em nome da religião. É tentador vê-la representada na figura de Galadriel exilada na Terra-média por sua própria escolha, assim como a mãe de Tolkien (por sua própria escolha) deixou a África do Sul e voltou para a Inglaterra sem seu marido. Tolkien foi salvo por sua futura esposa, Edith, e ela se idealiza explicitamente como Lúthien.

Além de ter poucos modelos femininos dentro de sua família, Tolkien também foi educado no sistema privilegiado de escolas inglesas: King Edward's School, Birmingham e Exeter College, Oxford. Esse sistema era, na época em que Tolkien estava sendo educado, completamente masculino e não coeducacional. Depois, ele serviu o exército por dois anos: novamente todos eram homens. Depois, ele foi acadêmico por 45 anos: novamente quase todos eram homens. Tolkien não escrevia muito sobre a experiência feminina porque para ele era em grande parte um território desconhecido, com Mabel Tolkien e Edith Bratt Tolkien desempenhando papéis (mãe e esposa, respectivamente) em vez de serem representantes do gênero. Ele não escreveu muito sobre a experiência feminina também porque as mitologias escandinavas que ele valorizava privilegiavam a vida masculina em detrimento da feminina. De fato, em um dos livros do legendário de Tolkien, *O Hobbit*, as mulheres não aparecem de forma alguma; e quando aparecem em outro lugar elas são quase sempre vistas em relação aos homens e não como agentes independentes: Éowyn, Arwen Vespestrela, Rosa Villa, Fruta D'Ouro e assim por diante. A grande exceção é Galadriel, pois seu marido, Celeborn, é um elfo poderoso, mas (por escolha de Tolkien) muito menos envolvido na trama do que ela. É interessante especular que Tolkien estava ciente dessa característica de sua escrita e a satiriza na história do que aconteceu com as Entesposas. Barbárvore sente falta das Entesposas, mas não consegue encontrá-las. Os Ents e as Entesposas se afastaram muito antes do tempo presente de *O Senhor dos Anéis*, depois levaram vidas separadas, e depois as Entesposas desapareceram nas Terras Castanhas.

Ainda há a questão da fé católica de Tolkien. Não há religião organizada no legendário de Tolkien e nenhuma menção a Deus. Essa afirmação muitas vezes leva a alguma versão desta questão: Como poderia e por que deveria um católico tão devoto como Tolkien evitar referências e alusões cristãs em sua obra? Há várias explicações para a ausência do cristianismo no legendário. Primeira: o cristianismo como tal pode estar ausente, mas as duas primeiras seções de *O Silmarillion* ("Ainulindalë" ("A Música dos Ainur") e "Valaquenta" ("O Relato dos Valar") constituem um mito de criação análogo, na forma do Livro do Gênesis e tal qual o *Paraíso Perdido* de Milton. Segunda: o tema da luta do bem contra o mal (que é um dos mais importantes de todo o legendário) é espiritual, embora não distintamente cristão. Terceira: o próprio Tolkien não era adepto da alegoria; ele preferia a ideia de "aplicabilidade", pois, enquanto a primeira enfatiza (como ele pensava) o poder do autor, a segunda enfatiza o poder do leitor. A alegoria envolveria uma mensagem explicitamente cristã; a aplicabilidade permitiria ao leitor aplicar a mensagem religiosa e espiritual do legendário da forma que quisesse. Quarta: Tolkien acreditava na subcriação, conceito que ele introduziu e definiu em 1939 em seu ensaio "Sobre Estórias de Fadas". Lá, ele argumenta que Deus é o Criador e qualquer artista criativo só pode imitar esse primeiro ato de criação.

Finalmente, é possível que Tolkien tenha sido suficientemente ambíguo sobre sua própria experiência no catolicismo que não tenha tido a pretensão de figurar a religião formal na sua ficção. Afinal, o que causou grandes dificuldades à família entre 1900 e sua morte em 1904 foi sua mãe ter escolhido o catolicismo, e ainda assim foi o padre Morgan (o guardião nomeado de Tolkien) que permitiu a Tolkien obter uma educação que lhe possibilitou realizar suas ambições intelectuais. Foi o catolicismo que se tornou tão central em sua vida, mas foi também o catolicismo que causou a primeira grande divergência em sua relação com Edith Bratt quando Tolkien exigiu que ela fosse aceita na fé católica antes que pudessem se casar. Vale a pena recorrer brevemente a uma carta que Tolkien escreveu a seu filho Michael, em 1965, em que ensaia sua relação com o catolicismo em termos explicitamente autobiográficos — uma retórica incomum para ele. Para Tolkien, o catolicismo também está associado com as duas figuras mais importantes do início de sua vida — sua mãe e seu tutor — e em termos marcadamente ambivalentes, pois estão associados aos momentos mais dolorosos de sua longa vida. Na carta, ele começa lembrando o fim da vida de sua mãe, quando ela morreu só e em terrível pobreza. Depois ele pensa em seu tutor, o padre Francis Morgan. Tolkien admite ter encontrado muitos padres católicos terríveis, mas considera o padre Morgan um bom homem que lhe ensinou muito sobre o amor e o perdão[12]. Para Tolkien, a razão fundamental para a religião (especificamente o catolicismo) não fazer parte do seu legendário é que sua experiência foi muito ambivalente, complicada e incipiente. A criação da arte requer distância; Tolkien pode não ter tido isso em sua atitude em relação à religião.

Para criar o legendário na forma como ele chegou até nós, Tolkien precisou de outras experiências além de sua criação, sua educação, seu casamento, seu fascínio por línguas e seu catolicismo. Um desses elementos é seu serviço na Primeira Guerra (1914–1918), bem como suas experiências vicárias na Segunda Guerra Mundial (1939–1945), por meio do serviço de seus filhos. Não é minha intenção ser exaustivo em qualquer discussão sobre o quanto, enquanto leitores, precisamos entender a importância da guerra na obra de Tolkien, mas posso ao menos esboçar algo de sua presença consistente para descrever de forma mais completa as realizações dele. Biograficamente, é importante não apenas lembrar que Tolkien esteve envolvido na Grande Guerra durante dois anos e meio (junho de 1916 a novembro de 1918) e que sobreviveu à Batalha do Somme, mas que ele foi da geração que era jovem o suficiente para ter filhos no próximo conflito mundial. Quando eclodiu a Segunda Guerra Mundial, Tolkien tinha apenas 47 anos e era pai de dois filhos em idade de alistamento: John (nascido em 1917) e Michael (nascido em 1920). O outro filho, Christopher (nascido em 1924), viria a atingir idade adulta antes do fim do conflito global. Michael tornou-se artilheiro antiaéreo, e, mais tarde, Christopher alistou-se na RAF. Na verdade, o próprio Tolkien teve certa participação distante na guerra como guarda antiaéreo em Oxford.

Então, como a experiência de guerra de Tolkien afetou o seu legendário? Talvez o ponto mais importante seja que sua experiência de guerra e, em particular, o que aconteceu com dois de seus amigos mais próximos naquela guerra, o estimularam a buscar com tenacidade a criação de sua mitologia para a Inglaterra. Dos quatro membros principais do TCBS na King Edward's School, Birmingham, dois morreram no Somme: Rob Gilson e Geoffrey Bache Smith. Isso significou que apenas um dos amigos mais próximos de Tolkien, Christopher Wiseman, sobreviveu.

Os membros do TCBS pensavam que eles estavam destinados a grandes coisas como um grupo por causa de sua amizade. Em uma carta a Smith logo após a morte de Rob Gilson, Tolkien escreveu (em 12 de agosto de 1916) algumas palavras que se mostraram proféticas de sua própria realização. Lá, ele relata sobre sua crença em alcançar "grandes coisas" com a ajuda de Deus; ele se refere a trazer de volta mitologias mais antigas ("reacender uma velha luz") e a sua crença na luta do bem contra o mal. Ele também fala sobre encontrar sua voz como escritor (no "Livro dos Contos Perdidos" e no início de todo o legendário).[13]

Tudo surgiu porque o TCBS foi testado durante a Grande Guerra. Além disso, é também certamente o caso de Tolkien ter sofrido muito com o que hoje é chamado de culpa do sobrevivente. Enquanto Gilson e Smith morreram, enquanto quase toda a Companhia B de Tolkien foi aniquilada na Batalha do Somme, Tolkien ficou inválido pela febre das trincheiras, e essa febre persistiu quase até o fim da guerra e permitiu que ele se ausentasse de mais conflitos. A culpa de sobrevivente e o desejo de fazer algo para compensar a morte de dois de seus amigos mais queridos deve ter aumentado a sensação de destino que Tolkien teria sentido profundamente, enfatizada em uma das últimas cartas de Smith a ele antes de morrer de ferimentos em 3 de dezembro de 1916: "Se eu morrer hoje... meu caro John Ronald, e possa você dizer as coisas que tentei dizer, muito tempo depois de eu não estar aqui para dizê-las, se for esse o meu destino".[14]

No que diz respeito à narrativa, como aparece a experiência de guerra de Tolkien?

Primeiro, na onipresença do conflito em seu legendário e em seu trabalho associado a ele. Vemos isso na Batalha dos Cinco Exércitos em *O Hobbit* (Gobelins, Homens, Elfos, Anões e Águias). Vemos isso em todo *O Senhor dos Anéis*, sobre o qual vale a pena notar que Tolkien queria que o terceiro volume dessa epopeia fosse intitulado não *O Retorno do Rei*, mas *A Guerra do Anel*. Vemos isso ao longo de *O Livro dos Contos Perdidos I e II* e em *O Silmarillion*. Vemos isso em *A Lenda de Sigurd e Gudrún*, em *A História de Kullervo*, na sua tradução de *Beowulf* (2014), no recente *Beren e Lúthien*, na sua continuação da Batalha de

Maldon intitulada "O Regresso de Beorhtnoth, Filho de Beorhthelm" (com sua comovente representação do campo de batalha após o fim de um conflito), em *Finn e Hengest*, em *Os Filhos de Húrin*, em *A Queda de Arthur* e em *A Queda de Gondolin*. Na verdade, vemos isso mesmo em seu trabalho menor e posterior, *Mestre Gil de Ham*. Somente em *Ferreiro de Bosque Grande*, a última obra publicada em sua vida, não é a guerra que está no centro do que acontece na narrativa. Tampouco devemos nos surpreender que a guerra esteja em toda parte da obra de Tolkien, pois ele mesmo escreveu certa vez a seu filho Christopher (em carta datada de 6 de maio de 1944) que as origens do legendário foram suas experiências na Primeira Guerra. De fato, as primeiras partes do legendário foram escritas durante momentos livres em seu serviço de guerra[15].

Em segundo lugar, vemos a guerra aparecer de formas diferentes. Ela aparece em conflitos armados massivos (Nírnaeth Arnoediad ou a Batalha das Lágrimas Inumeráveis, por exemplo). Ela aparece em locais físicos como os Pântanos Mortos a noroeste de Dagorlad e perto das fronteiras de Mordor. É lá que, em *O Senhor dos Anéis*, Frodo tem aquele momento extraordinário em que vê um rosto morto abaixo da água e se agacha até ele. É difícil não ver as próprias experiências de Tolkien na guerra de trincheiras em tal momento, pois uma das formas grotescas como um soldado podia morrer em uma trincheira era escorregar de uma tábua de madeira utilizada como ponte e se afogar na água e na lama, o que era a ruína do soldado comum da Frente Ocidental. Em carta ao professor L. W. Forster, escrita em 31 de dezembro de 1960, Tolkien comenta que o episódio nos Pântanos Mortos e a viagem ao Portão Negro (ou Morannon) foram baseados em suas experiências de Batalha no Somme[16]. A guerra aparece, também, em ecos verbais em momentos cruciais do legendário. Por exemplo, em *A Sociedade do Anel*, quando Gandalf enfrenta Balrog na Ponte de Khazad-dûm nas Minas de Moria, ele o alerta três vezes: "Não podes passar!"[17]. (Essa afirmação é certamente um eco intencional do famoso comentário de Robert Nivelle dirigido aos alemães em 1916 após seu ataque a Verdun: "*Ils ne passeront pas!*" ("Eles não passarão!").

Ela aparece, também, no que muitos veem como uma das relações mais comoventes, porém intrigantes, de todo o legendário: aquela entre Frodo e Sam. Para alguns, a relação cheira a privilégio de classe e homoerotismo, mas, quando observada corretamente, representa a homenagem de Tolkien à relação entre ordenança (Sam) e oficial comissionado (Frodo), que foi uma característica marcante da Primeira Guerra. O ordenança era um soldado comum que (entre suas outras responsabilidades) cuidava do oficial a quem tinha sido designado para que este pudesse gastar suas energias menos na sobrevivência diária e mais no papel vital de liderar seus homens. Por analogia, à medida que a narrativa de *O Senhor dos Anéis* segue, Sam ministra cada vez mais tarefas braçais para as necessidades físicas de Frodo com objetivo de que ele possa se concentrar no seu papel de "liderança": destruir o Um Anel nas Fendas da Perdição. Muito depois de sua experiência de combate na Grande Guerra, Tolkien escreveu: "Meu 'Sam Gamgi' é na verdade um reflexo do soldado inglês, dos soldados rasos e ordenanças que conheci na guerra de 1914 e reconheci como tão superiores a mim"[18].

É possível identificar projeções da vida de Tolkien nos grupos formados dentro do legendário. Um deles, que às vezes é reduzido a uma veneração dos Inklings como paradigma para *todos os* grupos de escritores, é o "clubismo" de Tolkien, que socializava em grupos dominados pelo discurso masculino e teve muito sucesso em tal atmosfera, como mostra sua revisão efetiva e radical do currículo de inglês na Universidade de Oxford. Essa característica aparece de forma mais clara no legendário, é claro, na criação de duas sociedades cruciais para o sucesso de suas missões designadas. A primeira ocorre em *O Hobbit*. Lá, a narrativa começa com a criação de uma companhia de treze Anãos, um Hobbit e um Mago: Thorin Escudo-de-carvalho, Fíli, Kíli, Balin, Dwalin, Óin, Glóin, Dori, Ori, Nori, Bifur, Bofur, Bombur, Bilbo Bolseiro e Gandalf. A intenção deles é ir à Montanha Solitária e retomar o tesouro de Smaug. A segunda ocorre em *O Senhor dos Anéis*. Lá, a narrativa gira em torno da criação do Conselho de Elrond da Sociedade do Anel e seus nove membros: quatro hobbits (Frodo, Sam, Merry e Pippin), dois homens (Aragorn e Boromir), um anão (Gimli), um elfo (Legolas) e um mago

(Gandalf). A intenção deles é ajudar Frodo a destruir o Um Anel nas Fendas da Perdição. A própria vida de Tolkien foi repleta de tais grupos. Os mais conhecidos são o TCBS (um grupo de quatro: Tolkien, Christopher Wiseman, Rob Gilson e Geoffrey Bache Smith) e os Inklings (com um núcleo de sete: Tolkien, C.S. Lewis, Warren Lewis, R.E. Havard, Owen Barfield, Charles Williams e Hugo Dyson). O primeiro grupo se reuniu de 1911 a 1916. O segundo, de cerca de 1931 até meados da década de 1950. Mas havia outros clubes também. O Stapledon Club (na Exeter College), o Viking Club (na Leeds University) e o Coalbiters (um grupo fundado por Tolkien e aberto aos professores de Oxford interessados em ler as sagas islandesas). Este último grupo reunia: Tolkien, George Gordon, Nevill Coghill, C. T. Onions, John Bryson, C.S. Lewis e R. W. Dawkins. Ele existiu por alguns anos do início da década de 1930 até que (lógica e naturalmente) todas as sagas foram traduzidas oralmente pelo grupo, e assim houve a dissolução.

Se nos afastarmos um pouco do legendário e incluirmos algumas das outras obras de Tolkien, então, mais uma vez, a questão que catalisou o desenvolvimento deste capítulo — "Como Tolkien criou o seu mundo extraordinário?" — é simplesmente respondida. Ninguém além de Tolkien poderia ter feito isso. Assim, sua vida como pai dedicado é a fonte das histórias infantis (por exemplo, *O Hobbit, As Aventuras de Tom Bombadil* e *Roverando*) porque começaram como contos orais apresentados à sua crescente família e depois apareceram de diferentes maneiras no próprio legendário. Sua vida como acadêmico é a fonte para *Mestre Gil de Ham* (com todas as suas piadas internas de filólogo e de Oxford) e *Ferreiro de Bosque Grande* (uma alegoria da batalha entre teoria literária e filologia com uma conexão indireta com o legendário em sua preocupação com o mundo das fadas), bem como sua palestra publicada "A Secret Vice" [Um vício secreto] (sobre a criação de idiomas construídos, um "hobby" diretamente ligado às muitas línguas do legendário).

Duas outras questões precisam ser levantadas aqui. Cada uma contribui para a confusão que muitos leitores têm quando leem ou estudam Tolkien. Cada uma está menos conectada diretamente do que a minha discussão anterior sobre a leitura da obra de Tolkien através da lente de sua vida, por isso deixei minha análise sobre elas para o final do capítulo. A primeira é a questão da nomenclatura. A segunda é a incompletude do seu legendário.

Sempre que leciono as obras de Tolkien para os alunos, a questão dos nomes de personagens surge porque eles acham a infinidade de nomes confusos e, às vezes, francamente, chatos. Eu lhes dou uma resposta parcial dizendo que essa variação de nomes é uma característica tanto do mito quanto do épico, pois, quanto mais importantes forem os personagens, mais significados serão agregados a eles, e isso muitas vezes tomará a forma de renomeação contextual. Isso se vê em *A Odisseia* e *A Ilíada*, por exemplo. Isso satisfaz meus alunos até certo ponto, mas ignora as particularidades da recriação por parte de Tolkien de uma mitologia para a Inglaterra no século XX. Portanto, podemos pegar um caso óbvio, interessante e direto: Aragorn, digamos. Quando Aragorn se apresenta em *As Duas Torres* aos Rohirrim, ele percorre seus nomes por autodefinição: "Sou Aragorn, filho de Arathorn, e sou chamado Elessar, Pedra Élfica, Dúnadan, herdeiro de Isildur, filho de Elendil de Gondor".[19]

É uma longa lista, mas ele também é chamado de Passolargo, Estel, Thorongil, Aragorn II, Rei Elessar Telcontar, Pedra-Élfica, Canela-Comprida, Pé-de-Vento e Envinyatar. Assim, o protagonista do grande épico de Tolkien tem pelo menos quinze nomes ligados a ele. Isso não é pouco, pois, como aponta Carpenter em sua biografia de Tolkien, nomear era crucial para ele:

> É impossível descrever em apenas algumas frases como Tolkien usou suas línguas élficas para dar nomes aos personagens e lugares de suas histórias. Mas, basicamente, o que ocorria era o seguinte: quando trabalhava de acordo com um plano, formava todos esses nomes com grande cuidado, escolhendo primeiro o seu significado, depois elaborando a forma, primeiro em uma língua e depois na outra; a forma definitiva era geralmente a do sindarin. Na prática, ele frequentemente era mais arbitrário. Isso pode parecer estranho, tendo em vista o seu profundo amor pela invenção cuidadosa, porém, no afã de escrever, ele muitas vezes construía um nome que lhe parecia adequado ao personagem, considerando apenas superficialmente as suas origens linguísticas.[20]

A nomenclatura de Aragorn segue esse padrão com alguns nomes sendo de origem élfica (Elessar e Pedra Élfica) e alguns simplesmente apropriados (Passolargo e Canela-Comprida). O leitor ou estudioso de Tolkien precisa apenas decidir usar um nome para maior clareza (digamos, Aragorn) e então explorar as formas como Tolkien elaborou um nome e por que razão(ões).

O mesmo vale para a obra lapidada de Tolkien publicada durante sua vida. Outra estratégia instrutiva e esclarecedora se aplica aos seus trabalhos incompletos em andamento. A generalização é que, com suas obras fragmentadas, o leitor deve procurar as formas pelas quais o próprio mito evolui. Um exemplo útil desse desenvolvimento é *A História de Kullervo* de Tolkien (editado por Verlyn Flieger). Kullervo também é conhecido como Kuli, Sake, Sākehonto, Honto, Sāri e Sārihonto. Seu pai (Kalervo) também é chamado de Talte, Taltelouhi, Kampa e Kalervloinen. Seu tio (Untamo) também recebe as alcunhas Untamoinen, Unti, Ūlto, Ulko e Ulkho. Uma infinidade de nomes de fato. Agora, parte dessa elaboração vem da fonte de Tolkien (a coleção finlandesa de contos folclóricos chamada *Kalevala*). Ou seja, Tolkien estava simplesmente seguindo um modelo que ele adorava. Parte dela, no entanto, vem de Tolkien mudar de ideia sobre as práticas de nomenclaturas à medida que o projeto (sua releitura de uma das histórias em *Kalevala*) avançava. Neste caso (diferente do caso de Aragorn), Tolkien nunca finalizou seus nomes, pois *A História de Kullervo* está incompleta. Como aponta Verlyn Flieger, Tolkien "começou seguindo a nomenclatura de *Kalevala*, mas no curso da composição mudou para seus próprios nomes e apelidos inventados"[21]. A própria *A História de Kullervo* existe apenas como um manuscrito incompleto, com inúmeras revisões e re-revisões e resumos de tramas rudimentares. Entre as páginas do manuscrito está uma maravilhosa visão das práticas de trabalho de Tolkien: MS Folio 6 (41–43). O MS Folio 6 é uma "Lista de Nomes" que apresenta cerca de três dúzias deles, com equivalentes e explicações, bem como alguns riscados importantes. O que aprendemos a partir do exame das práticas criativas de Tolkien é o seguinte: para os leitores, a clareza e a compreensão vêm da prática da paciência (pois Tolkien nunca recompensa um olhar superficial) e da compreensão do longo processo de subcriação que resultou no legendário e em todas as suas histórias associadas.

A segunda questão menos explicitamente ligada à vida de Tolkien é a fragmentação do seu legendário. Existem razões para a incompletude de sua criação: ele teve uma vida agitada como pai, marido e acadêmico, sem levar em conta suas ambições como escritor criativo. Assim, sua escrita foi deixada para momentos atípicos de tempo livre e muitas noites e manhãs passadas enfrentando a enormidade de sua visão. Ele também era um procrastinador, um perfeccionista e um revisor inveterado de seu trabalho — frequentemente recomeçando do zero. Ele se intitulava em uma carta a Caroline Everett em 1957, "um iniciador de empreendimentos e não finalizador notório, em parte devido à falta de tempo, em parte devido à falta de concentração exclusiva"[22]. Essas razões pessoais ocultam outra explicação, que oferece uma saída para o labirinto de diferentes versões de tantas das obras do legendário. Em um Apêndice ("A Evolução dos Grandes Contos") à sua edição de *Os Filhos de Húrin*[23], Christopher Tolkien menciona nada menos que dez vezes a incompletude do legendário do pai. Repetidas vezes, ele fala de seu pai abandonar seus planos e depois faz um julgamento: que seu pai "falhou em seu propósito" quando "lamentavelmente, ele parou e nunca mais foi além"[24]. Não nego que o legendário de Tolkien está inacabado e que seus "Grandes Contos" estão incompletos: *Os Filhos de Húrin* e *Beren e Lúthien* estão incompletos; *A Queda de Gondolin* está incompleto; "O Conto de Eärendel[25]" é pouco mais que notas para um final. Qualquer estudioso do trabalho de Tolkien se entristece com esse fato.

Há todas essas razões autobiográficas para justificar o caso. Entretanto, eu sugeriria que uma das maneiras pelas quais os aspectos confusos de seu legendário incompleto possam ser melhor compreendidos é ver sua fragmentação como correspondendo precisamente às qualidades dos próprios mitos que ele tanto admirava e tentava imitar em seus esforços para criar uma mitologia para a Inglaterra. Em uma famosa carta a Milton Waldman (provavelmente escrita em 1948), Tolkien oferece um esboço coerente de seu legendário. Ele começa com este comentário autorreflexivo:

> Não ria! Mas, certa vez (minha crista há muito foi abaixada), eu tinha em mente criar um corpo de lendas mais ou menos associadas, que abrangesse desde o grande e cosmogônico até o nível do conto de fadas romântico — o maior apoiado no menor em contato com a terra, o menor sorvendo esplendor do vasto pano de fundo —, que eu poderia dedicar simplesmente à Inglaterra, ao meu país. Deveria possuir o tom e a qualidade que eu desejava, um tanto sereno e claro, com a fragrância de nosso "ar" (o clima e o solo do noroeste, tendo em vista a Grã-Bretanha e as partes de cá da Europa: não a Itália ou o Egeu, muito menos o Oriente) e, embora possuísse (caso eu pudesse alcançá-la) a clara beleza que alguns chamaram de céltica (embora ela raramente seja encontrada em antigos materiais célticos genuínos), ele deveria ser "elevado", purgado do grosseiro e adequado à mente mais adulta de uma terra já há muito saturada de poesia. Desenvolveria alguns dos grandes contos na sua plenitude e deixaria muitos apenas colocados no projeto e esboçados. Os ciclos deveriam ligar-se a um todo majestoso e ainda assim deixar espaço para outras mentes e mãos, lidando com a tinta, música e drama. Absurdo.[26]

Quase tudo isso Tolkien alcançou de forma bastante notável. Podemos questionar se as histórias de Beren e Lúthien ou dos Filhos de Húrin foram pensadas em "plenitude" antes de Christopher Tolkien se dedicar a elas, mas temos *O Hobbit* e *O Senhor dos Anéis*. Temos o "grande corpo de lendas mais ou menos associadas, que abrangesse desde o grande e cosmogônico, até o nível do conto de fadas romântico — o maior apoiado no menor em contato com a terra, o menor sorvendo esplendor do vasto pano de fundo". Temos o tom fresco e claro e a aludida beleza céltica. Sim, podemos lamentar que ele não tenha escrito mais, mas essa é a maneira das mitologias (e épicos, também). Vamos entender melhor o legendário de Tolkien, penso eu, se virmos sua fragmentação não só como autobiográfica, mas também como intencional.

Em 1938 (logo após a publicação de *O Hobbit*), Tolkien escreveu uma história intitulada "Folha de Cisco". Publicada pela primeira vez em 1945, conta a história de um artista chamado Cisco, que está pintando um quadro de uma árvore. Muito acontece no conto, mas os dois pontos que quero enfatizar a partir da narrativa são estes: Niggle se perde ao tentar retratar cada folha perfeitamente e ao cuidar das muitas coisas mundanas que ele precisa fazer; e ele cria uma folha perfeita que acaba sendo preservada em um museu. A história dramatiza a vida de Tolkien em poucas palavras: ansiedade, procrastinação, visão, realização, fama. A essa imagem, vou acrescentar alguns comentários de Tolkien sobre como *O Senhor dos Anéis* surgiu:

> Escreve-se tal história não a partir das folhas de árvores ainda a serem observadas, nem por meio da botânica e da ciência do solo; ela cresce como uma semente na escuridão, a partir do húmus das folhas da mente: a partir de tudo o que foi visto, pensado ou lido, que foi há muito tempo esquecido, que desceu às profundezas. Sem dúvida seleciona-se muito, como fazem os jardineiros: o que cada um acrescenta ao preparar o seu adubo; e, evidentemente, a maior parte do meu húmus é feito de matéria linguística.[27]

O valor de ler a obra de Tolkien através da lente de sua vida (o propósito deste capítulo) é que ela ajuda a explicar algumas das complexidades da obra, a diminuir o número de formas ou o grau de perplexidade do leitor sobre o legendário, assumindo incorretamente alguma grande disjunção entre autor e obra. Há valor em "descer às profundezas" para entender como Tolkien produziu um legendário de beleza tão requintada, complicada e ressonante.

CAPÍTULO 2

O LEGENDÁRIO DE TOLKIEN

Cinco perguntas surgem frequentemente quando se estuda ou se discute o legendário de Tolkien. Qual é a história de sua publicação? Qual é a história de sua criação e composição? Quais eram os hábitos de Tolkien como escritor? Qual tem sido o papel daqueles que editam sua obra postumamente? Qual é o arco de sua história geral? As respostas a essas perguntas vão muito além de esclarecer uma conquista da literatura de fantasia que permanece inigualável. Inicialmente, a narrativa abrangente do legendário parece fragmentada e confusa e, de fato, complicada, mas tem uma forma e um significado claro e profundo. O legendário como um todo recompensa a atenção de todos os interessados em compreender a natureza da obra de Tolkien.

A publicação do legendário

O legendário de Tolkien é uma conquista poderosa e complexa com duas características notáveis. A primeira é o pouco que foi publicado durante a vida de Tolkien. Quando ele morreu em setembro de 1973, apenas seis partes do legendário tinham sido publicadas: *O Hobbit*, *O Senhor dos Anéis* em três volumes, *As Aventuras de Tom Bombadil* e *A Estrada Em Frente Vai Seguindo: Um Ciclo de Canções*. Os dois últimos incluem muito material publicado antes em *O Hobbit* e *O Senhor dos Anéis*. Em 2019, mais de cinquenta anos após a publicação de *A Estrada Em Frente Vai Seguindo*, o legendário edificou 24 volumes. Destes 18 novos livros, o mais importante é *O Silmarillion* e a série mais extensa, *A História da Terra-média*, publicada em 12 volumes entre 1983 e 1996. As outras partes do legendário publicadas desde a morte de Tolkien incluem *A Última Canção de Bilbo* (nos *Portos Cinzentos*), *Contos Inacabados de Númenor e da Terra-média*, *Os Filhos de Húrin*, *Beren e Lúthien* e *A Queda de Gondolin*.[1] A série de publicações póstumas constitui a segunda característica marcante do legendário: grande parte é resultado do trabalho editorial de uma só pessoa: o filho mais novo de Tolkien, Christopher. Ele foi o único responsável por *todos os* últimos volumes póstumos do legendário.[2]

Também é importante distinguir entre as 24 partes do legendário e as outras obras de Tolkien. Algumas das pessoas que leram, digamos, *O Senhor dos Anéis*, ficam surpresas ao descobrir o quanto Tolkien produziu durante sua vida — algumas obras foram publicadas quando ele estava vivo e outras que só foram lançadas postumamente. Assim, há o trabalho acadêmico: a edição em inglês médio de *Sir Gawain e o Cavaleiro Verde*; as traduções de *Sir Gawain e o Cavaleiro Verde*, *Pearl* e *Sir Orfeo*; *Finn e Hengest: O Fragmento e o Episódio*; *Os Monstros e os Críticos e Outros Ensaios*; e *Beowulf: Uma Tradução Comentada*. Há as histórias que Tolkien criou imitando ou como continuações de obras e mitos anglo-saxões, bretões e escandinavos: "O Regresso de Beorhtnoth, Filho de Beorhthelm"; *A Lenda de Sigurd e Gudrún*; *A Queda de Arthur*; *A História de Kullervo* e *A Balada de Aotrou e Itroun*. Há o trabalho no gênero fantasia: *Mestre Gil de Ham; Árvore e Folha*, que inclui "Sobre Estórias de Fadas" e "Folha de Cisco"; e *Ferreiro de Bosque Grande*. Suas histórias para os filhos: *Cartas do Papai Noel; Sr. Boaventura*; e *Roverando*. E, finalmente, há a obra de Tolkien como artista: *J.R.R. Tolkien: Artista e Ilustrador*. Mais uma vez, quase todas as que foram publicadas pela primeira vez postumamente foram editadas por seu filho Christopher. As únicas exceções são *Finn e Hengest* (editado por Alan Bliss); *A História de Kullervo* e *A Balada de Aotrou e Itroun* (ambos editados por Verlyn Flieger); *Cartas do Papai Noel* (editado por Baillie Tolkien, esposa de Christopher Tolkien); e *Roverando* (editado por Christina Scull e Wayne G. Hammond). Finalmente, há a segunda edição do livro *Sir Gawain e o Cavaleiro Verde*, que é único por ter sido publicado durante a vida de Tolkien, mas editado por outra pessoa: Norman Davis.

A criação e a composição do legendário

Muitas vezes, escritores e estudiosos comentam como é extraordinariamente difícil apontar o momento da criação artística, e o legendário de Tolkien não é exceção. Assim, ao discutir a criação e a composição do legendário, apresentarei algumas datas particulares e eventos cruciais na gestação da fantasia de Tolkien, mas estes não devem ocultar um fato muito simples: a Terra-média de Tolkien ocupou sua vida imaginativa desde os seus vinte e poucos anos até sua morte aos 81 anos. É, portanto, o produto de *sessenta* anos de esforço — essencialmente, o trabalho de uma vida inteira. Isso, por si só, explica de alguma forma porque o legendário é tão denso e complexo. Há um caminho através dele, mas esse caminho necessariamente simplifica a história de como Tolkien criou seu mundo imaginativo, mesmo quando ele esclarece.

Origens

As origens do legendário remontam a 24 de setembro de 1914, quando Tolkien, enquanto estava na Fazenda Phoenix, Gedling, Nottinghamshire, escreveu um poema intitulado "A Viagem de Éarendel, a Estrela Vespertina". Esse poema foi inspirado pela palavra ou nome ambíguo "Éarendel" no poema anglo-saxão *Christ* (ou *Crist*). Os versos relevantes no poema anglo-saxão são: "Ēala Ēarendel engla beorhtast / ofer middangeard monnum sended"[3]. Eärendil, o marinheiro, é, naturalmente, central para o enredo de *O Silmarillion*. Quando seu amigo G. B. Smith perguntou a Tolkien sobre o que era o poema, Tolkien admitiu: "Não sei. Tentarei descobrir"[4]. Ele passaria os próximos sessenta anos trabalhando na resposta, e a resposta é o legendário em toda a sua gloriosa e surpreendente complexidade. Como comentam Christina Scull e Wayne G. Hammond em *J. R. R. Tolkien Companion and Guide*: "O poema é o germe do qual a mitologia evoluiu", mas, acrescentam que não é "o primeiro poema conscientemente escrito da mitologia"[5]. Essa honra pertence ao poema de Tolkien "The Shores of Faery" (datado de 8–9 de julho de 1915) e sua ilustração relacionada mostrando a cidade de Kôr (desenhada em 10 de maio de 1915). Tolkien escreveu sob o poema: "Primeiro poema da mitologia Valinor"[6]. É até possível, de fato, remontar o interesse de Tolkien por Eärendel até o momento em que ele encontra pela primeira vez o poema *Crist*: Trinity Term, 1913, durante palestras quando ele estava na Exeter College, Oxford.

É, no entanto, igualmente possível remontar um início alternativo do legendário a outro texto quase contemporâneo: O poema de Tolkien "The Tides" [As Marés] (4 de dezembro de 1914) e a ilustração que o acompanha, intitulada *Água, Vento e Areia*[7]. Versões posteriores revistas do poema foram intituladas "Cântico do Mar de Dias Antigos" (março de 1915) e "As Trompas de Ylmir" (ou "Ulmo, Senhor das Águas"), e o poema torna-se a canção que Tuor canta para seu filho Eärendel após a queda de Gondolin[8]. Quanto à relação entre o visual e o escrito no início do legendário, Hammond e Scull comentam: "A criatividade de Tolkien funcionava antes de sua consciência, e o pintor ocasionalmente precedeu o poeta."[9]

O Livro dos Contos Perdidos

Independentemente de quão distante se possa remontar às origens do legendário (até algum momento em 1913 ou 1914), é muito útil começar um estudo detalhado de sua criação e composição com *O Livro dos Contos Perdidos*, uma obra de estrutura muito complexa e resistente à simples interpretação. Essa complexidade começa com o próprio título. Ao contrário, digamos, de *Contos Inacabados*, em que o adjetivo titular é a adição de Christopher Tolkien para definir os contos publicados sob sua edição, *O Livro dos Contos Perdidos* é o próprio título de Tolkien e refere-se à sua ideia de que os contos foram "perdidos" no sentido de que a mitologia inglesa foi perdida (ou incompleta em comparação com a mitologia escandinava) e "perdida" também no sentido de que é desconhecida para o leitor de *O Livro dos Contos Perdidos* até que o personagem central na narrativa moldura (Eriol) seja apresentado pelos Elfos da Ilha Solitária (Tol Eressëa). O primeiro significado da palavra "perdido" é bem ilustrado a partir de uma carta que Tolkien escreveu a Milton Waldman, muito provavelmente em 1951, na qual ele observa que não encontrou mitos ou histórias da Inglaterra para rivalizar com lendas celtas, finlandesas, gregas e escandinavas.[10]

Existem outras complexidades iniciais a explicar. *O Livro dos Contos Perdidos* foi publicado em duas partes, em 1983 e 1984. No entanto, essa estrutura bipartida é uma conveniência editorial e de edição e ficou à escolha de Christopher Tolkien (e talvez de Houghton Mifflin). Os manuscritos originais (ou "manuscritos caseiros"[11]) a partir dos quais Christopher Tolkien produziu sua versão dos contos perdidos não apresentam tal estrutura. E depois há a complexidade da narrativa de J.R.R. Tolkien, como mostra este simples fato: das 682 páginas de *O Livro dos Contos Perdidos Partes I* e *II*, menos de trezentas são dedicadas aos próprios contos, sendo o restante composto de comentários e material editorial variado. Isso não é exagero da parte de Christopher Tolkien, mas apenas um reconhecimento de quão espinhosos são os manuscritos. Como comenta Christopher Tolkien na nota de abertura de "A Chegada dos Valar e a Construção de Valinor"[12]: "*Os Contos Perdidos* foram escritos da forma mais desconcertante"[13].

O Livro dos Contos Perdidos é o ponto de partida para o legendário por uma simples razão: ele apresenta (como Christopher Tolkien o coloca) "a primeira emergência na narrativa dos Valar, dos Filhos de Ilúvatar, Elfos e Homens, dos Anãos e dos Orques, e das terras em que sua história está inserida, Valinor, além do oceano ocidental, e da Terra-média, as 'Grandes Terras' entre os mares do ocidente e do oriente"[14]. Somente por isso, além de qualquer mérito intrínseco particular, os contos são importantes. As duas partes de *O Livro dos Contos Perdidos* apresentam 16 contos e várias ligações entre eles.

O Livro dos Contos Perdidos foi iniciado no final de 1916 e abandonado no final de 1919 ou início de 1920. A causa provável de seu abandono (além de quaisquer dificuldades criativas reais da parte de Tolkien) foi que Tolkien, no verão ou início do outono de 1919, foi solicitado a compilar um glossário (*Vocabulário do Inglês Médio*) para acompanhar o livro *Fourteenth Century Verse and Prose*, que Kenneth Sisam estava escrevendo para a prestigiosa Clarendon Press da Oxford University Press. O trabalho demorou bastante, e o glossário de Tolkien finalmente ficou pronto em maio de 1922. Enquanto isso, Tolkien tinha sido nomeado professor associado de Língua Inglesa na Universidade de Leeds, no início de 1920. Os interesses criativos de Tolkien e sua carreira acadêmica se chocaram e, não pela última vez, os primeiros cederam.

O Livro dos Contos Perdidos é fragmentado, incompleto e incipiente em seu tratamento da narrativa. Quando a abandonou, parece que Tolkien pensou que a obra tinha sido concluída com a adição ou conclusão de seis contos para levar a história através das viagens de Eärendel, a marcha dos Elfos de Valinor, a derrota de Melko e a proibição dos Valar de os Elfos voltarem a Valinor. A obra ainda teria incluído um papel maior para Eriol como protagonista na história dos Elfos e na conexão geral do trabalho com a Inglaterra. Como uma indicação de quão fluidas as ideias de Tolkien para seu legendário eram neste ponto de sua criação, nota-se que, em 1920, Tolkien produziu outro esboço para *O Livro dos Contos Perdidos* no qual Eriol é chamado de Ælfwine, e Ælfwine tem um papel marcadamente menos ativo na narrativa do que sua iteração anterior, Eriol.

O Livro dos Contos Perdidos tem seus antecedentes literários, e essa questão é importante para o entendimento do legendário, pois não se deve pensar que o tipo de narrativa moldura que Tolkien escreveu para

Eriol e, mais tarde, Ælfwine, foi totalmente original. De fato, Tolkien, como um jovem professor de língua e literatura, estaria familiarizado com *Decamerão* de Boccaccio, *Os Contos da Cantuária* de Chaucer, a *Edda em Prosa* de Snorri Sturluson e *The Earthly Paradise* [O Paraíso Terrestre] de William Morris. Independentemente de tais possíveis analogias narrativas, a narrativa moldura de um homem (Eriol ou Ælfwine) sendo contada por elfos que vivenciaram os eventos retratados foi abandonada por Tolkien à medida que a história de *O Silmarillion* se desenvolveu nos últimos anos porque era muito complicada — e de forma desnecessária, como ele, lentamente, mas com relutância, veio a perceber. No geral, *O Livro dos Contos Perdidos* tem sobretudo o mesmo estilo da história posterior de *O Silmarillion*, mas é marcadamente menos coerente. De forma irônica, ele também é mais detalhado que seu descendente e, portanto, mais mundano e menos mítico.

O "esboço" e as duas "quentas"

Entre o abandono d'*O Livro dos Contos Perdidos* (por volta de 1920) e o início (em 1926) do que viria a ser a história de *O Silmarillion*, Tolkien continuou a trabalhar em seu legendário por meio de prosa e poesia dedicadas a três de suas mais importantes histórias: as que envolvem os filhos de Húrin, o amor entre Beren e Lúthien e a queda de Gondolin. Em 1926, Tolkien deu um grande passo ao focar, para variar, o macro (o legendário) e não o micro (os contos individuais) quando criou um "Esboço da Mitologia" de 28 páginas, ou, para dar seu título completo, "Esboço da Mitologia com Referência Especial a 'Os Filhos de Húrin'". Ele o fez, aparentemente, sem o benefício de versões intervencionistas. Christopher Tolkien chama a este "Esboço" o "Primeiro Silmarillion'" em *A Formação da Terra-média* (da série *A História da Terra-média*) e cita seu pai quanto à sua procedência:

> "Silmarillion" original. Forma originalmente composta entre 1926–1930 para R. W. Reynolds para explicar os antecedentes da "versão aliterativa" de Túrin & o Dragão: então em andamento (inacabada) (iniciada em 1918).15

Christopher Tolkien também divide a versão publicada em dezenove seções, embora admita que "no manuscrito, não há um pedido para as dezenove divisões serem feitas dessa forma: é puramente uma questão de conveniência de apresentação"[16]. As mudanças mais importantes de Tolkien desde a versão da história de *O Livro dos Contos Perdidos* são que a narrativa moldura (incluindo o A Cabana do Jogo Perdido quase todo o dispositivo mediador Eriol/Ælfwine) e a história da criação e a música dos Ainur estão completamente ausentes. Também é digno de nota que essa versão mais antiga da história de *O Silmarillion* mesmo como um "Esboço" é finalizada de uma forma que, por exemplo, *O Livro dos Contos Perdidos* e o posterior "Quenta Silmarillion" não é. A narrativa aqui vai desde a chegada dos Valar até a derrota de Morgoth.

Em 1930, Tolkien levou a criação de seu legendário um passo além do "Esboço" ao datilografar uma prosa intitulada "The Quenta: herein is Qenta Noldorinwa or Pennas-na-Ngoelaidh". O subtítulo descritivo é o seguinte: "Esta é a breve História dos Noldoli ou Gnomos, extraída do Book of Lost Tales que Eriol de Leithien escreveu, tendo lido o *Livro de Ouro*, que os Eldar chamam de *Parma Kuluina*, em Kortirion em Tol Eressëa, a Ilha Solitária"[17]. (Como antes com o "Esboço", Christopher Tolkien dividiu o relato publicado em dezenove seções, embora tais seções não tenham aparecido no manuscrito original.)

O "Quenta Noldorinwa" de 1930 tem quatro aspectos diferentes do "Esboço" de 1926. Primeiro: algumas das frases e sintaxe do "Silmarillion" surgem pela primeira vez. Segundo: a criação do mundo é brevemente mencionada e os Valar são agora explicitamente descritos sendo que antes, no "Esboço", Tolkien não fazia nenhuma menção a nenhum deles. Terceiro: essa versão do legendário foi escrita por Tolkien com o "Esboço" (e possivelmente *O Livro dos Contos Perdidos*) aberto na sua frente enquanto o compunha. Nesse sentido, o "Quenta Noldorinwa" é um documento mais conciso e deliberado do que o anterior "Esboço". Quarto: essa versão do legendário é quase três vezes mais longa do que sua antecessora. Assim como o "Esboço", o "Quenta Noldorinwa" também é uma narrativa completa do legendário até este ponto em sua evolução.

Entre 1930 e 1937 (é impossível ser mais preciso sobre quando),

Tolkien produziu outra versão mais completa (a quarta desde 1916) do legendário chamada "A Quenta Silmarillion". Ela tem um subtítulo, assim descrito: "Herein is *Qenta Noldorinwa* or *Pennas inGeleidh* or History of the Gnomes"[18]. Christopher Tolkien comenta sobre ela da seguinte forma: "Como escrito originalmente, a *Quenta Silmarillion* [...] era um belo e elegante manuscrito"[19]. Tal trabalho polido é bastante incomum entre os manuscritos de Tolkien. A "Quenta Silmarillion" (escrita entre 1930 e 1937) difere da "Quenta Noldorinwa" em vários aspectos importantes. Primeiro, a narrativa moldura envolve um novo personagem, Pengolodh de Gondolin, como o compilador do relato com Ælfwine/Eriol despromovido de criador para tradutor. Segundo, ele é dividido em dezessete capítulos e uma conclusão (tal divisão não existia antes). Terceiro, é um relato muito mais longo do que a versão anterior do legendário. Como antes Tolkien havia produzido o "Esboço" para um público definido (ou seja, um de seus professores quando estava na King Edward's School, em Birmingham: R. W. Reynolds), o ímpeto para Tolkien criar um relato coerente de seu legendário neste ponto de seu desenvolvimento foi outro público: a editora George Allen & Unwin, que tinha acabado de publicar *O Hobbit*, que teve quase uma aclamação universal e vendas impressionantes, e estava, como resultado, desejando mais material de Tolkien no mesmo estilo.

Depois que a "Quenta Silmarillion" foi rejeitada por George Allen & Unwin em dezembro de 1937, Tolkien a deixou de lado por treze anos. Então, em 1950–1952, ele a revisou para mais uma audiência (a editora Collins), que havia manifestado interesse (o que acabou acontecendo) na publicação do novo e em grande parte completo épico do manuscrito de Tolkien: "O Senhor dos Anéis", em conjunto com a história do Silmarillion. Durante esse período de revisão, o conto de Beren e Lúthien tinha sido completado. Então, em 1956–1958, Tolkien revisou a "Quenta Silmarillion" novamente, dessa vez para a George Allen & Unwin, que queria uma nova obra de Tolkien para capitalizar o sucesso de *O Senhor dos Anéis*. Durante esse período de revisão, o primeiro capítulo "Dos Valar" foi separado do resto e tornou-se uma obra separada, o "Valaquenta", e o estabelecimento de Fëanor e os eventos que o cercam foram significativamente alterados.

Além do desenvolvimento do legendário entre 1916 e 1958, conforme a característica de Tolkien (para quem os mapas eram outra forma de organizar suas ideias — pense em *O Hobbit* e *O Senhor dos Anéis*), ele deveria ter criado dois mapas do legendário à medida que progredia. O primeiro mapa[20] provavelmente data da época do "Esboço da Mitologia" (ou seja, 1926) ou talvez um pouco mais cedo, mas foi posteriormente muito alterado com o passar dos anos. Esse mapa foi desenhado em uma folha de exame da Universidade de Leeds, e associado a ele estão duas folhas suplementares. O mapa, que tem um eixo norte-sul, é acompanhado por extensões Oeste e Leste e tem nomes escritos em mais de uma cor. O segundo mapa, da Terra-média a Oeste das Montanhas Azuis, data da década de 1930[21] e foi originalmente desenhado com muito cuidado em caneta e coberto posteriormente com numerosas emendas e adições em lápis.

Assim, a parte do legendário associada à história dos Silmarils como desenvolvida nas várias versões dessa história entre 1916 e 1958 — como já mencionei — parou em grande parte em 1937. Não é difícil ver o porquê. Em setembro do mesmo ano, a George Allen & Unwin publicou uma história infantil de Tolkien, *O Hobbit,* que (muito para surpresa de Tolkien e da editora) se tornou um grande sucesso, então ele teve que prosseguir (é claro) com outra história sobre Hobbits. Ele acabou fazendo isso (após dezoito anos), e foi chamado de *O Senhor dos Anéis.* Agora é hora de elucidar como essas duas obras — O *Hobbit* e *O Senhor dos Anéis* — se encaixam (ou foram feitas para se encaixar) no legendário, como Tolkien já vinha desenvolvendo há muitos anos *antes* de os Hobbits se tornarem parte de sua visão de mundo, pois é importante lembrar que, quando Tolkien os criou, eles eram literalmente uma nova espécie.

O Hobbit

O Hobbit mostra muitas das mesmas características do resto do legendário, que só aumentam sua complexidade e, portanto, o grau de confusão que muitos leitores sentem às vezes quando confrontados pelo trabalho geral de Tolkien. Primeiro, o próprio conto passou por uma longa formulação antes de ser publicado, assim como *O Silmarillion* e *O Senhor dos Anéis*. É difícil ter precisão nesse assunto, pois o próprio Tolkien ofereceu muitas versões diferentes da criação da história, desde a ideia inicial até a sua publicação. Parece, no entanto, que originou-se como uma história contada ao longo de vários anos aos seus filhos a partir de 1926 ou 1927. Começou então a ser escrita no início da década de 1930, de modo que, por volta de 1933, a história foi escrita até a morte de Smaug. Esse longo período de preparação levou a frequentes e confusas mudanças de nomes na narrativa — característica de todo o legendário. Assim, em vários pontos da criação da história, Smaug foi chamado de Pryftan, o mago foi chamado de Bladorthin e não Gandalf, e Gandalf era um anão e não um mago. Em segundo lugar, as ilustrações (talvez até oito) e mapas do próprio Tolkien foram centrais para a história, como ocorreu no desenvolvimento da história das Silmarils e, mais tarde, de *O Senhor dos Anéis*. Terceiro, Tolkien (sempre ocupado com trabalho e família e um revisor inveterado e obsessivo) foi impulsionado apenas pelos prazos e pela possibilidade tentadora de publicação — como foi com *O Senhor dos Anéis* e com versões da história do Silmarillion. Ele terminou a parte restante da história desde a morte de Smaug até o retorno de Bilbo à Vila dos Hobbits entre o final de junho e o início de outubro de 1936, porque a George Allen & Unwin o estava incitando a fazê-lo. Quatro meses para a conclusão foi bastante rápido para ele. Quarto, houve despreocupação na história de Tolkien e seus editores, sorte no sucesso de *O Senhor dos Anéis* (com o desrespeito aos direitos autorais levando ao sucesso da trilogia sobre os campi universitários norte-americanos em meados dos anos 1960) e sorte na publicação de *O Hobbit* (quando Susan Dagnall, uma funcionária da George Allen & Unwin, colocou as mãos no manuscrito inacabado de *O Hobbit* e gostou o suficiente para recomendá-lo à editora). Quinto, e isso é característico da fragmentação do legendário, quando Tolkien escreveu *O Hobbit* ele tinha pouca ou nenhuma conexão direta com o resto do legendário no qual ele vinha trabalhando desde 1916. Ele simplesmente precisava inventar criaturas (Hobbits) para uma história infantil e depois tinha que descobrir quem elas eram e como se relacionavam com o resto do legendário.

Tolkien reconhece esse ponto em uma carta a C. A. Furth (da George Allen & Unwin), em 1937, na qual ele mesmo fala das "cenas da mitologia [isto é, o legendário] às margens da qual o hobbit [Bilbo Bolseiro] teve suas aventuras"[22]. Dezoito anos depois, quando *O Senhor dos Anéis* estava sendo publicado, Tolkien fez a mesma observação para W. H. Auden[23]. Então, em *O Hobbit* há um necromante que é uma versão anterior de Sauron; há um Condado e uma Terra-média, apesar de *O Hobbit* não chamar nenhum deles por esses nomes; e há um mago (Gandalf) embora ele seja muito menos poderoso do que ele é em *O Senhor dos Anéis*. Há Elrond e Gondolin, os Elfos e os Orques. Há também um anel, mas não era inicialmente o Um Anel. É simplesmente *um* anel que Gollum tinha, e que Bilbo Bolseiro veio a obter por meio de um jogo de adivinhas. Seu maior poder é que ele tornava seu portador invisível. Mas o anel se torna tão central na narrativa de *O Senhor dos Anéis* que Tolkien sentiu que tinha que voltar e rever *O Hobbit* depois que *O Senhor dos Anéis* foi publicado para que as histórias coincidissem. Ele fez este trabalho de correspondência em 1951 (com o manuscrito de *O Senhor dos Anéis* quase terminado). A maior mudança foi no Capítulo 5 de *O Hobbit* com as mudanças associadas ao Capítulo 6. Conforme revisto, o anel é muito mais malévolo em seu poder sobre Gollum e Bilbo, e Tolkien até acrescentou uma explicação para Bilbo inicialmente mentir sobre o evento:

> Lá [na revisão de 1951 do Capítulo 5] a verdadeira história do Jogo de Adivinhas, como foi eventualmente revelada (sob pressão) por Bilbo a Gandalf, é agora dada de acordo com o Livro Vermelho, no lugar da versão que Bilbo deu pela primeira vez aos seus amigos, e realmente colocada no seu diário. Esse afastamento da verdade por parte de um hobbit muito honesto foi um presságio de grande significado. Não se trata, porém, da história atual, e aqueles que nesta edição fazem seu primeiro contato com o hobbit não precisam se preocupar com isso. Sua explicação está na história do Anel, como consta nas crônicas de Livro Vermelho do Marco Ocidental [ou seja, *O Senhor dos Anéis*], e deve aguardar sua publicação.[24]

O Senhor dos Anéis

Em uma carta escrita a Milton Waldman (provavelmente em 1951), Tolkien explicou a relação entre o legendário (o material Silmarillion), *O Hobbit* e o quase completo *O Senhor dos Anéis*. Ele o fez de uma forma que esclarece o que estava tentando fazer de uma forma que nunca mais conseguiu. Segundo Tolkien, *O Hobbit* foi uma criação independente que, de forma irônica, por meio da descoberta do Um Anel, permitiu que a história fosse completada. A história das Silmarils é fundamentalmente élfica; a do *O Hobbit* é quase humana em sua perspectiva; e *O Senhor dos Anéis* combina os dois focos[25]. De certa forma, *O Hobbit* foi uma versão ampliada da história de Tom Bombadil, de Tolkien, em *O Senhor dos Anéis*. Ambos derivam de histórias contadas aos seus filhos. No entanto, a forma como Tolkien usou os contos é instrutiva: o primeiro tornou-se o catalisador de sua epopeia de três volumes; o segundo ficou hermeticamente selado em uma seção geograficamente minúscula da Terra-média. Tom Bombadil aparece nos Capítulos 6, 7 e 8 de *A Sociedade do Anel* e nunca mais se ouve falar dele, embora ele seja brevemente mencionado em outra parte da epopeia. Ele é tema de um volume de poemas publicado em 1961 e intitulado *As Aventuras de Tom Bombadil e Outros Poemas do Livro Vermelho*, mas que não lhe deu nenhum outro papel no legendário — nem era essa a sua intenção. De fato, o volume de poemas foi publicado em grande parte porque a tia de Tolkien, Jane Neave, pediu-lhe mais aventuras dessa criatura mais antiga da Terra-média, Iarwain Ben-adar, como Gandalf o chama. É interessante, porém, que por um breve momento Tolkien pensou em fazer de Tom Bombadil o herói de outro conto envolvendo Hobbits antes de pensar melhor nele (carta para Stanley Unwin, dezembro de 1937[26]).

Assim como aqueles que admiram o trabalho de Tolkien ficam frequentemente intrigados com a forma como um homem poderia produzir tanto *O Hobbit* quanto *O Silmarillion*, eles acham um exagero conectar o material das primeiras partes do legendário com o completo e épico *O Senhor dos Anéis*. Qualquer explicação (além do acaso — e isso realmente não é uma resposta rigorosa ou adequada) precisa começar com os fatos de como Tolkien e sua editora (a George Allen & Unwin) reagiram ao notável e inesperado sucesso de *O Hobbit.* Algumas delas já insinuei em minha discussão sobre a sábia escolha de Tolkien de não buscar mais nenhuma história com Tom Bombadil como protagonista, mas a história precisa ser contada de forma mais completa para elucidar o significado do legendário.

Com a George Allen & Unwin solicitando a Tolkien uma continuação de *O Hobbit,* em outubro de 1937, Tolkien ofereceu à editora um material que ela não podia usar: o conteúdo de *O Silmarillion* era simplesmente muito extenso e incomum para a editora de *O Hobbit. Mestre Gil de Ham* (que Tolkien também ofereceu a Stanley Unwin para consideração em novembro de 1937) era muito pequeno, não estava ligado ao legendário e não envolvia Hobbits. Tolkien considerou (como já mencionei) expandir seu conteúdo sobre Tom Bombadil, mas rejeitou a ideia. Assim, ele agora se viu obrigado (ele veio a perceber) a inventar *novos* assuntos sobre os Hobbits. O que ele inventou inicialmente foi algo muito próximo de *O Hobbit* no primeiro capítulo de *O Senhor dos Anéis* intitulado "Uma Festa Inesperada". Na verdade, esse primeiro capítulo usa o mesmo material do início de *O Hobbit:* Bilbo Bolseiro e uma festa. Tolkien acabou escrevendo quatro rascunhos do capítulo (de uma forma muito tolkieniana), mas o material não começou a seguir em outra direção até que duas voltas inesperadas na trama começaram a surgir: uma foi o uso do anel de *O Hobbit* como o Um Anel do Poder; a outra foi o aparecimento dos Cavaleiros Negros. Tolkien não entendeu a identidade ou o propósito de nenhum dos dois quando os criou. Assim como com o poema de Eärendil do anglo-saxão *Christ* (que deu início ao legendário em 1914) e a linha de abertura de *O Hobbit* ("Num buraco no chão vivia um hobbit", que datava do início dos anos 1930), assim *O Senhor dos Anéis* se desenvolveu como uma resposta ao enigma inicial de Tolkien: O que ou quem era Eärendil (a história de Silmarillion)? Quem ou o que era um hobbit (*O Hobbit*)? Qual era a história e quais eram os poderes do anel? Quem ou o que eram os Cavaleiros Negros (*O Senhor dos Anéis*)? Tolkien também começou a perceber que a história do Um Anel não era mais para crianças e que ele tinha encontrado uma maneira de integrar a história ao legendário (carta para C. A Furth, da George Allen & Unwin, agosto de 1938[27]). Alguém pode conjeturar que a virada da história para temas mais obscuros e adultos foi causada por dois eventos: um foi pessoal (Tolkien quase teve um colapso nervoso de causas não reveladas no primeiro semestre de 1938); o outro foi global (faltava apenas um ano para o início da Segunda Guerra Mundial).

A história de *O Senhor dos Anéis* entre 1938 e a publicação do volume final da trilogia, em 1955, é de um avanço perfeccionista de disponibilidades e começos, conforme sua agenda permitia, rumo ao livro que hoje é tão reverenciado. Houve momentos em que ele se viu em longos atrasos no projeto, como a parte em que a sociedade ficou no túmulo de Balin, em Moria, que demorou muito tempo para ser desenvolvida. A certa altura, Tolkien pensou que o livro estaria terminado no início de 1943 (depois de menos de cinco anos de trabalho). Entretanto, o surgimento de um novo personagem, Faramir, complicou o desenvolvimento futuro do épico. Assim, ele estaria pronto no final de 1946. Finalmente, em setembro de 1948, um primeiro rascunho foi completado e um rascunho revisado estava pronto em outubro de 1949. Naquele momento, Tolkien desceu uma metafórica toca de coelho quando pensou que a editora Collins poderia publicar não só *O Senhor dos Anéis*, mas também o material de Silmarillion. Ele pensou (muito provável que corretamente) que a George Allen & Unwin não publicaria as duas obras por causa do custo e da dificuldade de encontrar um público para a história do Silmarillion. Tolkien só emergiu do buraco em 1952, quando entendeu que a Collins não estava mais interessada em publicar as duas obras ou, talvez, qualquer uma delas. Então, ele teve que voltar para a George Allen & Unwin. Essa editora ainda estava preparada para publicar *O Senhor dos Anéis* e para olhar para *O Silmarillion* para uma futura publicação. Agora, no entanto, a economia era um problema. Para a George Allen & Unwin, o custo da publicação de *O Senhor dos Anéis* seria proibitivo, portanto, para se proteger e supondo que as vendas seriam pequenas, eles ofereceram a Tolkien um acordo de participação nos lucros de 50/50, em vez do habitual adiantamento e royalties. Foi uma decisão compreensível, mas custou enormes lucros à editora e fez de Tolkien um milionário. A única outra complexidade na história da publicação de *O Senhor dos Anéis* é que uma segunda edição foi publicada em 1966 — em parte para corrigir erros que existiam na primeira, e em parte para lidar com uma edição com direitos autorais falhos nos Estados Unidos.

Comecei esta seção com um reconhecimento de que alguns poderiam estar confusos sobre como uma mente poderia criar *O Silmarillion*, *O Hobbit* e *O Senhor dos Anéis*. A resposta é que uma mente poderia fazê-lo simplesmente perseguindo com obstinação e — no caso de *O Silmarillion* — durante toda uma vida respondendo a questões básicas de identidade onde quer que a busca a levasse. Acima de tudo, a história do legendário é a história de um escritor não profissional que teve sucesso justamente porque queria publicar seu trabalho criativo (desejava *muito*), mas a publicação seria apenas uma parte de uma vida equilibrada por responsabilidades acadêmicas como membro sênior do corpo docente da Universidade de Oxford e o cuidado de uma grande família.

Em essência, *O Silmarillion* conta a história da vida sentimental desde a criação até o final da Segunda Era (a Era dos Elfos) com alguma referência à Terceira Era e ao Um Anel. *O Hobbit* aborda uma pequena seção (uma breve aventura) da Terceira Era (a Era dos Homens). *O Senhor dos Anéis* liga a vida dos Hobbits (sempre o assunto favorito de Tolkien) à vida mais ampla dos Elfos, Anãos, Homens e Magos, e leva a história até o final da Terceira Era. Entretanto, é importante notar que a história do Silmarillion, conforme delineada antes, foi estritamente uma história da Primeira Era: dos atos dos Valar à resolução bem-sucedida de Eärendil quanto ao dilema das Silmarils (Como o juramento de Fëanor deve ser tratado?) e a expulsão de Melkor/Morgoth da Terra-média.

Como *O Silmarillion* foi publicado após a morte de Tolkien e somente com os consideráveis esforços de Christopher Tolkien para criar uma narrativa coerente, esse livro inclui material que pode ser que Tolkien não deixaria se tivesse sido responsável por sua publicação, mas nunca saberemos como teria sido o livro se apenas o pai estivesse envolvido na sua criação. O que sabemos é que *O Silmarillion* é uma compilação. A "Quenta Silmarillion" ou "História das Silmarils"[28] é precedida por "Ainulindalë" ou "A Música dos Anuir" (baseado em um manuscrito criado por Tolkien por volta de 1951) e "Valaquenta" ou "O Relato dos Valar" (baseado em um manuscrito de Tolkien de cerca de 1959). Seguem-se dois trabalhos adicionais: "Akallabêth" ou "A Queda de Númenor" e "Dos Anéis de Poder e da Terceira Era". O primeiro (que é quase o único material significativo *escrito* por Tolkien) data de cerca de 1951.* O segundo data de, no mínimo, 1948.

A essa longa lista de material do legendário deve ser acrescentada uma outra fonte: os *Contos Inacabados de Númenor e da Terra-média*. Eu mencionei esta obra no início do capítulo. Agora é hora de discutir brevemente o seu conteúdo para encerrar o estudo dos textos do legendário. *Contos Inacabados* (publicado sob a redação de Christopher Tolkien em 1980) contém mais dois trabalhos sobre a Primeira Era; quatro sobre a Segunda Era; cinco sobre a Terceira Era; e material sobre os Drúedain, os Istari, e as Palantíri. Em certo sentido, é um compêndio de material editado pelo filho de Tolkien para abrir o caminho para sua edição de 12 volumes de *A História da Terra-média* (publicada entre 1983 e 1996). "De Tuor e Sua Chegada a Gondolin" e "Narn I Hîn Húrin" referem-se à Primeira Era. "Uma Descrição da Ilha de Númenor", "Aldarion e Erendis: A Esposa do Marinheiro", "A Linhagem de Elros: Reis de Númenor" e "A História de Galadriel e Celeborn" compõem o material sobre a Segunda Era. "O Desastre dos Campos de Lis", "Cirion e Eorl e a Amizade entre Gondor e Rohan", "A Demanda de Erebor", "A Caçada ao Anel" e "As Batalhas dos Vaus do Isen" falam sobre a Terceira Era. Todos são úteis à sua própria maneira, mas tendem apenas a confundir os leitores desinteressados em se tornarem especialistas em Tolkien, pois embaralham o arco do legendário (*O Silmarillion*, *O Hobbit*, *O Senhor dos Anéis*), mesmo quando fornecem algum panorama útil.

Hábitos de Tolkien como escritor

Até agora tentei responder as duas primeiras perguntas com as quais este capítulo começou: Qual é a história da publicação do legendário? Qual é a história de sua criação e composição? Preciso agora voltar à terceira pergunta e à questão de como Tolkien trabalhou como escritor a fim de esclarecer melhor o significado do legendário para os entusiastas da mitologia de Tolkien.

Os hábitos de J.R.R. Tolkien como escritor eram, francamente, extraordinários e, às vezes, enlouquecedores. A maioria dos escritores cria um texto como um primeiro rascunho e depois o edita antes de ser publicado. Então eles podem continuar a editar o texto para publicação posterior. Tolkien não era de forma alguma metódico ou linear em seu trabalho. Pelo contrário, como um perfeccionista, um procrastinador assumido e um homem para quem a escrita criativa nunca poderia ser nada mais que uma diversão, seus hábitos eram muito diferentes e envolviam alguns ou todos os passos a seguir:

- Escrever de uma maneira que era muito difícil para qualquer um, inclusive para ele mesmo, decifrar.
- Escrever suas histórias em qualquer papel à mão (não importa quão pequeno), possivelmente porque papel era escasso e caro.
- Criar um texto (muitas vezes a lápis) e depois reescrever o texto a lápis sobre a versão a lápis original antes de apagar as marcas que estão por baixo. Esse processo apresenta dificuldades únicas para um editor que se preocupa em publicar um texto fundado (como quase sempre) em intenção autoral.
- Produzir (às vezes) uma datilografia, que teria uma relação pouco clara com o material manuscrito anterior e cópias datilografadas posteriormente.
- Retomar o trabalho começando do início em vez de simplesmente revisar um trabalho já existente. Esse processo cria outro tipo de problema para um editor: qual é a procedência de manuscritos relacionados e quais têm a primazia no que diz respeito à publicação. Existem, por exemplo, nada menos que dezoito versões de um dos capítulos de *O Senhor dos Anéis*.
- Abandonar uma obra antes que ela seja concluída. Essa escolha levanta mais uma preocupação para um editor: Como utilizar um material que constitui uma obra incompleta e/ou um falso começo?
- Raramente jogar fora qualquer um de seus escritos criativos.

Esse hábito produz um corpo de trabalho confuso e incoerente, análogo à questão contemporânea, com a multiplicidade de versões digitais de uma obra.

- Organizar sua escrita criativa seguindo um sistema desorganizado que só fazia sentido para ele.

Dadas tais complexidades, é de se elogiar a George Allen & Unwin (como editora) e Christopher Tolkien (como editor), uma vez que a obra de Tolkien tem sido apresentada com tanta precisão e clareza quando a verdade é que os hábitos de Tolkien como escritor não ajudaram a esclarecer o legendário para milhões de leitores apaixonados.

O trabalho de Christopher Tolkien como editor

Comecei este capítulo com uma quarta questão: o papel do filho mais novo de Tolkien, Christopher, na edição da obra inédita de seu pai. Minha opinião é que o trabalho de Christopher Tolkien como editor foi essencial, mas em alguns aspectos de pouca ajuda. Tal avaliação se estende ao trabalho da família Tolkien por meio do Tolkien Trust. Duas bibliotecas no mundo abrigam uma grande parte da obra de J.R.R. Tolkien: Coleções Especiais da Universidade de Marquette em suas Bibliotecas Raynor Memorial e a Biblioteca Bodleian da Universidade de Oxford em seu Departamento de Manuscritos Ocidentais. A Marquette possui extensas coleções de manuscritos relacionados a *O Hobbit*, *O Senhor dos Anéis*, *O Silmarillion*, *Mestre Gil de Ham* e *Sr. Boaventura*. A Bodleian tem os manuscritos de "Folha de Cisco" e *O Silmarillion* bem como muitos exemplos do trabalho acadêmico de Tolkien e dos trabalhos da família Tolkien. Está claro a partir de trabalhos acadêmicos secundários sobre Tolkien que o Tolkien Trust tem outros materiais (os diários de Tolkien, por exemplo), mas bem poucos acadêmicos tiveram acesso a qualquer coisa que possa ser chamada de pessoal. (Houve a publicação, em 1981, de *As Cartas de J. R. R. Tolkien*, mas esse é um volume editado de forma bastante ligeira e ambígua). A família Tolkien está, naturalmente, dentro de seus direitos morais e legais de restringir o acesso a toda e qualquer obra de J.R.R. Tolkien, mas o resultado de alguns dos materiais primários associados à sua vida e ao seu trabalho como escritor não estarem disponíveis é que temos apenas um biógrafo privilegiado de Tolkien (Humphrey Carpenter), cuja biografia tem agora quarenta anos, e apenas um editor da obra de Tolkien sobre o legendário, seu filho Christopher.

A experiência que adquiri ao ensinar a obra de Tolkien a alunos de graduação e pós-graduação é que essa relação do filho (como editor) com o pai (como autor) é fascinante para eles e problemática e fonte de alguma confusão, pois o filho só revela alguns dos detalhes de seu papel, embora seu aparato editorial seja, muitas vezes, extraordinariamente extenso. Algumas dificuldades advêm do fato de ele não ser o mais claro dos escritores quando usa a exposição para tentar esclarecer a obra de seu pai. Outras, ainda, devem surgir da proximidade de um filho muito amado que edita a obra de um pai reverenciado e famoso. Veja, por exemplo, o Prefácio de *O Livro dos Contos Perdidos*. Ali, Christopher Tolkien reflete sobre sua edição e publicação de *O Silmarillion* seis anos antes e conclui que sua decisão de publicar essa obra anterior foi equivocada. Como ele comenta categoricamente: "Acho agora que [o livro] foi um erro."[29] Em uma frase e com explicação inadequada do raciocínio por trás da publicação da edição de um volume de *O Silmarillion*, o editor consegue minar o valor da obra anterior (que havia conseguido uma atenção significativa entre 1977 e 1983) e postula todo o propósito da série *A História da Terra-média* (em doze volumes) em uma única reconsideração editorial. De certa forma, o editor entrelaçou o alvo: ele fica aquém com um volume (*O Silmarillion*) e exagera (sem dúvida) com doze (*A História*).

A explicação de Tolkien sobre o legendário

Já é óbvio o quão complicado é o legendário, embora espero que eu tenha fornecido um caminho adequado e que valha a pena o percorrer (como prometi no início deste capítulo). Vou terminar com um resumo da única declaração detalhada que Tolkien já fez sobre o seu legendário.

Essa declaração constitui a quase totalidade da sua longa carta a Milton Waldman, da editora Collins. Essa carta provavelmente foi escrita em 1951 a pedido de Waldman para explicar como as partes de seu legendário se encaixavam[30]. Ela foi escrita depois que o manuscrito de *O Senhor dos Anéis* foi terminado, mas antes de ser publicado. Foi escrita, então, com pleno conhecimento da parte de Tolkien do que ele havia tentado realizar em seu legendário, e explica muito do que ele tentou realizar em seu trabalho como escritor de fantasia ao longo de muitos anos. Ela faz isso muito bem, pois Tolkien pensou que a publicação de *O Silmarillion*, assim como a de *O Senhor dos Anéis*, poderia ser alcançada se ele fosse absolutamente claro sobre sua obra. Vou reduzir o conteúdo da carta a uma série de quase uma dúzia de pontos.

- Tolkien não se lembra de uma época em que não estava criando seu mundo da imaginação.
- O mundo de fantasia de Tolkien é uma criação fundada sobre os três pilares da língua (em particular o élfico), mito e história de fadas.
- Tolkien já quis criar um corpo de lendas para substituir a escassez dos mitos na cultura inglesa.
- Tolkien criou histórias individuais (algumas detalhadas, outras meramente esboçadas) e depois estabeleceu as ligações entre elas.
- Tolkien construiu o legendário de tal forma que permitiria que outros contribuíssem para o empreendimento após a sua morte.
- Tolkien sentiu, quando estava criando seu legendário, que estava registrando eventos reais e não os inventando.
- A obra de Tolkien se volta a quatro questões: a relação entre arte, subcriação e realidade; a queda; a mortalidade; e a máquina (e sua relação com o poder). A última delas se expressa na batalha entre os Elfos (que usam o poder para a arte) e o Inimigo (que usa o poder para dominar).
- O legendário de Tolkien consiste em um mito cosmogônico (a música dos Ainur) e três eras.
- A Primeira Era é abordada em *O Silmarillion*, ou história dos Elfos. Enfatiza as histórias de Beren e Lúthien, d'Os Filhos de

Húrin, da Queda de Gondolin e de Eärendil, o Andarilho. O foco é a contribuição para a história daqueles que são fracos e relativamente impotentes. A Primeira Era termina com a derrota do Inimigo (Morgoth) e a perda permanente das três Silmarils.

- A Segunda Era (ou ciclo) ocorre depois que o mundo é feito de novo. Os Elfos agora vivem na Ilha Solitária de Eressëa, e aqueles homens que foram fiéis aos Elfos e aos Valar recebem a sua própria ilha de Númenor e longas vidas. A Segunda Era é tomada pela corrupção dos Númenóreanos por um novo representante do Inimigo (Sauron), bem como com a escolha por alguns dos Elfos de permanecer na Terra-média e, sob as instruções de Sauron, forjar três anéis de poder. Secretamente, Sauron também faz um anel de poder para controlar todos os outros anéis, e ele reina supremo na Terra-média, como resultado do Um Anel, mesmo quando os Númenóreanos crescem cada vez mais poderosos. No final, Sauron incita os Númenóreanos a tentar arrancar o segredo da imortalidade dos Valar em Valinor. Eles fracassam. Númenor desaparece sob o mar. Valinor (ou Paraíso) é removido do alcance mortal. Apenas nove barcos escapam para a Terra-média, onde estavam os líderes: Elendil, Isildur e Anarion. Em uma última aliança, Homens e Elfos se unem para derrotar Sauron na Terra-média em sua fortaleza em Mordor. No entanto, o Um Anel está perdido.
- A Terceira Era se preocupa em elaborar o destino do Um Anel e é o assunto tratado em *O Hobbit* e *O Senhor dos Anéis. O Hobbit* concentra-se na vida do povo comum contra um elevado ambiente de nobreza, heroísmo e de mitos. *O Senhor dos Anéis* foca a derrubada de Sauron, o retorno do rei de Gondor e a partida permanente dos Elfos da Terra-média. A mensagem do épico é que a vida precisa tanto do "comum" quanto do "nobre", do "heroico" e do "simples" para ter valor e significado[31].

Essa é certamente uma homenagem à densidade do legendário de Tolkien que não é capaz (apesar da concisão admirável) de resumir a história e seus significados para Waldman em menos de dezoito páginas!

Nota Especial

* Há apenas duas outras partes completas sobre a Segunda Era: "A Queda de Númenor" (que data de cerca de 1936) e "A Submersão de Anadûnê" (1945–1946). Estas foram deixadas em manuscrito na morte de Tolkien, mas posteriormente publicadas sob a redação de Christopher Tolkien. Duas versões diferentes de "A Queda" aparecem em *A Estrada Perdida e Outros Escritos*[32], e uma terceira em *Sauron Derrotado*[33]. A "Submersão" existe em quatro versões diferentes, e todas elas aparecem em *Sauron Derrotado* (340–440).

Os estudiosos de Tolkien ficam surpresos com os poucos escritos de Tolkien sobre a Segunda Era. A explicação é simples. Primeiro, seu interesse pela Segunda Era veio tarde na história do desenvolvimento do legendário. Ele estava há mais de vinte anos no desenvolvimento do seu legendário antes de se concentrar em Númenor em 1936. Segundo, quando foi criada, ela foi totalmente integrada ao legendário em geral. Terceiro, ela pode ter sido, como uma concepção, limitada desde o início por estar muito ligada ao mito de Atlântida. Quarto, os primeiros (1936) escritos sobre Númenor surgiram como resultado de um pacto de escritores com C.S. Lewis para criar o tipo de história que cada um gostaria de ler, mas muito raramente via na imprensa. O resultado para Tolkien foi uma obra incompleta, *A Estrada Perdida*, com a "Queda" sendo sentida como necessária para torná-la inteligível. A escrita posterior sobre Númenor ("Submersão"), que data de 1945–1946, foi escrita em conjunto com a história incompleta e futurista de Tolkien, "The Notion Club Papers". O trabalho de Tolkien sobre Númenor não foi, então, central para sua visão como o foram *O Silmarillion, O Hobbit* e *O Senhor dos Anéis*.

CAPÍTULO 3
TOLKIEN E SUAS LÍNGUAS

De todos os muitos prazeres que aqueles que estudam Tolkien encontram, o uso de línguas é certamente o mais sutil e necessitado de esclarecimento e explicação. A relação entre a vida de Tolkien e suas conquistas no gênero fantasia (tema do Capítulo 1) e a extensão e significado de seu legendário (tema do Capítulo 2) são ambas complicadas à sua maneira, mas é o uso de línguas por Tolkien que mistifica mais leitores do que qualquer outra preocupação singular, pois algumas das afirmações de Tolkien são abrangentes e generalistas, enquanto outras são dirigidas muito mais estritamente a um público linguista específico.

A centralidade das línguas para a visão de Tolkien

Existem outras razões, também, para que o uso de línguas por Tolkien seja um desafio para muitos leitores. O próprio Tolkien — como veremos

— desde muito cedo se dedicou a criar línguas. Em primeiro lugar, é também o caso de ele ser um linguista profissional (como era chamado, quando Tolkien estava vivo, um filólogo ou "amante das línguas"). Em seguida, foi a opinião de Tolkien que o uso de línguas (sindarin, quenya, runas anãs e assim por diante) necessariamente precedeu o desenvolvimento de uma sociedade ou cultura fictícia que encarnaria esse uso em ação. Finalmente, Tolkien foi um filólogo suficientemente bom para deixar suas línguas (até mesmo o élfico) incompletas da mesma forma que as línguas naturais também o são. Portanto, seu trabalho tem uma fragmentação que alguns podem considerar frustrante.

Antes de entrarmos em uma discussão detalhada sobre o uso de línguas na fantasia de Tolkien, é importante ressaltar com algum detalhe o quanto é imediato o encontro de qualquer leitor com a qualidade alienígena do legendário de Tolkien se esse leitor espera que sua fantasia seja apresentada em sua língua. Se olharmos para suas três grandes conquistas criativas (*O Hobbit*, *O Senhor dos Anéis* e *O Silmarillion*), a evidência é clara. A terceira edição de *O Hobbit* (1966) começa com uma renderização do título e subtítulo do livro (*O Hobbit ou Lá e De Volta Outra Vez*) em runas anãs. O segundo parágrafo de sua declaração preditiva é largamente retomado com uma longa explicação do que são as runas, juntamente com a sedutora especulação de que as runas em *O Hobbit* não são as runas anãs propriamente ditas, mas uma representação inglesa delas, embora tais "runas inglesas, as quais, hoje, poucas pessoas conhecem"[1]. Portanto, há dois níveis de opacidade aqui desde o início. Tolkien passa então a renderizar a inscrição rúnica na porta secreta da Montanha Solitária, assim como as runas da lua, de tal forma que um leitor, ao encontrar essas runas pela primeira vez, não poderia decifrar seu significado, mas seria (presumivelmente) seduzido a fazê-lo em algum momento no futuro. Sei que fui seduzido dessa forma quando tive contato com o livro pela primeira vez, quando era um garoto de oito anos.

No Capítulo 1, Tolkien continua com seus jogos de linguagem fazendo Gandalf rabiscar um "sinal esquisito"[2] na porta da frente de Bilbo Bolseiro. Esse símbolo é um uso extraordinariamente condensado da língua que, talvez, apenas Gandalf e os Anãos pudessem interpretar, pois Glóin diz a Bilbo:

> E lhe asseguro que há uma marca nesta porta — a marca comum nesse ramo, ou costumava ser. *Gatuno deseja um bom trabalho, um bocado de Empolgação e Recompensa razoável* é como essa marca normalmente é lida. Pode dizer *Caçador de Tesouros Especializado* em vez de *Gatuno,* se preferir. Alguns deles preferem. Dá na mesma para nós.[3]

Note três coisas aqui. Primeiro, Glóin admite que a língua está sempre evoluindo ("ou costumava ser") à medida que a cultura evolui. Segundo, Glóin divide os usuários da língua em dois grupos (literalmente "nós" e "eles") sem explicar a quem os dois grupos se referem e como se relacionam com a categoria geral de alguns ou todos os usuários da língua. Em terceiro lugar, a tradução é um ato complicado ("alguns deles preferem"). Esse último comentário em particular é importante (como declaram a segunda e terceira frases da declaração preditiva rúnica), já que a história está em inglês apenas para tornar a narrativa inteligível para um público anglófono. Na época dos acontecimentos de *O Hobbit*, as línguas e letras eram bem diferentes das nossas de hoje. O inglês é usado para representar as línguas, mas há uma perda implícita de significado ou uma deturpação de significado em tal escolha.

Se voltarmos a *O Senhor dos Anéis*, vemos que Tolkien é igualmente complicado em sua discussão de assuntos linguísticos na Terra-média. O épico começa com um prólogo que se preocupa exclusivamente com os Hobbits. Relativamente próximo ao tempo presente da narrativa, os Hobbits passaram por uma transformação linguística, como explica o narrador:

> Foi nesses dias primitivos, sem dúvida, que os Hobbits aprenderam a escrita e começaram a escrever à maneira dos Dúnedain, que por sua vez haviam aprendido a arte com os Elfos muito tempo antes. E naqueles dias esqueceram-se também dos idiomas que antes usavam e falavam sempre na fala comum, o westron, como era chamado, que era corrente por todas as terras dos reis de Arnor até Gondor e em torno de todas

> as costas do Mar, desde Belfalas até Lûn. Porém mantinham algumas de suas próprias palavras, bem como seus próprios nomes dos meses e dos dias, e grande número de nomes pessoais oriundos do passado.[4]

Assim como a língua escrita dos Hobbits, essa lhes foi ensinada pelos Dúnedain. No entanto, Tolkien é pouco claro sobre a língua falada pelos Hobbits, pois antes ele havia comentado (como narrador anônimo): "Outrora [os Hobbits] falavam as línguas dos Homens, à sua própria maneira, e gostavam e desgostavam mais ou menos das mesmas coisas que os Homens".[5] Assim, eles usam a língua comum "à sua moda" (o que quer que isso signifique). No entanto, como "aqueles dias" e "de antigamente" se relacionam uns com os outros é totalmente (e deliberadamente?) pouco claro.

Os Elfos (o substantivo tornou-se capitalizado entre 1937 e 1954) aparecem cedo em *O Senhor dos Anéis*: no Capítulo 3, "Três não é Demais". Sam é o primeiro a *ouvir* os Elfos, como ele teria "se atirado para as vozes" se não tivesse sido retido por seus companheiros hobbits[6], e Frodo é igualmente levado não com a aparência, mas com a forma que eles *soam*. Então o narrador reforça para o leitor a qualidade que se destacou para Tolkien em sua representação dos Elfos, a beleza de sua língua:

> O canto se aproximou. Uma voz nítida já se erguia acima das demais. Cantava na bela língua-élfica, de que Frodo só conhecia pouca coisa, e os outros, nada. Porém, o som mesclado à melodia parecia moldar-se, nos pensamentos deles, em palavras que só compreendiam em parte.[7]

Então, agora a ignorância se torna conhecimento limitado por causa do som isolado. Frodo escuta a canção e então, baseado nisso, é capaz de dizer "Estes são Altos Elfos! Falaram o nome de Elbereth!"[8] — que podem dizer em parte por causa do nome Elbereth e em parte, presumivelmente, por causa do uso da língua.

Também é notável que o desenvolvimento de Tolkien das línguas da Terra-média foi evolutivo. *O Hobbit*, por exemplo, não fez distinção entre Altos Elfos e Elfos (de fato, Tolkien não tinha sequer desenvolvido tal distinção em sua própria mente até 1937). Seu senso de que uma língua poderia ser boa também era evolucionário. Os Elfos em *O Hobbit* cantam uma canção sem sentido que o próprio narrador denomina de "bastante sem sentido"[9]; os Altos Elfos em *A Sociedade do Anel cantam* uma canção que se aprofunda em um elemento importante de sua própria mitologia: Gilthoniel/Elbereth. E o senso de Tolkien do que um público pode suportar se desenvolveu de forma semelhante, pois no lugar das runas temos agora élfico (embora o narrador não diga se é quenya ou sindarin): Frodo respondendo a Gildor Inglorion com um comentário gentil "*Elen síla lúmenn' omentielvo*", com essa frase aparentemente sendo traduzida logo em seguida como "Uma estrela brilha sobre a hora de nosso encontro"[10].

Finalmente, o que também se desenvolveu foi a visão de Tolkien sobre a transmissão textual — como essas línguas chegam até nós como leitores. Pois, descobrimos, no final do prólogo de *O Senhor dos Anéis* (em uma seção intitulada "Nota sobre os Registros do Condado"[11]), que *O Hobbit* e *O Senhor dos Anéis* foram registrados nos cinco volumes do *Livro Vermelho do Marco Ocidental*, escrito por Bilbo e Frodo. O original aparentemente não existe mais, porém foram feitas muitas cópias e uma em particular: a cópia feita por Findegil, Escriba do Rei, em IV 172 (ou seja, o 172º ano da Quarta Era)[12]. *Somente* essa cópia contém o conjunto das "Traduções do Élfico" de Bilbo, em três volumes adicionais, e esse material *pode* ser o que temos agora em *O Silmarillion* porque se preocupava apenas com a história da Primeira Era[13].

Se voltarmos, agora, ao que *O Silmarillion* revela dos interesses de Tolkien como filólogo, encontramos aquela famosa carta de Tolkien a Milton Waldman (provavelmente escrita em 1951) colocada no início do livro pelo filho e editor de Tolkien, Christopher, para apresentar a segunda edição de *O Silmarillion*. Já falei sobre essa carta (no Capítulo 2, sobre o legendário), então vou simplesmente ressaltar aqui que, no primeiro parágrafo, após seus comentários introdutórios, J.R.R. Tolkien enfoca a língua: ele esboça para o leitor seu longo fascínio por línguas (tanto como amador quanto como profissional) e, em particular, por duas línguas élficas: quenya e sindarin[14].

O Silmarillion, após o mito da criação, preocupa-se apenas com os Dias Antigos e, portanto, com os Elfos, mas vale a pena apontar quatro fatos importantes sobre esse desentendimento das obras de Tolkien, todos eles linguísticos. Primeiro, o mundo do pensamento de Eru como criador surge por causa do som — o som daquela mais internacional das línguas, a música, pois é a música dos Ainur que começa a criação do mundo[15]. Segundo, o Capítulo 3 (como com *O Hobbit* e *O Senhor dos Anéis*) é o locus para os Elfos que aparecem pela primeira vez na narrativa. E como nessas duas obras anteriores (no sentido de serem publicadas primeiro, mas não criadas primeiro, como *O Silmarillion* antecede *O Hobbit* em sua criação imaginativa por duas décadas ou mais), *O Silmarillion* distingue os Elfos como, antes de tudo, falantes da língua. Os Elfos, diz Tolkien, chamam-se Quendi, que significa "aqueles que falam com vozes"[16]. Terceiro, Melian (uma Maia que se casa com o rei élfico, Thingol) é conhecida por sua canção. Ela ensina os rouxinóis a cantar, pois ela foi "enchendo o silêncio da Terra-média antes da aurora com sua voz e a voz de seus pássaros"[17]. Quarto, a mais importante história de amor de *O Silmarillion* (entre Beren e Lúthien) é baseada em três qualidades de Lúthien: sua beleza, sua dança e sua voz (que é descrita como "entusiasmada", "de cortar o coração" e capaz de trazer um fim ao inverno, trazendo o início da primavera)[18].

Tolkien e as línguas: naturais, artificiais e inventadas

O amor de Tolkien pelas línguas pode ser visto em seu conhecimento em línguas naturais e artificiais, assim como na fecundidade de suas línguas inventadas.

Línguas naturais e artificiais

Como resultado do ensino de sua mãe, bem como de sua educação na King Edward's School, Birmingham, e na Universidade de Oxford, Tolkien tinha uma formação completa nas línguas clássicas latim e grego. Ele também era especialista em inglês antigo e médio e, em menor grau e de forma autodidata, estava familiarizado com o gótico e o islandês antigo (nórdico antigo). Em Oxford, estudou galês e finlandês, as duas línguas de que mais gostava e que foram a base do sindarin e do quenya. Sua contribuição ao *New English Dictionary* (mais tarde o *Oxford English Dictionary*) e sua erudita "Nomenclatura de *O Senhor dos Anéis*"[19] mostram que ele também conhecia algo de saxão antigo, holandês médio, holandês moderno, alto alemão antigo, baixo alemão médio, alto alemão médio, alemão moderno, teutônico antigo, pré-teutônico primitivo, lituano, eslavo antigo, russo, dinamarquês, francês, islandês, norueguês, sueco antigo e escandinavo. Sua infância também lhe proporcionou um pouco de africânder, principalmente palavras captadas por sua mãe do tempo que ela passou na África do Sul, no início da vida de Tolkien. Seu senso altamente desenvolvido de estética linguística significava que ele não podia contar o gaélico entre suas línguas, no entanto, pois achava o irlandês antigo muito complicado e "totalmente sem atrativos" (carta de 1958 para Deborah Webster[20]. A essa longa lista de línguas com as quais Tolkien tinha familiaridade ou domínio, devem ser acrescentadas mais três: o hebraico, com seu "belo, mas idiota alfabeto" e extraordinária dificuldade[21]; o italiano, cujo entendimento era "embrionário"[22]; e o espanhol, cujo comando era "rudimentar"[23].

No que diz respeito às línguas artificiais — como no produto de pensadores e visionários determinados a inventar uma língua genuinamente internacional — Tolkien sabia algo sobre volapuque (inventada por J. M. Schleyer em 1879), esperanto (inventada por L. L. Zamenhof em 1887), ido (promovida pela Delegação para a Adoção de uma Língua Internacional em 1907) e novial (inventada por Otto Jespersen em 1928). Porém, o entendimento de Tolkien sobre esperanto é mais importante em qualquer estudo de suas próprias línguas inventadas, pois ele mesmo, em 1909 (aos dezessete anos), utilizou uma combinação de inglês e esperanto em um livreto chamado "Book of the Foxrook". Depois, em 1932, tornou-se membro do Conselho de Consultores Honorários do Comitê de Educação da Associação Britânica de Esperanto. Ele escreveu uma carta ao secretário do comitê na qual elogiava o esperanto como a principal língua artificial, mas aconselhou a não tentar melhorá-lo por medo de destruir sua beleza: "o aspecto 'humano' ou estético da língua inventada" e "a individualidade, coerência e beleza, que aparecem nas grandes línguas naturais"[24]. Mais uma vez, em qualquer compreensão da própria invenção linguística de Tolkien em seu legendário, é o elemento estético que deve ser lembrado.

Línguas inventadas[25]

Tolkien mostrou desde criança um fascínio por inventar línguas, um processo que ele considerava fundamentalmente artístico. Sua grande façanha linguística em seu legendário (especialmente com relação ao élfico) é simplesmente uma versão sofisticada e adulta das línguas que ele amava inventadas na infância. Quando criança, Tolkien desenvolveu com Mary Incledon, sua prima, uma língua que eles chamaram de nevbosh ou "novo disparate" depois que Mary e sua irmã, Marjorie, inventaram o animálico. Tanto nevbosh quanto animálico eram baseadas na língua inglesa. Assim, quando Tolkien tinha uns quinze anos e criou uma língua chamada naffarin, baseada no espanhol e no latim, ela podia ser vista como um passo à frente na complexidade. Ele aparentemente também criou outra língua inventada com base no gótico (ela própria uma língua abstrusa).

Com relação à sua língua lendária qenya (depois quenya, mas também ellarissa), ele começou a criá-la por volta de 1915 — contemporânea, então, não surpreendentemente, com o início de sua criação de todo o legendário como contado em *O Livro dos Contos Perdidos*.

Essa língua élfica era de origem germânica e, mais importante, finlandesa em sua linhagem. Sua segunda língua élfica, desenvolvida um pouco mais tarde, foi criada com base em seu estudo do galês, e inicialmente chamada de goldogrin ou gnômico ou Noldorissa antes de Tolkien a estabelecer como sindarin. Em 1917, Tolkien tinha criado um léxico e gramática, que ele intitulou "I-Lam na-Ngoldathon". A relação entre quenya e sindarin era semelhante à relação entre celta e latim na época da invasão romana[26].

Como já comentei que o fascínio de Tolkien pela língua aparece nas três grandes obras do legendário, o mesmo ocorre com o desenvolvimento conceitual de suas línguas: cada uma delas (especialmente as duas línguas élficas) evoluiu ao longo do tempo à medida que o senso de estética linguística de Tolkien evoluiu. Tolkien estava ciente dessa característica; ela também espelhava a forma como seu legendário se desenvolveu. Assim, em *O Livro dos Contos Perdidos Parte I*, Tolkien fala da profunda separação do discurso dos Noldoli do de outros Elfos — sendo essa separação causada pelo fato dos Noldoli terem vagado pela Terra-média enquanto os outros Elfos permaneceram em Valinor. Os efeitos desse solstício contrastaram com as menores distinções (linguisticamente) entre outros grupos de Elfos: os Teleri, os Solosimpi e os Insuir. E, como seria de se esperar com qualquer língua natural, assim os dois principais ramos do élfico (quenya e sindarin) reivindicam um ancestral comum: "quendian primitivo", que mais tarde se tornou "eldarin comum". E, antes do quendian primitivo, havia a língua dos Valinor — valarin — que os Elfos tentavam melhorar deliberadamente.

Como seria de esperar — uma vez que as línguas élficas (e indiretamente o finlandês e o galês) eram suas prediletas — a atenção que Tolkien dedicava às outras línguas inventadas do legendário era menos pronunciada, mas ainda assim genuinamente impressionante. Assim, os Anãos aprenderam sua língua — khuzdul — com seu criador, Aulë. E, mais uma vez, como com tanto do que Tolkien criou linguisticamente, essa língua provou ser difícil de ser aprendida por outros — neste caso, por ser "incômoda e pouco amigável"[27]. O fato de tal visão da parte de Tolkien ser bastante subjetiva, não diminui a importância dela. As línguas dos Homens sempre foram diversas, embora, em última análise, derivadas bastante distantes do valarin dos Valar. Alguns homens adotaram a língua dos Elfos Escuros; alguns adotaram a língua dos Elfos-verdes; outros ficaram com a sua própria língua, não sofrendo influência do élfico. Em uma versão posterior do desenvolvimento das línguas dos Homens, Tolkien reivindicou uma taxonomia e evolução ligeiramente diferente, em que o adûnaico foi adulterado por outras línguas dos Homens para se tornar uma língua comum (ou, mais precisamente, línguas comuns).

Da língua dos Orques, como era de se esperar, Tolkien como esteta tem pouco a dizer. Os Orques não tinham língua própria, mas se apropriaram da língua dos outros, "perverteram" e diluíram sua precisão com "jargões brutais" em forma de "maldições e impropérios" (Tolkien 1994c: 1105). A fraqueza do discurso dos Orques era que nenhum grupo de Orques conseguia entender outro. Para resolver esse problema, Sauron criou a língua negra de Mordor (como a da inscrição do Um Anel) mas — em um raro fracasso de sua parte — a língua negra não foi adotada com sucesso entre os Orques.

Tolkien e a escrita

Um dos aspectos menos apreciados das línguas inventadas por Tolkien é que isso o levou a criar sistemas de escrita inteiros para representar sua abordagem estética. Vemos um pouco disso na abertura em runas de *O Hobbit*. Vemos isso, também, desde cedo em *O Senhor dos Anéis* no qual, no Capítulo 2 de *A Sociedade do Anel*, o leitor é apresentado a uma transcrição do verso inscrito no Um Anel junto com uma tradução para a língua comum (como Gandalf a denomina). A bela inscrição é, como Gandalf informa a Frodo, élfico antigo, mas a língua é aquela falada em Mordor[28]. Assim, da perspectiva de Tolkien, é possível que a caligrafia seja bela, mesmo que a língua seja suja. Dessa forma, ele ecoa sua visão sobre a oralidade: Saruman tem uma bela voz, mas suas palavras após seu desvio moral são sujas e não confiáveis.

O primeiro roteiro inventado por Tolkien (que aparece no "Book of the Foxrook") data de 1909, cinco anos antes de ele começar a desenvolver seu legendário. Era um alfabeto que ele chamou de "privata kodo skaŭta" (esperanto para "código de escoteiro particular") e uma prova interessante de que Tolkien via línguas artificiais e inventadas (esperanto e seu próprio código de escoteiro particular) como diferentes, mas não separadas. Notavelmente, para alguém com apenas dezessete anos, o código de Tolkien misturou um alfabeto fonético rúnico com símbolos ideográficos. Uma década depois (em cerca de 1919), Tolkien inventou um alfabeto fonético em escrita cursiva que ele chamou de "O Alfabeto de Rúmil" (nomeado em homenagem a um sábio elfo) e o absorveu em seu legendário. Ele constitui o mais antigo dos alfabetos eldarin e foi notável, escreveu Tolkien em 1937, por ser uma "elaboração cursiva final das letras mais antigas dos Noldor em Valinor"[29]. Também é notável que Tolkien anexa uma história à sua criação (primeiro a língua, depois a mitologia): Rúmil não inventou a língua; outros que não são nomeados fizeram isso, ele simplesmente codificou a criatividade dos outros. E Tolkien vai mais longe no mito ao apontar que o roteiro de Rúmil foi posteriormente substituído pelo alfabeto de Fëanor — e, como veremos no final deste capítulo, ele criou um dos argumentos mais interessantes entre os Elfos em sua longa história. (Primeiro a língua, depois a mitologia.) Em termos históricos, essa substituição de um alfabeto por outro na cultura élfica estava completa em 1931.

Como sempre, Tolkien enfatizou a estética em suas formas de escrever, assim como em suas línguas. Isso é mais memorável nas letras prateadas da lua no portão Oeste (ou seja, as Portas de Durin) em Khazad-dûm em *A Sociedade do Anel*, Livro 2, Capítulo 4, "Uma Jornada no Escuro". As letras deliberadamente eram representadas com a beleza do arco. Por razões que fazem sentido à narrativa, as palavras no arco não estão em runas anãs (como no Túmulo de Balin), mas em élfico, e, em *A Sociedade do Anel*, Gandalf traduz: "As palavras são na língua-élfica do Oeste da Terra-média dos Dias Antigos... Mas não dizem nada que tenha importância para nós. Dizem somente: As Portas de Durin, Senhor de Moria. Fala, amigo, e entre. E embaixo, em letras pequenas e apagadas, está escrito: Eu, Narvi, as fiz. Celebrimbor de Azevim desenhou estes sinais."[30]

Tolkien também não ignorou as runas, uma forma de escrita pela qual ele tinha grande afeição conforme vemos no prefácio ao *O Hobbit*. Assim, em conjunto com suas experiências na escrita dos Elfos (relacionada a Rúmil), no início dos anos 1920 na Universidade de Leeds, ele inventou letras gnômicas e runas gondolínicas e (em 1937) o alfabeto rúnico de Dairon usado pelos Elfos Danianos (Elfos nandorin) de Beleriand, que por sua vez se tornou a base para o modo rúnico de uma das línguas dos homens, o Taliskan. Na época de *O Senhor dos Anéis*, temos também a angerthas sindarin (ou alfabeto rúnico). E então, nas últimas duas décadas de sua vida, inventou um "Novo Alfabeto Inglês", que, notavelmente (e aqui a linha entre línguas artificiais e inventadas quase se apaga), usou algumas das letras de seu próprio alfabeto fëanoriano em sua criação.

Comentários de Tolkien sobre a invenção de línguas

O resto deste capítulo discutirá os comentários de Tolkien sobre a invenção de línguas, mas, antes de chegarmos lá, é importante notar duas peculiaridades do assunto que têm afetado de modo significativo a forma como os comentários de Tolkien tem sido estudados e as descobertas feitas. A primeira é que há uma distinção radical entre os linguistas interessados nas línguas de Tolkien como local de estudo histórico e aqueles que querem usar suas línguas para fins de interação cotidiana, entre o teórico e o prático. A segunda é que a propriedade intelectual de Tolkien, desde a morte de J.R.R. Tolkien, tem sido cuidadosamente regulada no que diz respeito à liberação de manuscritos inéditos sobre suas línguas (de fato, sobre seus manuscritos em geral), portanto há aqueles que favorecem a discussão da linguística tolkieniana por estudiosos escolhidos em revistas especializadas como *Vinyar Tengwar*, *Parma Eldalamberon*, *Mythlore* e *Tolkien Studies*, enquanto outros favorecem a liberação de todos os demais manuscritos de Tolkien para que uma comunidade mais ampla faça parte da discussão. A primeira visão valoriza uma espécie de coerência estreita; a segunda, uma espécie de caos democrático. Minha abordagem à luz dessas peculiaridades é focar a simplicidade e clareza, olhando as obras de Tolkien por data de publicação e não por cronologia de criação.* Dessa forma, a análise vai espelhar a experiência de leitura de quase todos os entusiastas de Tolkien.

Vou começar com este simples fato: durante a vida de Tolkien, a discussão teórica das línguas inventadas poderia realmente olhar apenas para duas fontes: Apêndices E ("Escrita e Grafia") e F ("Os Idiomas e Povos da Terceira Era" e "Da Tradução") de *O Senhor dos Anéis* e "Notas e Comentários" em *A Estrada Continua Sempre em Frente: Uma Canção Sobre o Ciclo*. Após a morte de Tolkien em 1973, o quadro mudou radicalmente. Agora, temos uma riqueza de material: *O Silmarillion; Os Monstros e os Críticos e Outros Ensaios*, que contém três ensaios publicados pela primeira vez para um público mais amplo: "Inglês e Galês"; "Um Vício Secreto"; e "Discurso de Despedida"; e partes de vários volumes da série de doze volumes *A História da Terra-média* (publicada entre 1983 e 1996): *Livros dos Contos Perdidos Partes I e II*, *A Estrada Perdida e Outros Escritos*, *Sauron Derrotado* (*A História da Terra-média* , vol. IX), *A Guerra das Joias* e *Os Povos da Terra-média*. Em um sentido muito importante, então, temos uma distinção radical entre as contribuições vivas e póstumas de Tolkien.

Para muitos estudiosos de Tolkien, são os apêndices de *O Senhor dos Anéis* que demonstram bem o seu fascínio pela linguagem. Um leitor pode vê-los como uma câmara de compensação para alguns dos materiais que Tolkien gostaria de incluir na narrativa propriamente dita; outro pode vê-los como fontes vitais de informação. Eles são um pouco de ambos, na verdade, mas todos os apêndices mostram a profundidade de pensamento, esforço e imaginação que Tolkien colocou neles mesmo quando a George Allen & Unwin ficou cada vez mais nervosa com os atrasos na publicação da terceira parte da trilogia: *O Retorno do Rei*. Esse grau de detalhe aparece no Apêndice A (sobre genealogia real); Apêndice B (sobre a cronologia de seu legendário); Apêndice C (sobre árvores genealógicas dos Hobbits); e Apêndice D (sobre o calendário do Condado). Talvez apareça mais, no entanto, nos Apêndices E e F (sobre línguas), pois eles, combinados, têm mais subseções e oferecem mais detalhes substantivos do que qualquer outro apêndice da epopeia.

Apêndice E de *O Senhor dos Anéis*

O que aprendemos com esses dois apêndices em nossa busca para entender o esboço da criatividade linguística de Tolkien? O primeiro ponto a notar é que Tolkien dá primazia ao seu trabalho sobre "Escrita e Grafia" (Apêndice E) e segue-o com o trabalho pelo qual ele é indiscutivelmente mais famoso: os idiomas (Apêndice F). Segundo, ele enfatiza novamente, na nota de abertura do Apêndice E ("Pronúncia de Palavras e Nomes"), a existência de outras línguas escritas, mas mantém a ficção de que as línguas originais foram antes traduzidas para westron ou língua comum e que ele, como autor, simplesmente editou os documentos originais em inglês. Terceiro, ele admite, como editor (e novamente temos essa ficção), que há limites para a precisão de sua transcrição e que, assim, ele tem tentado inventar palavras que ofereçam consistência estilística. Em quarto lugar, ele enfatiza a distância no tempo entre o presente (em termos de *O Senhor dos Anéis*, meados dos anos 1950) e o tempo em que os acontecimentos da epopeia ocorreram. Essa distância o leva a tentar equilibrar a precisão com as necessidades dos leitores modernos[31].

Após a nota de abertura e, talvez, com um aceno de cabeça, para os leitores intrigados com a alteridade da Terra-média, Tolkien aborda em seguida questões de som: consoantes, vogais e padrões. Algumas dessas discussões ficam bastante técnicas com discussões sobre quedas de ditongos e muito mais, mas Tolkien está, como filólogo, obviamente em sua área. Em uma nota a toda essa erudição, ele sublinha a distinção primordial entre os Elfos (os primogênitos de Ilúvatar) e os Anãos (a criação dos Vala Aulë), pois a língua dos Anãos é uma língua muito diferente das eldarin (as línguas dos Elfos).

É na seção do Apêndice E, após seu texto sobre pronúncia e nomes, que Tolkien fornece informações muito úteis (que de outra forma não estavam disponíveis em sua vida) sobre os sistemas de escrita em uso na Terra-média e, por extensão, Eä. Nesta seção (sobre escrita), Tolkien traça o desenvolvimento da escrita de volta a Eldar e depois a categoriza em uma ampla distinção entre as tengwar (letras) e as cirth (runas). As primeiras eram mais antigas que as segundas e foram criadas pelos Noldor antes de seu exílio, pois tinham habilidade especial em tais assuntos. Eram cursivas e desenhadas para serem feitas com caneta ou pincel. As primeiras eram as tengwar do Rúmil e existiam antes do exílio. Estas foram suplantados depois que os Noldor foram exilados para a Terra-média pelas tengwar de Fëanor. Estas vieram a ser utilizadas não só pelos Elfos, mas também pelos homens (os Edain e os Númenóreanos). Na Terceira Era, estas letras fëanorianas tornaram-se tão difundidas na escrita quanto a língua comum se tornou na língua falada.

As cirth foram criadas pelos Sindar e destinadas a serem utilizadas para inscrições gravadas ou desenhadas. Esse uso explica sua angularidade, mas não devem ser confundidas com runas anglo-saxônicas, pois a disposição das letras e valores era bem diferente. As cirth tornaram-se amplamente conhecidas na Segunda Era e foram depois adaptadas por muitos povos às suas próprias necessidades: Homens, Anãos e Orques. Tanto os Homens de Valle quanto os Rohirrim utilizavam um formulário simplificado. As cirth passaram por uma mudança significativa na Primeira Era, pois foram influenciadas pelas tengwar, utilizadas pelos Noldor. Estas mudanças atingiram seu auge no alfabeto de Daeron (o Menestrel de Thingol, Rei de Doriath), mas este alfabeto nunca foi adotado pelos Eldar para escrita cursiva, pois eles já tinham o sistema fëanoriano. De fato, os "Elfos do Oeste"[32] abandonaram as runas em favor da escrita cursiva. Entretanto, o alfabeto de Daeron agradou aos Anãos e foi amplamente adotado por eles, de tal forma que ficou conhecido como a *Angerthas Moria* ou "as longas runas de Moria"[33]. Os Anãos, entretanto, faziam distinção entre a sua própria língua (em que as cirth eram usadas) e as línguas de outros (para as quais eles tendiam a usar o sistema fëanoriano).

O restante do Apêndice E apresenta a discussão detalhada de Tolkien sobre duas tabelas que ele fornece: uma é a Quenya sistema fëanoriano de Tengwar; a outra é Cirth Sindarin. A primeira é apresentada como um conjunto de 36 símbolos numerados em quatro colunas (ou *témar*) de nove símbolos cada. A tabela é subdividida com uma linha horizontal em dois grupos: símbolos 1–24 em quatro *témar* e seis graus (*datilografia*); e símbolos 25–36 nesses mesmos quatro *témar* e três *datilografias*. Os símbolos 1–24 são primários e 25–36 são apenas "letras adicionais"[34]. Tolkien deixa claro que a tabela não é exaustiva, pois existem outras "letras adicionais" que ele não fornece, assim como vários sinais (ou *tehtar*) e variantes que também estão faltando. Como em sua discussão anterior sobre pronúncia, Tolkien fornece uma nota que dá mais informações sobre como a ortografia padrão de quenya divergiu dos valores fornecidos na tabela, bem como uma discussão detalhada das vogais no sistema fëanoriano; uma ilustração prática retirada da inscrição na porta Oeste de Moria (que analisei brevemente antes); e uma listagem dos nomes das várias letras (com variantes): do *tinco* (ou "metal") como símbolo 1 ao *úre* ("calor") como símbolo 24. Além de ser extraordinariamente erudita e nem um pouco intimidante, a discussão de

Tolkien promove novamente a ideia de que a língua expressa a cultura, bem como a ficção de que ele é editor/transcritor/tradutor de *O Senhor dos Anéis* e não seu autor. Assim, no oitavo parágrafo da nota (uma nota que se estende por mais de duas páginas), ele se refere recursivamente, mas de forma útil, à página de título de *O Senhor dos Anéis*. Depois de declarar que "Claro que não havia 'modo' [no sistema fëanoriano de Tengwar] para representar o inglês [nem o português]"[35], Tolkien então caracteriza as letras fëanorianas tanto do verso quanto da frente da página de título não como uma adaptação fonética para o inglês por ele como editor, pois tal adaptação (embora ele pudesse administrá-la) seria cultural e historicamente imprecisa. Ao contrário, as letras fëanorianas na folha de rosto são "um exemplo do que um homem de Gondor poderia produzir, hesitando entre os valores das letras familiares em seu 'modo' e a grafia tradicional de nosso idioma"[36]. Tolkien aqui mostra algumas das qualidades no tratamento da sua língua inventada pelas quais ele raramente é elogiado: sua atenção ao papel e ao contexto, e sua extensão humorística da ficção da narrativa moldura do épico. Mas são estas qualidades, penso eu, tanto quanto a amplitude de sua fantasia, que encantam os leitores há quase 65 anos.

A segunda seção principal do Apêndice E, destinada à cirth sindarin (ou Angerthas Daeron) com adições Noldorianas, oferece ao leitor uma tabela de sinais mais extensa do que a fëanorian tengwar. Em vez de 36 símbolos, a cirth tem 58 sinais numerados e dois não numerados para alcançar um total de sessenta. Tolkien apresenta uma sábia discussão sobre a forma como o sindarin, noldorin, e posteriormente elementos anãnicos (ambos, o Modo Moria e o Modo Erebor) se combinam na cirth. O que isso ironicamente esclarece para o leitor é que Tolkien trata suas línguas inventadas (sejam elas escritas ou faladas) como se fossem reais, cria línguas inventadas que são tão complexas quanto as naturais e traz sua compreensão filológica de uma forma que muitos leitores achariam avassaladora. Então, como fantasia, *O Senhor dos Anéis* e, por extensão, o legendário não pretendem ser uma linguagem leve ou de fácil leitura.

Apêndice F de *O Senhor dos Anéis*

O Apêndice F está focado não na escrita, mas nas línguas faladas na Terra-média: como elas refletem distinções entre os vários povos que habitam aquele mundo e como apresentam desafios de tradução para Tolkien como "editor" de *O Senhor dos Anéis*. De acordo com a hierarquia da criação em seu legendário, Tolkien começa sua discussão com Elfos, passa aos Homens, depois aos Hobbits (os seus favoritos, mas atrasados à sua criação da Terra-média), e depois outras raças (incluindo os Anãos, que foram — deve ser lembrado — uma criação dos vala Aulë e não do próprio Ilúvatar). Parte do que Tolkien diz aqui, eu já mencionei neste capítulo, portanto serei breve.

Tolkien começa por traçar a primazia do westron (ou língua comum) nas terras do Oeste da Terra-média, e aponta que o inglês em *O Senhor dos Anéis* substitui o westron. Mesmo entre aqueles cuja primeira língua não era o westron, essa era a segunda língua. Essa generalização se aplica a vários subgrupos: os Homens Selvagens da Floresta Drúadan em Anórien; os Terrapardenses, habitantes originais de grande parte de Gondor; e os Rohirrim. Então, Tolkien torna-se meticuloso e aponta que os dois primeiros grupos só falavam westron modificado[37]. Aqui, novamente, Tolkien apresenta suas línguas inventadas como se fossem naturais e acompanha o processo de crescimento e decadência das línguas naturais. Na seção sobre os Elfos, Tolkien faz uma distinção útil entre dois grupos: Elfos do Oeste (os Eldar) e Elfos das Terras de Fora (que viviam principalmente na Trevamata e Lórien). Os Eldar falavam duas línguas: quenya (ou "alto-élfico") e sindarin (ou "élfico cinzento"). A primeira (quenya) não era mais uma língua viva, mas uma espécie de "latim dos Elfos" cerimonial derivado daqueles que haviam vivido do outro lado do mar em Eldamar nas "Terras Imortais" e depois foram exilados para a Terra-média. Esta última (sindarin) era relacionada à quenya, mas falada por aqueles que não haviam atravessado o mar, permanecendo na costa da Terra-média. Tinha sido defendida por Thingol Manto-gris de Doriath. Tinha mudado muito com o tempo, então se tornou muito diferente da quenya, e o tinha feito por uma razão fascinante. Segundo Tolkien, sindarin "mudara com a mutabilidade das terras mortais"[38], por implicação, quenya era imutável porque estava associada a uma terra eterna e imutável.

Em sua discussão sobre o uso do westron pelos homens, Tolkien aponta que ela era uma invenção da língua dos Homens misturada com a língua élfica, com a língua a verdade derivada do *edain* (ou atani) e, especialmente, daqueles que tinham ajudado os Elfos no final da Primeira Era a derrotar Morgoth. Na Segunda Era, os Númenóreanos falavam sindarin e quenya mas, mais comumente, a língua deles era uma versão pura do westron: adûnaico. Na Terceira Era, eles se misturaram com o élfico para se tornarem uma espécie de westron "enobrecido"[39]. Este westron foi falado pelos Dúnedain e variedades dele pelos Beornings, os Homens de Trevamata, os Homens do Lago Longo e de Valle. Nesta seção, Tolkien repete algumas das observações da seção dedicada aos Elfos, uma repetição que sugere, talvez, que os apêndices tiveram de ser reunidos apressadamente para cumprir um prazo de publicação. É também digno de nota que Tolkien use a diferença de língua para reforçar um ponto cultural: o ódio mútuo entre os Rohirrim e os Terrapardenses.

Quando se refere aos hobbits, Tolkien começa com a simples observação de que eles tinham usado a língua comum por mil anos antes da época atual do épico. Ele observa que os Hobbits nunca tiveram sua própria língua, mas usaram as línguas dos que viviam perto e vestígios de algumas dessas línguas aparecem em nomes de lugares no Condado. Ele termina a breve discussão com uma resposta à pergunta que existia desde a publicação de *O Hobbit*, em 1937, dezoito anos antes do aparecimento dos apêndices: O que significa a palavra "hobbit"? A resposta dele: "Hobbit" era uma forma degradada de uma palavra mais plenamente preservada em Rohan: *holbytla*, 'escavador-de-tocas'"[40]. Às vezes, Tolkien pode ser complicado, erudito e inteligente; às vezes ele pode ser encantador e humoristicamente simples.

Na seção "De Outras Raças", Tolkien fala sobre Ents, Orques, Trols e Anãos (nessa ordem). Os Ents apreciavam a língua dos Eldar e particularmente amavam quenya, mas também adotaram algumas palavras em sindarin como *fangorn* ("barba de árvore"). A própria língua dos Ents era única: "lenta, sonora, aglomerada, repetitiva, na verdade prolixa"[41]. Para Tolkien, a língua dos Ents é uma sátira sobre a linguagem acadêmica: era tão complicada que até os Elfos haviam desistido de tentar representá-la por escrito; os próprios Ents (como acadêmicos satirizados) só a usavam quando falavam uns com os outros, mas esse sigilo era desnecessário, pois ninguém mais conseguia aprendê-la! Os Orques eram versados na língua negra como *uruk* (guerreiros) ou *snaga* (escravos). A própria palavra *orque* é uma palavra Rohan. Tolkien completa sua discussão sobre Orques com traduções de algumas das palavras orques usadas em *O Senhor dos Anéis*, assim como uma discussão sobre a origem da língua negra. Os Trols eram originalmente brutais e não tinham uma língua, mas Sauron lhes ensinou algumas palavras porque isso lhe era útil. Alguns Trols falavam uma forma rebaixada da língua comum. No final da Terceira Era, Sauron criou uma nova raça de Trols, os Olog-hai: ferozes, astuciosos, capazes de aguentar os raios do sol, falantes apenas da língua negra de Barad-dûr. Finalmente, com relação aos Anãos, Tolkien comenta sobre sua estranha criação e, em seguida, passa a caracterizá-los como artesãos e amantes de joias. Como os Elfos e os Ents, os Anãos têm uma língua secreta entre si, mas a língua dos Anãos é ainda mais secreta, pois é mais oriunda de aprendizado de livros do que de aprendizado de nascença. Curiosamente, Tolkien, como sempre, usava nomes de lugares e indivíduos como exemplos importantes de variedade linguística. Ele também termina sua discussão sobre "Os Idiomas e Povos da Terceira Era" (embora na verdade ele tenha sido mais abrangente do que o título desta seção sugere) com uma nova informação: todos os Anãos têm nomes secretos que só o seu povo conhece. Eles nem mesmo os colocam em suas lápides. Aqui, Tolkien pode estar satirizando o uso de apelidos pelos estudantes ingleses: o nome de Tolkien na escola, por exemplo, era "Tollers".

Quando, no Apêndice F, Tolkien se volta para uma discussão sobre a difícil tarefa de traduzir o *Livro Vermelho do Marco Ocidental* para o inglês, ele, de forma provocativa, explica os vários registros que usa no relato do discurso, apontando que nem todo mundo fala o mesmo westron: os Hobbits falam em westron rústico; os gondorianos e o rohirrim de uma forma mais formal e recortada. Ele também observa que tudo foi traduzido para o inglês, exceto aquelas línguas "estrangeiras" à língua comum[42]. Não está nada claro pelo contexto o que significa "alienígena", mas ele enfatiza que a variedade linguística aparece em nomes de lugares e nomes próprios. A esse respeito, Tolkien demonstra seu fascínio vitalício com as fontes dos nomes próprios. Ele então desenvolve esse ponto com instâncias específicas da variedade do westron como uma língua e aproveita a oportunidade para fazer um comentário ácido sobre os usos da língua em meados do século XX. Ele destaca Trols e Orques por seu desprezo particular, pois cometem o pecado de não amarem as línguas, e então Tolkien afirma que seu mau trato da língua é análogo aos da metade do século XX que reduziram a língua ao meio, ao repetitivo, ao desprezo e ao vulgar[43]. Tolkien mergulha então em algumas escolhas de edição bastante particulares que ele fez com nomes. Ele comenta, por exemplo, que Sam Gamgi e seu pai têm nomes diferentes de como ele os escolheu para o "inglês": eles eram conhecidos por outros hobbits como *Ban* e *Ran* (nomes que na verdade eram apelidos de *Banazîr* e *Ranugad*). Da mesma forma, seu amado Condado era na verdade chamado de *Sûza* em westron. E *Sméagol* era na verdade chamado *Trân* em hobbit e *Trahald* em rohirrim, mas Tolkien o chamou de Sméagol com um aceno para a mudança linguística da palavra hobbit para "toca" (*smial*) para o *smygel* dos Rohirrim.

Tolkien termina essa seção do apêndice (como seria de esperar) com uma nota sobre três nomes: *hobbit, Gamgi* e *Brandevin*, mas não antes de oferecer também uma descrição rara e específica dos Elfos (ou seja, tanto os Quendi como os Eldar) e rejeita explicitamente como imprecisa a visão moderna de como são os Elfos (ou seja, as fadas). Os Elfos de Tolkien não têm asas nem são pequenos ou diáfanos. Em vez disso, eles são altos, de pele clara, olhos cinzentos e (quase todos) de cabelos escuros. No entanto, é com os hobbits que vamos terminar esse estudo dos Apêndices E e F, pois eles eram as criaturas favoritas de Tolkien — talvez porque devia sua fama inicial, e possivelmente a duradoura, a eles. Ele já remontou o nome até a palavra Rohan *holbytla*. Agora, ele perturba a expectativa ao apontar que ele pode ter "anglicizado" o nome deles, mas que, na verdade, os hobbits chamavam-se uns aos outros de *kuduk*, o rei de Rohan chamava sua raça de *kûduk-dûkan* (isto é, moradores de buracos) e o termo westron para um hobbit individual era *banakil* ("pequenino"). É difícil não ver Tolkien aqui se parodiando como sábio acadêmico, bem como afirmando seu conhecimento superior e prévio desse mundo de fantasia por meio de sua erudição, e isso pode ser uma boa ideia dada sua postura retórica como editor, e não como autor, da Terra-média.

A Estrada em Frente Vai Seguindo: Um Ciclo de Canções — "notas e comentários"

Estas notas e comentários são sobre duas músicas de Tolkien que Donald Swann musicou e publicou em 1967 (segunda edição revisada em 1976): "Namárië" e "A Elbereth Gilthoniel". Elas são a fonte bastante surpreendente para as únicas observações extensas e amplamente publicadas que Tolkien fez sobre suas línguas inventadas nos dezoito anos entre a publicação de *O Senhor dos Anéis* e sua morte em 1973. Swann tornou-se amigo de Tolkien, e parece que Tolkien aproveitou uma oportunidade como um ato de amizade para escrever mais sobre as línguas inventadas que ele tanto amava. Em particular, as notas e comentários oferecem a mais bela rendição de caligrafia que Tolkien já realizou de suas inscrições élficas[44]. Eles realmente mostram o quanto do deleite que Tolkien teve em suas línguas inventadas foi estético — o que provavelmente descreve melhor o que fez dos Elfos uma criação tão notável.

Muito do que Tolkien comenta em *A Estrada em Frente Vai Seguindo* é sobre dois assuntos: o som élfico como poesia (seus padrões e sua pronúncia) e as especificidades da gramática e da semântica das línguas dos Eldar. Ambas têm a intenção de reforçar seu argumento implícito de que suas línguas inventadas realmente existiam, de que elas eram, então, naturais. No que diz respeito ao som da poesia élfica, ele comenta de forma autorreflexiva o Apêndice E de *O Senhor dos Anéis* (escrito mais de uma década antes) e lamenta que suas anotações sobre a pronúncia não tenham sido feitas ali com "grande clareza"[45]. Agora, ele oferece essa clareza com alguma extensão. Com relação à gramática e à semântica, ele observa que a etimologia e o significado exato da palavra *miruvóre* (palavra que aparece em "Namárië") é desconhecido (assim como as etimologias e os significados exatos de muitas palavras em línguas naturais), mas oferece algumas sugestões de qualquer forma. Ele também contorna a relação exata entre quenya e sindarin como línguas irmãs, mas afirma que o "parentesco das duas línguas pode ser observado, mesmo nesses fragmentos" representados por "A Elbereth Gilthoniel"[46]. E assim, ele também dispensa qualquer discussão prolongada sobre a gramática sindarin, mas focaliza um aspecto particular: a palavra final *-ath*[47]. Ele o faz com o patamar de um editor especialista em uma língua natural que ninguém conhece melhor do que o inventor de uma língua: "Muitas vezes, tive perguntas sobre as características gramaticais que aparecem nos fragmentos do sindarin [em *O Senhor dos Anéis*]. Não há tempo para responder a elas. Mas eu poderia mencionar o final *-ath*"[48]. Estes são os últimos comentários que Tolkien ofereceu sobre suas línguas durante sua vida, e eles são entregues com um arco delicioso.

O Silmarillion

Dez anos se passaram entre a primeira publicação das notas e comentários a *A Estrada em Frente Vai Seguindo*, em 1967, e a publicação póstuma de *O Silmarillion*. O Rubicão foi cruzado em dois aspectos. Primeiro, Tolkien morreu em 1973 e, portanto, o que quer que tenha sido publicado posteriormente sob seu nome não tem sanção autoral direta. Pode ser que ele desejasse que seu material preparatório fosse publicado; pode ser que ficasse feliz com o trabalho de editor exercido por seu filho Christopher. Nós não sabemos. Não temos como saber. Segundo, tudo o que foi publicado sob seu nome desde que ficou famoso por conta de *O Senhor dos Anéis* tem uma audiência de massa de fato, mas alguns dos ensaios sobre línguas em *Os Monstros e os Críticos e Outros Ensaios* foram destinados apenas a um seleto público acadêmico. Há, então, duas questões importantes para qualquer leitor que se debruce sobre a criação de línguas por Tolkien: Quanto o significado muda quando algo talvez nunca se destine à publicação para um público de massa? Quanta distorção ocorre quando algo destinado a um público especializado é subsequentemente direcionado a um público generalista ou de mercado de massa?

O Silmarillion contém um apêndice bastante útil intitulado "Elementos de nomes em quenya e sindarin"[49]. É a mais extensa discussão sobre nomes antes da publicação da série *A História da Terra-média*, nas décadas de 1980 e 1990. Este apêndice é, no entanto, o trabalho do filho de Tolkien como editor e não o trabalho do próprio Tolkien. Christopher Tolkien subestima bastante sua importância no prefácio da primeira edição (1977) de *O Silmarillion*, apenas observando que ele forneceu uma lista rudimentar dos principais elementos que compõem esses nomes[50]. O apêndice em si começa com uma construção passiva sem agente[51] que não dá nenhuma ideia da proveniência da subsequente lista de nomes em élfico e sindarin e suas origens e significados. É razoavelmente claro, porém, que, apesar de Christopher Tolkien tê-lo criado, ele deve ter contado com o trabalho preliminar feito por seu pai. Portanto, os leitores devem dar o valor que quiserem à precisão e ao mérito de tal apêndice. O filho, como editor, também fornece uma "Nota sobre Pronúncia"[52], mas é claramente apenas um resumo retirado do Apêndice E em *O Senhor dos Anéis* (que havia sido criado mais de vinte anos antes por seu pai). Trata-se apenas dos nomes Eldar e não das línguas Eldar como tais. Tem algum mérito, mas apenas de uma forma secundária.

Ensaios de Tolkien sobre línguas

Seis anos após a publicação de *O Silmarillion*, Christopher Tolkien editou uma coleção de seis das palestras menos conhecidas de seu pai e um de seus mais importantes ensaios acadêmicos (sobre *Beowulf*). Foi intitulada *Os Monstros e os Críticos e Outros Ensaios*. O filho chama seu grupo escolhido de "artigos" e afirma que eles "constituem uma unidade"[53], mesmo que não explique em que consiste essa unidade. Basta dizer aqui que entre os sete há três textos de grande valor para qualquer compreensão do uso das línguas inventadas por Tolkien: "Inglês e Galês", "Um Vício Secreto" e "Discurso de Despedida". Todos eles foram publicados para uma ampla e geral audiência nesta coleção de 1983. Cada um tem, no entanto, uma vida anterior como palestras. "Inglês e Galês" foi proferida em 21 de outubro de 1955, como uma palestra na Universidade de Oxford — ou seja, apenas um dia após a publicação de *O Retorno do Rei*. Foi então publicada oito anos depois, em uma coleção intitulada *Angles and Britons: O'Donnell Lectures* pela Universidade de Gales. "Um Vício Secreto" foi originalmente entregue a uma sociedade filológica (cujo nome ficou sem registro) no outono de 1931. Foi então entregue depois a outro grupo, provavelmente no final dos anos 1940 e ainda a um terceiro grupo no final dos anos 1960. O título original era "A Hobby for the Home", mas Christopher Tolkien mudou o título para "A Secret Vice" porque seu pai se referiu a esse texto usando esse título em uma carta de 1967. Christopher Tolkien também, nas notas, atualizou um dos poemas élficos ("Oilima Markirya" ou "The Last Ark") incluído na coleção por ser "uma das principais obras de Quenya" criada por seu pai[54]. Não havia sido publicada antes de sua aparição em *Os Monstros e os Críticos e Outros Ensaios*. O "Discurso de Despedida à Universidade" foi proferido em 5 de junho de 1959, após a aposentadoria de Tolkien de sua cátedra Merton em língua e literatura inglesa. Antes de seu aparecimento em *O Monstro e os Críticos*, em 1983, havia sido publicado antes em *J. R. R. Tolkien, Scholar and Storyteller* (1979) publicado pela Cornell University Press e editado por Mary Salu e Robert T. Farrell. Christopher Tolkien incorpora mudanças feitas por seu pai, mudanças que não estavam disponíveis (por não terem sido descobertas) na época em que foi publicado em 1979. A procedência das mudanças não é clara. Todos estes ensaios são úteis para entender o uso que Tolkien faz das línguas criadas.

Em "Inglês e Galês", por exemplo, Tolkien faz uma série de reivindicações abrangentes que ajudam o leitor do legendário a entender o pensamento por trás de seu fascínio por línguas. Essas afirmações só podem nos ajudar a entender de forma limitada as especificidades de, digamos, quenya ou sindarin ou a língua negra, mas nos ajudam muito na compreensão do quadro geral. Elas são importantes porque no nível mais simples o sindarin tem suas raízes no amor de Tolkien pela língua galesa. O que Tolkien nos oferece que mais se aproxima de uma generalização controladora no discurso é que ele vai falar sobre sua carreira na medida em que isso "despertará ou fortalecerá o interesse do inglês em vários departamentos de estudos celtas", e o faz a partir da perspectiva de alguém que sempre sentiu "mais particularmente a atração da língua galesa em si"[55]. Tolkien começa no final do primeiro parágrafo do discurso, apontando modestamente quão pertinente é o *timing* do discurso, pois reforça o significado da cultura celta na criação de *O Senhor dos Anéis*:

> Os anos de 1953 a 1955 foram, para mim, repletos de muitas tarefas, e seu fardo não foi diminuído pela aparência solitária de uma grande "obra" [*O Senhor dos Anéis*], se assim se pode chamar, que contém, na forma de apresentação que acho mais natural, muito do que eu pessoalmente recebi do estudo das coisas celtas.[56]

Ele continua contrastando sua própria atitude em relação à língua como o "principal diferenciador dos povos" com o amor burocrático pela "uniformidade", um amor que deriva da uniformidade sendo "muito mais controlável", pois "É mais fácil para o governo lidar com um inglês cem por cento"[57]. Dessa forma, ele sugere que a variedade cultural e linguística tão central ao seu legendário é tanto uma declaração política contra o mundo moderno como qualquer outra coisa antes de passar a elogiar os galeses, que "amaram e cultivaram sua língua por si mesmos... e que por ela e com ela mantêm sua identidade"[58]. Dessa forma, os galeses são como os Elfos, cuja língua é bela porque se preocupam com ela enquanto o inglês tem a "honra desastrosa de se tornar a língua franca do mundo"[59].

A série *A História da Terra-média*

No mesmo ano em que *Os Monstros e os Críticos e Outros Ensaios* foi publicado pela primeira vez, em 1983, foi publicado o primeiro volume do que viria a ser uma série de doze volumes intitulada *A História da Terra-média: O Livro dos Contos Perdidos Parte I*. Para os propósitos deste capítulo e de acordo com meus esforços para elucidar as complexas línguas criadas por Tolkien, me preocuparei apenas com aqueles volumes da série que se relacionam diretamente com suas visões e experiências com as línguas. Além de *O Livro dos Contos Perdidos Parte I*, abordarei o vol. II, *O Livro dos Contos Perdidos Parte II*, vol. V, *A Estrada Perdida e Outros Escritos*, vol. IX, *Sauron Derrotado*, vol. XI, *A Guerra das Joias* e vol. XII, *Os Povos da Terra-média*.

O Livro dos Contos Perdidos Parte I inclui um apêndice intitulado "Nomes nos Contos Perdidos: Parte I"[60]. A lista de nomes (dos Ainur a Yavanna) é importante porque mostra J.R.R. Tolkien (em vez de seu filho) mergulhando no significado de tantos nomes associados aos Dias Antigos. Isso enriquece nossa compreensão de quenya e sindarin precisamente porque a lista está muito preocupada com essas duas línguas. A lista também é precedida por uma nota de Christopher Tolkien que é, pelo menos, igualmente útil e interessante, pois discute os esforços de Tolkien para estabelecer uma nomenclatura consistente para as suas línguas inventadas. Christopher Tolkien refere-se a dois pequenos livros que datam de 1915 (e, portanto, muito no início da história do desenvolvimento do legendário e contemporâneo com os próprios Contos Perdidos) mantidos por seu pai. O primeiro livro de Christopher Tolkien é chamado de "Léxico Quenya" (LQ). O segundo é um dicionário da linguagem de gnomos, goldogrin (que Christopher Tolkien chama de "Léxico Goldogrin, ou Gnômico" [LG]). O próprio Tolkien tinha um título mais longo para ele *i Lam na Ngoldathon: Goldogrin*, e ele também forneceu uma data de criação dois anos depois de LQ: 1917. LQ é formado em torno de palavras "raiz", e seu conteúdo mostra que, com quenya, Tolkien não raramente inventava uma palavra e depois construía uma etimologia para ela em vez do contrário. Ou seja, para simplificar, às vezes as escolhas de Tolkien eram estéticas e não linguísticas ou filológicas. Há um grau considerável de incerteza no léxico de 1915 causada por marcas diacríticas indefinidas, tanto que o LQ é um trabalho em progresso e não um léxico. O LG de 1917 é algo totalmente diferente. Ele contém um "notável número de palavras" e está disposto como um "dicionário convencional"[61]. Assim como com o LQ, porém, o LG é um trabalho em andamento, e ambos os léxicos revelam uma relação dinâmica com Os Contos Perdidos. Christopher Tolkien cita um exemplo como prova: a palavra "ovelha" existe em três estados não resolvidos: *mô, moth* e *uimoth*.

Christopher Tolkien acrescenta alguns comentários úteis à sua discussão sobre as duas principais línguas inventadas por seu pai (quenya e sindarin) neste ponto inicial do seu desenvolvimento. Primeiro, os léxicos são documentos muito complexos no que diz respeito à fonética histórica. Em segundo lugar, os léxicos (e, portanto, o pensamento de Tolkien nesta época) incluíam muito pouco sobre fonologia ou gramática. Parece que Tolkien trabalhou em alguma descrição fonológica de quenya nesta época, mas, por ter revisado esse trabalho repetidamente, o que ele deixou em forma de manuscrito é uma "confusão inutilizável"[62]. Em terceiro lugar, na criação de suas línguas élficas, Tolkien incluiu tanto uma camada de punição histórica quanto algumas conexões com a língua que ele melhor conhecia como filólogo profissional: anglo-saxão. Christopher Tolkien afirma que a lista de nomes que ele mesmo fornece nos Contos Perdidos é uma criação sintética e eclética própria, que tenta se manter fiel às intenções de seu pai, ainda que ofereça maior clareza do que seu pai. Assim, ele "tenta apresentar o conteúdo dos dicionários da forma mais clara possível"[63], ao mesmo tempo que dá "o máximo de informações, derivadas desses livros [LQ e LG], possível, mas sem qualquer especulação além deles"[64].

O Livro dos Contos Perdidos Parte II inclui um apêndice intitulado "Nomes nos Contos Perdidos — Parte II"[65] e uma nota de abertura marcadamente mais curta que a do *O Livro dos Contos Perdidos Parte I*. A nota de abertura na *Parte I* tem doze parágrafos; e a da *Parte II* tem apenas dois. Esta é "concebida apenas como complemento e extensão" daquela[66]. Christopher Tolkien, no entanto, faz duas observações importantes na breve nota de rodapé da *Parte II*. Primeiro, que o termo "quenya", neste ponto do desenvolvimento das línguas criadas por Tolkien, significava apenas a língua falada em Tol Eressëa. Para a distinção nominal e adjetival entre diferentes grupos linguísticos de Elfos, Tolkien usou o termo "gnômico" por um lado e "Elfin", "Eldar" e "Eldarissa" por outro. Segundo, Christopher Tolkien aponta que, além dos léxicos LQ e LG mencionados na nota de abertura do apêndice de *O Livro dos Contos Perdidos Parte I*, seu pai também criou uma lista de nomes para *A Queda de Gondolin* (ou NFG) na *Parte II*, uma lista que Christopher Tolkien descreve em alguns detalhes nas páginas 148–149 de *O Livro dos Contos Perdidos Parte II*. Lá, Christopher comenta de forma útil que a NFG é substancial, incompleta (só cobre A–L), e em certos pontos ilegíveis. Ele então cita a nota de seu pai para a NFG e o faz de uma forma que enfatiza o aspecto de narrativa moldura de *O Livro dos Contos Perdidos*:

> Aqui é apresentado Eriol, ensinando ao filho de Bronweg, Elfrith ou Coração-Pequeno... aqueles nomes e palavras que são usados nestes contos, seja da língua dos Elfos de Kôr, como naquela época falada na Ilha Solitária, ou daquele parente de um dos Noldoli, os quais eles tiraram de Melko.[67]

Christopher Tolkien passa então a citar um "prefácio" ao primeiro manuscrito da história de Tuor (*Tuor A*), em que seu pai comenta que "os Noldoli falam uma língua curiosa e doce ainda para os meus ouvidos [de Coração-Pequeno], embora talvez não para todos os Eldar. O povo sábio vê isso como um parente próximo de Eldarissa, mas não soa assim, e eu não conheço tal tradição"[68].

O que fascina aqui são três coisas: primeiro, Tolkien (que é afinal o criador de todas essas línguas) finge não estar no controle delas, mas as vê como se elas se desenvolvessem de forma evolutiva; segundo, Tolkien enfatiza o aspecto estético de suas linguagens criadas ("doce ainda para os meus ouvidos"); terceiro, Tolkien faz uma distinção entre Eldarissa e (implicitamente) Noldorissa, distinção que desapareceu à medida que suas ideias se desenvolviam. Pouco tempo depois, Christopher Tolkien cita duas vezes uma versão anterior do "prefácio" para *Tuor A*, escrito por seu pai. Ambas as citações são importantes, já que, indiretamente, fazem uma afirmação sobre a importância fundacional e histórica da linguagem. Na primeira, Tolkien afirma que "os Elfos não têm nomes verdadeiros" porque aqueles que falavam Noldorissa "faleceram antes que o resto dos Eldar viessem de Kôr"[69]. Na segunda, Tolkien afirma que Coração-Pequeno "teve que aprender o Elfin [língua] no final, ou ser condenado a ficar em silêncio ou a deixar Mar Vanwa Tyaliéva"[70]. Assim, se não se conhece uma língua, condena-se à impotência do silêncio ou ao exílio: um fardo de qualquer maneira. Poder-se-ia argumentar que Tolkien aqui é culpado de uma confissão especial: um filólogo profissional defendendo o valor crucial da língua. No entanto, o argumento tem, penso eu, mérito objetivo.

A Estrada Perdida e Outros Escritos traz o subtítulo "Língua e Lenda antes de 'O Senhor dos Anéis'". Três seções de *A Estrada Perdida* para a presente discussão: Seção V da Parte II, intitulada "As Lhammas"[71]; Parte III, intitulada "As Etimologias"[72]; e Anexo II, intitulado "A Lista de Nomes"[73].

"As Lhammas" constitui uma das discussões mais úteis e embasadas de Tolkien sobre suas línguas inventadas. Merece ser mais conhecido ainda que (como quase sempre em Tolkien) seja complicado e evolutivo e exista em mais de um manuscrito — neste caso, três. O ensaio (que data de meados dos anos 1930) cobre a criação e difusão das línguas em Valinor e na Terra-média com ênfase nas línguas dos Elfos. Discute também (mais brevemente) as origens da língua dos Orques, Anãos e Homens. Talvez de maior valor para os estudiosos de Tolkien são as três "Árvores das Línguas", nas quais Tolkien diagramou a relação entre as várias línguas, bem como suas origens à medida que seu senso dessa relação se desenvolveu ao longo do tempo. Christopher Tolkien fornece uma análise útil destas e outras questões linguísticas nas páginas 180 a 198 de *A Estrada Perdida*. Está além do escopo limitado deste capítulo entrar em grandes detalhes sobre essas "Árvores", mas posso fazer alguns comentários preliminares ou resumidos. Primeiro, as "Árvores" são acompanhadas por um diagrama de "Os Povos dos Elfos". Esse emparelhamento é importante, pois mostra como Tolkien via de forma intrincada o desenvolvimento da língua, história e cultura em seu legendário. Em segundo lugar, as línguas de todos os Elfos derivam tanto dos Valar como um grupo quanto de Oromë em particular. Terceiro, a língua dos Orques é inerentemente má como derivada em última instância de Melkor/Morgoth. Quarto, a língua dos Anãos é derivada do seu criador, Aulë. Quinto, a língua da maioria dos Homens deriva de uma complexa interação com alguns grupos de Elfos (particularmente os Elfos Negros), com os Orques e com os Anãos. A língua de grupos particulares de Homens (os das casas de Bëor, Haleth e Hador) foi influenciada pela língua dos Elfos-verdes. Finalmente, a categorização de Tolkien é extensa. Se olharmos simplesmente para a taxonomia linguística dos Elfos, podemos ver Tolkien criando uma lista de línguas, mas uma lista em fluxo — com várias classificações concorrentes (e sutilmente mutáveis), entre elas: Quendian, Lindarin, Noldorin, Telerin, Eldarin, Lembian, Ikorindian, Korddarin, Ingwiqenya e Avarin.

"As Etimologias" (que provavelmente data de 1937–1938 com algumas adições posteriores da época de *O Senhor dos Anéis*) é, talvez, uma discussão ainda mais útil (e certamente mais extensa) das línguas por Tolkien do que "As Lhammas", mas a intenção é certamente diferente. "As Lhammas" é um relato histórico e diagramático da relação entre todas as línguas de Tolkien; "As Etimologias" é, acima de tudo, um certo tipo de dicionário — e apenas das línguas dos Elfos. Como sempre ocorre com os manuscritos editados pelo filho de Tolkien após a morte de seu pai, é a nota editorial que ajuda a esclarecer o texto em si. Na nota de abertura de "As Etimologias", Christopher Tolkien apresenta vários argumentos cruciais. Primeiro, o legendário de Tolkien é caracterizado em parte pela "espantosa complexidade da evolução fonológica e gramatical das línguas élficas"[74]. Em segundo lugar, o hábito de trabalho de Tolkien de produzir grandes rascunhos gerava rabiscos ilegíveis, obscurecendo a clareza do texto geral. Terceiro, a concepção de seu pai sobre as línguas Élficas não foi definida, mas evolutiva. Quarto, Tolkien nunca tentou fazer um vocabulário abrangente de suas línguas élficas. Assim, com "As Etimologias", temos um documento que é o mais próximo que ele chegou de um dicionário, mas que, na verdade, é "um dicionário etimológico de relações entre palavras"[75]. A própria "Etimologias" vai de "Ab-, Abar" a "Yur-" e tem sido, na medida do possível, padronizada de forma conservadora pelo editor.

"A Lista de Nomes" é uma parte muito mais fina do que "As Etimologias", pois ocupa apenas três páginas enquanto esta ocupa quase sessenta. Ela se assemelha muito aos léxicos anteriores que encontramos nas duas partes de *Os Contos Perdidos*. Deve-se notar, entretanto, que a lista em si é muito mais extensa que a versão publicada por Christopher Tolkien, embora tenha sido deixada incompleta por Tolkien. Foi decisão do filho oferecer apenas uma "pequena seleção do material", pois os "Anais de Beleriand" (a principal fonte da lista) define muitos dos nomes da lista. A lista em si data da década de 1930. Ela vai de *Aldaron* a *Tulkas*.

A contribuição de *Sauron Derrotado* para o nosso entendimento das línguas inventadas por Tolkien consiste em algo bastante raro: uma discussão sustentada e razoavelmente direta de uma língua, neste caso o adûnaico. Ela ocupa a seção final de Parte III: "A Submersão de Anadûnê" e intitula-se "Lowdham's Report on the Adunaix Language" [Relatório de Lowdham sobre idioma adûnaico][76].[77] "A Submersão de Anadûnê" é uma reelaboração do material da Segunda Era chamado "A Queda de Númenor" e tem uma relação complexa com "The Notion Club Papers" (uma história futurista incompleta criada por Tolkien em uma espécie de competição de escrita com C.S. Lewis em meados dos anos 1940) e com *A Estrada Perdida*. O relatório de Lowdham é bastante notável, pois, embora a escrita tenha sido abandonada por Tolkien após apenas dezessete páginas, elas apresentam uma discussão sucinta (no jargão dos filólogos) do adûnaico. É como se Tolkien precisasse de uma língua para seus Númenóreanos e decidisse criar uma rapidamente.

Começa estabelecendo a relação histórica do adûnaico com duas outras línguas: avallonian e khazadian. Continua definindo a estrutura e a gramática da língua, mesmo que Tolkien (por meio de Lowdham) não resista à tentação de apontar que o esboço é apenas um instantâneo e, portanto, a realidade da língua é muito mais complexa do que o esboço pode permitir. O adûnaico é em grande parte triconsonantal, mas com alguns elementos biconsonantais. Como prova de tal arranjo, Lowdham fornece duas tabelas de seis linhas por quatro colunas dos principais sons consonantais (nas págs. 416 e 418) do adûnaico e do adûnaico posterior. Lowdham também discute as formações e assimilações de palavras no adûnaico em detalhes consideráveis. O relatório de Lowdham passa então para as vogais da língua. Aqui, ele aponta que o adûnaico usou apenas três vogais (A, I e U) e dois ditongos (AI e AU). A seguir, ele discute os substantivos. Estes ele classifica como "fortes" ou "fracos" e como tendo quatro categorias (masculino, feminino, comum e neutro), três números (singular, plural e duplo), e dois casos (subjetivo e objetivo). Lowdham (isto é, Tolkien) conclui com extensos exemplos de como os substantivos inflexionam de acordo com sua função em uma frase. Esse é um material maravilhosamente preciso, mas seu filho como editor está certo ao dizer que, caso Tolkien tivesse retornado ao adûnaico em vez de se voltar para a conclusão de *O Senhor dos Anéis,* o relatório de Lowdham" "sem dúvida teria sido reduzido a um desastre, já que novas concepções causaram mudanças e revoltas na estrutura"[78]. Christopher Tolkien também está certo, penso eu, ao sugerir que, ao longo do desenvolvimento das muitas línguas de Tolkien, a "conclusão" não era "o objetivo primordial". O objetivo principal era "deleitar-se na própria criação, a criação de uma nova forma linguística evoluindo dentro da bússola de um tempo imaginado"[79]. Então, o que temos com o relatório é o senso de Tolkien de como ele queria que uma língua se parecesse em um determinado momento e em sua totalidade.

A Guerra das Joias (penúltimo volume da obra magistral de Christopher Tolkien *A História da Terra-média*) contribui significativamente para a compreensão das línguas de Tolkien com apenas uma seção: "Parte Quatro: Quendi e Eldar"[80]. Esta seção data de 1959–1960; existe em apenas duas versões muito semelhantes, cada uma com cerca de cinquenta páginas; tem um título alternativo (*Essekenta Eldarinwa*); e tem um subtítulo longo e informativo:

> Inquérito sobre a origem dos nomes dos Elfos e suas variedades de clãs e divisões: com Apêndices sobre seus nomes para os demais Elfos Encarnados: Homens, Anãos e Orques; e na sua análise [dos Elfos] da sua própria língua, Quenya: com uma nota sobre a "Língua dos Valar".[81]

Há apenas uma seção própria no ensaio e que se preocupa com as palavras dos Elfos para eles mesmos. Ela ocupa cerca de 25 páginas na versão publicada (páginas 360–385), mas é seguida por quatro apêndices (em "Nomes Élficos para os Homens"; "Nomes Élficos para os Anãos"; "Nomes Élficos para os Orques"; e, em "*Kwen, *Quenya* e o Élfico [especialmente noldorin] Palavras para 'Língua'") e uma nota ("Nota Sobre a Língua dos Valar'"). Na longa seção dedicada aos nomes dos Elfos para eles mesmos, Tolkien discute quatro elementos linguísticos principais à medida que esses elementos aparecem em quenya, telerin e sindarin[82]. A isso ele segue com uma discussão (1994d: 372–380) dos "vários termos aplicados aos Elfos e suas variedades em quenya, telerin e sindarin"[83]. Ele termina com uma discussão sobre os "Nomes dos Clãs"[84]. Parte deste material (especialmente no início) é bastante técnico, embora Christopher Tolkien (provavelmente sabiamente) tenha escolhido omitir da publicação "uma passagem de fonologia extremamente complexa"[85]. Duas características dominam a discussão de Tolkien na seção principal do ensaio: primeiro, ele sempre retorna à história para explicar as diferenças linguísticas; segundo, o público (se Tolkien imaginou algum) para o ensaio teria que ser aquele familiarizado com *O Senhor dos Anéis* e, em particular, com seus muitos apêndices. Suspeita-se, no entanto, que Tolkien possa ter criado o ensaio para seu próprio prazer e com a possível publicação de *O Silmarillion* em mente.

Os apêndices são menos abstrusos do que o ensaio propriamente dito. Do primeiro apêndice, deve-se notar que todas as palavras dos Elfos para os Homens (*Atani, Apanónar* e *Hildor*) enfatizam que os Elfos foram os primeiros a nascer, pois estas três palavras significam, respectivamente, "Os que Vieram Depois", "Os Nascidos Depois" e "Os Seguidores". A partir do segundo, deve-se notar que muitas das palavras dos Elfos para os Anãos são pejorativas: *Naugrim*, ou "O Povo Mirrado"; e *Dornoth*, ou "O Povo Teimoso". É também notável que Tolkien divide os Anãos em Anãos propriamente ditos e "Anãos-Miúdos" com o último sendo denominado (novamente pejorativamente) *Nogotheg* (ou "Dwarflet"). Mais uma vez, Tolkien conta com a história para ter dois argumentos: os Anãos desprezavam os pequenos Anãos como "deformados ou subdimensionados"[86]; e os Elfos tinham caçado os Anãos em um período da história (pelo menos, assim os Anãos alegavam).

O terceiro apêndice, já que seu tema são os nomes em élfico para os Orques, vai em uma direção esperada com a palavra "orque" derivada, em última análise, do substantivo quenyan *urkō* (que significa "horror"). Em sindarin, a palavra escolhida para os Orques foi *Glamhoth* (ou "horda barulhenta"). O quarto apêndice passa bastante tempo argumentando que o significado de *quendi* deriva de uma frase ou palavra que significa "aqueles que formam palavras com voz"[87], enquanto a palavra para "língua" era *lambē* e a palavra *tengwa* significava "sinal". Neste ponto, Tolkien passa à relação entre palavra falada e gesto, a fim de apontar que os Elfos eram mestres em usar o gesto para minar ou mudar o significado das palavras faladas, e termina com um retorno à narrativa moldura dos *Contos Perdidos* (escrita muitas décadas antes) com uma referência a Pengolodh, o mestre da tradição. Finalmente, na nota sobre a língua dos Valar (valarin), Tolkien continua a alusão à narrativa moldura com extensos trechos dos escritos de Pengolodh, e sugere em uma fascinante afirmação que os Valar deviam ter uma língua quando eles encarnaram, uma vez que "a formação de um *lambe* é a característica-chave de um ser encarnado"[88]. A nota continua com mais de uma dúzia de exemplos de palavras valarin, um pouco menos de uma dúzia de nomes valarin, uma classe de palavras valarin cuja autenticidade é rejeitada por Pengolodh, e alguns nomes de lugares valarin usados para mostrar que eles eram, em última análise, de origem valarin. A nota termina com uma explicação histórica do porquê de os Eldar não terem preservado muitas palavras dos valarin junto a uma afirmação de que o mito da criação (o "Ainulindalë") deve ter sido transmitido para nós em quenya já que os Valar teriam que falar com os Eldar em uma língua que eles entendessem. Mesmo no final de sua vida, Tolkien estava sempre interpretando sua própria mitologia em termos linguísticos. *Fazer isso era simplesmente essencial para a forma como ele via seu mundo de fantasia.*

Os Povos da Terra-média, último volume da série *A História da Terra-média*, contém três partes de importância: uma discussão[89] de "O Apêndice sobre As Línguas" em *O Senhor dos Anéis*, e uma impressão com comentários de dois dos últimos escritos de Tolkien: "The Shibboleth Fëanor"[90] e "O Problema de *Ros*"[91]. O primeiro deles (no qual não me deterei, mas deixarei que a versão final em *O Senhor dos Anéis* se mantenha por mérito próprio) data de cerca de 1950 e consiste em algumas versões manuscritas do apêndice, que permitem aos leitores comparar iterações anteriores do apêndice com a versão publicada. A segunda parte (sobre Fëanor) e a terceira (sobre *Ros*) datam de cerca de 1968. Ambas oferecem importantes insights sobre o tremendo valor que Tolkien dava à língua em sua mitologia.

Na segunda parte, cujo título — "The Shibboleth of Fëanor with and Excursus on the Name of the Descendants of Finwë" — foi acrescentado por Christopher Tolkien, pois o próprio ensaio estava sem título, Tolkien trabalha por meio das ramificações (sociais, culturais e políticas) da mudança escrita e fonética em quenya de þ para s. Como Christopher Tolkien coloca em sua nota, o ensaio "registra como a diferença de pronúncia de um único elemento consonantal em quenya desempenhou um papel significativo na luta dos príncipes noldorin em Valinor"[92]. O que naturalmente fascina aqui é que a mudança de consoantes foi criada por Tolkien por razões linguísticas, e ele então teve que jogar suas causas e efeitos ao nível da narrativa. A causa da mudança, segundo Tolkien, foi que a maioria dos Noldor concordou com ela com base no "gosto e teoria fonética"[93] com a mudança ocorrendo depois que eles se separaram dos Vanyar (ou Belos Elfos). O resultado foi a fúria do elfo noldorin Fëanor (um mestre da tradição) que insistia que þ não s estava correto, mas também havia razões pessoais para sua crença: sua mãe tinha sido chamada de "þerindë" (costureira) e sua madrasta (Indis), a quem ele não gostava muito, tinha adotado o "s" quando ela se juntou aos Noldor. Alguns podem ver em tudo isso algum tipo de sátira à custa dos filólogos, mas não parece ser isso.

Ela apenas ilustra a precisão do pensamento linguístico de Tolkien, bem como a sua compreensão de que algumas pessoas têm cabeça quente e ignoram as consequências de suas escolhas. Fëanor de *O Silmarillion* é definitivamente um desses, e sua raiva e ressentimento (um aspecto do qual é esse argumento "þ a s") são centrais para a narrativa dos Dias

Antigos. Como Tolkien coloca no ensaio: "Como este mal vai crescer e apodrecer nos anos seguintes é o assunto principal da primeira parte de *O Silmarillion*: O Escurecimento de Valinor"[94].

Com o terceiro ensaio (que foi chamado "O Problema de *Ros*" por Christopher Tolkien, pois a obra foi deixada sem título por seu pai), Tolkien sentiu a necessidade de explicar para sua própria satisfação a derivação de nomes que ele havia criado e que haviam aparecido nas publicações para que esses nomes fossem etimologicamente precisos. O mais difícil de todos era o nome de *Elros*, que lógica e antropologicamente deveria ter sido de origem bëoriana. A solução de Tolkien (depois de experimentar várias possibilidades) foi que o nome estava associado ao nome da mãe de Elros, Elwing. No entanto, essa solução não funciona, pois *O Senhor dos Anéis* menciona Cair Andros como uma ilha no rio Anduin ao Norte de Osgiliath, e o Apêndice A, nesse trabalho, define-o como élfico em derivação e seu significado como "Navio da Longa Espuma". Portanto, o nome é necessariamente eldarin e não (como Tolkien teria gostado) bëoriano. O que é notável em todo esse argumento é que Tolkien sentiu a necessidade de ser consistente internamente e não apenas, por exemplo, declarar o nome *Elros* como uma anomalia linguística ou lhe atribuindo uma origem desconhecida. Ele tinha, talvez, um padrão ainda mais alto de consistência em suas línguas inventadas do que seus leitores teriam esperado — até mesmo dele. Como Christopher Tolkien menciona na nota principal do ensaio:

> Em seus últimos anos, meu pai deu grande importância a encontrar explicações, em termos linguísticos históricos, de nomes que remontavam ao "legendário" ... e, se tais nomes tivessem surgido nos livros, ele se sentia vinculado a eles, e teve grandes dores para elaborar etimologias que fossem consonantes com o agora minuciosamente refinado desenvolvimento histórico de quenya e sindarin.[95]

O que talvez seja tão notável na longa obra de Tolkien com a linguagem em seu legendário não é apenas que ele se preocupava tanto com a precisão, mas que também agia como se suas línguas inventadas fossem também naturais — ou precisasse se comportar como se fossem. É também notável que seus ensaios eram sobre um assunto e ainda tocavam em muito mais pontos do legendário. Assim, "Xibolete" também evoca a divisão entre os filhos de Finwë e discute com mais profundidade o início da vida de Galadriel de maneiras não vistas em outro lugar por Tolkien. E assim, "*Ros*" comenta as línguas faladas pelas casas dos Edain na Primeira Era, inclui uma conversa entre Beren e Lúthien sobre sua escolha para falar sua língua nativa, e discute algumas inconsistências de Eärendil ter implorado a Manwë nas línguas dos Homens e Elfos para ajudar ambos os povos em sua luta contra Morgoth. Sim, algumas dessas discussões se tornam complexas — até mesmo frustrantes — mas ilustram uma das muitas razões para a grande consideração pela qual milhões de pessoas têm por Tolkien: ele se preocupava profundamente com o mundo que havia criado. Afinal, ele levou uma vida inteira para criá-lo.

Nota Especial

* Para quem tem interesse em acompanhar as ideias de Tolkien por data de criação e não de publicação, eu forneci uma tabela, a seguir, dessas datas, tão próxima quanto possível de serem estabelecidas. Incluí três citações de 1977, 1983 e 1984 porque, embora as obras citadas tenham sido criadas por Christopher Tolkien, elas dependem muito da obra de seu pai.

Tabela A: Cronologia da Criação dos Comentários de Tolkien sobre A Invenção da Língua

Data	**Título**	**Obra**
1915	Léxico Quenya	*O Livro dos Contos Perdidos Parte I*
1917	Léxico Goldogrin ou Gnômico	*O Livro dos Contos Perdidos Parte I*
antes de 1920	Lista de nomes para *A Queda de Gondolin*	*O Livro dos Contos Perdidos Parte II*

Data	Título	Obra
década de 1930	A Lista de Nomes	*A Estrada Perdida e Outros Escritos*
1931, 1983	Um Vício Secreto	*Os Monstros e os Críticos e Outros Ensaios*
meados da década de 1930	As Lhammas	*A Estrada Perdida e Outros Escritos*
meados da década de 1930	Árvores de Línguas	*A Estrada Perdida e Outros Escritos*
1937–1948, 1954–1955	As Etimologias	*A Estrada Perdida e Outros Escritos*
meados da década de 1940	Relatório de Lowdham sobre idioma adûnaico	*A Estrada Perdida e Outros Escritos*
1950	O Apêndice sobre Línguas	*Os Povos da Terra-média*
1954–5	Apêndices E e F	*O Senhor dos Anéis*
1955, 1983	Inglês e Galês	*Os Monstros e os Críticos e Outros Ensaios*
1959; 1983	Discurso de Despedida	*Os Monstros e os Críticos e Outros Ensaios*
1959–60	Quendi e Eldar	*A Guerra das Joias*
1967	Notas e Comentários	*A Estrada em Frente Vai Seguindo: Um Ciclo de Canções*

Data	Título	Obra
1968	The Shibboleth of Fëanor	*Os Povos da Terra-média*
1968	O Problema de *Ros*	*Os Povos da Terra-média*
1977	Elementos em Nomes de Quenya e Sindarin	*O Silmarillion*
1977	Nota sobre A Pronúncia	*O Silmarillion*
1983	Nomes nos Contos Perdidos Parte *I*	*O Livro dos Contos Perdidos Parte I*
1984	Nomes nos Contos Perdidos Parte *II*	*O Livro dos Contos Perdidos Parte II*

CAPÍTULO 4

TOLKIEN E O TEMPO

A fonte mais acessível para o leitor da obra de Tolkien entender sua visão do tempo é o Apêndice B de *O Retorno do Rei*. Ele é intitulado "O Conto dos Anos (Cronologia das Terras Ocidentais)" e começa com um resumo de quatro parágrafos das Quatro Eras: A Primeira Era (que terminou com a derrota de Morgoth); a Segunda Era (que terminou com a primeira derrota de Sauron, servo de Morgoth, e a captura do Um Anel); a Terceira Era (que terminou com a segunda derrota de Sauron e a destruição do Um Anel); e a Quarta Era, a Era do domínio dos Homens. Na verdade, no entanto, o Apêndice analisa em detalhes apenas os eventos da Segunda, Terceira e (por um período de 120 anos) da Quarta Era.

Podemos fazer várias observações úteis neste momento. Primeiro, se o resumo útil de Tolkien sobre sua visão do tempo fosse tão simples, talvez não houvesse necessidade deste capítulo. Mas, como em todas as coisas tolkienianas, o cenário é muito mais complicado do que parece inicialmente. Segundo, a visão do tempo de Tolkien é que ele é cíclico com cada era (exceto a Quarta, que é implicitamente a que estamos agora) terminando com a derrota do mal (Morgoth uma vez e Sauron duas). Terceiro, Tolkien adora jogos de palavras, então o título do apêndice ("O Conto dos Anos") é um trocadilho com "conto" sendo ao mesmo tempo uma anedota e uma história. É como se Tolkien só pudesse contar a passagem do tempo na história. Finalmente, quando Tolkien se refere aos *Dias Antigos* (pelo qual ele quer dizer a Primeira Era e a ascendência dos Elfos), ele está se referindo a *O Silmarillion*, que ainda não foi publicado.[1] Como ele comenta de forma enigmática no final de seu resumo: "As histórias daquela era [dos Dias Antigos] não são registradas aqui"[2].

TEMPO

O Silmarillion

É com *O Silmarillion* que devemos iniciar nossos esforços para esclarecer a deslumbrante riqueza do tempo da maneira como Tolkien trabalhou com esse conceito durante quase quarenta anos, tanto porque ele contém sua obra mais antiga como porque o conto das eras começa a partir desse ponto. A partir daí, vou contar a história da visão de Tolkien acerca do tempo e retomar sua principal obra e algumas de suas obras menores antes de terminar onde começamos este capítulo — com *O Senhor dos Anéis*. Ao longo desse relato, deve-se ter em mente acima de tudo quão sutil e abrangente é o relato de Tolkien, que não pode ser reduzido a um conjunto de datas, embora o próprio Tolkien estivesse sempre tentando isso. Tendo discutido seu conceito de tempo, passarei então a analisar brevemente uma das formas pelas quais o tempo, para Tolkien, foi diferenciado sob a forma de eras: o lugar. Um dos aspectos menos conhecidos do legendário de Tolkien para o leitor geral é que a Terra-média na Primeira Era não é a mesma que a Terra-média na Quarta Era. Em essência, Tolkien usa a geografia para reforçar as distinções temporais.[3] De certa forma, ele está oferecendo sua própria versão das *Metamorfoses* de Ovídio, nas quais os deuses refazem o mundo mais de uma vez ao longo do tempo num esforço para melhorar o comportamento humano.

A primeira seção de *O Silmarillion* é chamada "Ainulindalë" (ou Música dos Ainur). O relato (que data de 1936 a 1945) descreve o mito da criação de Tolkien. Ele começa com um momento parecido com o Gênesis, quando Eru/O Uno/Ilúvatar cria pela primeira vez os Ainur, ou "Sagrados", ao pensar neles[4]. Portanto, foi o momento da primeira criação, mas não há nenhuma ideia de tempo como tal. A primeira menção ao tempo — de uma forma tão característica ao estilo de Tolkien — é na verdade uma alusão a um tempo fora do âmbito do próprio legendário, um tempo que o narrador conhece por conto oral ("dizem que"): o tempo em que não há tempo. No quarto parágrafo de "Ainulindalë", Tolkien escreve sobre uma música maior que será criada "após o fim dos dias"[5]. Três referências posteriores são igualmente úteis, mas de uma forma diferente da primeira. Depois de ter falado sobre a introdução de Melkor de sua própria música nas criadas por Ilúvatar, Tolkien incorpora algo radicalmente indeterminado em seu esboço de tempo. Segundo ele, Ilúvatar nunca revela tudo que acontecerá no mundo. Como consequência, "em cada época surgem coisas novas e sem previsão, pois não procedem do passado"[6]. Assim, à noção de Quatro Eras (como no Apêndice B de *O Retorno do Rei*) deve agora ser acrescentada uma condição com relação ao quanto qualquer cronologia distorce a forma como o tempo realmente se desdobra: parte do tempo é causal e parte (não está claro qual parte ou partes) está completamente fora do reino de causa e efeito. Também é importante ver como o leitor é agora apresentado a dois termos relacionados: Era com uma inicial maiúscula (como nas Quatro Eras) e era (minúscula), que parece refletir um senso mais comum do que "era" significa para a cultura geral — um grupo de anos da continuidade do tempo porque o grupo está, de alguma maneira, conectado. Às qualidades de Tolkien como escritor alusivo devem ser acrescentados seus poderes como criador de metáforas. Pouco tempo depois de problematizar o tempo incluindo os termos relacionados "Era" e "era", ele menciona pela primeira vez a palavra "tempo", mas o faz quando fala do momento em que Ilúvatar encontrou um lugar para os Elfos e Homens morarem. Esse lugar é tanto físico (entre as inúmeras estrelas) quanto temporal ("nas Profundezas do Tempo")[7]. Como metáfora poderosa, essa última referência não pode, evidentemente, ser reduzida a algo singular e concreto, embora se possa, talvez, argumentar que Tolkien sugere aqui que toda a criação está sujeita à decadência (do Tempo), embora de forma extremamente complexa (Profundezas). A essa visão do tempo deve ser acrescentado rapidamente o fato de Tolkien logo depois falar novamente do conceito em termos figurativos. Agora, o tempo é visto não em termos de volume (Profundezas), mas de maneira cíclica ("os círculos do tempo"), e agora o tempo é visto como uma união das "Eras Posteriores", e agora o tempo é visto como inacabado ("a história estava incompleta") porque Ilúvatar retirou a visão da criação do mundo dos Ainur para permitir-lhes apreciar a "Escuridão"[8].

Até agora, então, posso oferecer essa visão do significado atribuído ao tempo por Tolkien: a simplicidade de quatro eras é útil, mas ilusória, já que é entremeada por um mito de criação, por uma sofisticada ideia de causalidade, pela relação indeterminada entre "Era" e "era", e pelos artifícios literários de alusão e linguagem figurativa. Também é importante lembrar que a criação de *O Silmarillion* é em grande parte obra não de Tolkien, mas de seu filho como editor, que a criação dessa história é anterior por muitas décadas à publicação de *O Senhor dos Anéis*, embora seja posterior a essa última — no que diz respeito à publicação — a mais de duas décadas. Portanto, a solidez de um modelo de "quatro eras" é um esforço posterior de Tolkien para proporcionar simplicidade com o mínimo de redutividade a um grande potencial de leitura. De certa forma, esse modelo combina de forma atrativa o desejo de Tolkien por sua precisão e visão complexa da história. Como sempre, Tolkien é autorreflexivo e muito consciente desse jogo de simplicidade e complexidade em sua visão, pois fala — na mesma página em que complica o conceito de tempo (como elucidado acima) — dos Ainur trabalhando tanto em grande escala quanto na menor das esferas[9].

O leitor lê cinco páginas sobre o mito da criação de Tolkien ("Ainulindalë") antes de o autor, de certa forma, marcar o tempo, referindo-se aos Valar como tendo "entrado [no mundo] no início do Tempo"[10]. Ao que Tolkien acrescenta que o tempo depende de os Valar perceberem que eles serão responsáveis por tornar a visão de Ilúvatar uma realidade através do ato de criação sendo que, antes, o mundo existia como um conjunto de ideias descritas em termos de música. Assim, o tempo (ao qual obviamente o modelo das Quatro Eras se relaciona) não é neutro ou distanciado, mas uma consequência da ação: sem criação não há tempo. Tolkien passa então a descrever a luta pré-histórica entre os Valar e Morgoth sobre como a Terra se desenvolveria durante sua criação. "Ainulindalë" termina com uma quase repetição de uma frase que é crucial para o contexto em que o relato das Quatro Eras aparece no legendário: "nas Profundezas do Tempo e em meio às inúmeras estrelas" Arda foi criada como "a habitação dos Filhos de Ilúvatar"[11].[12]

A segunda seção de *O Silmarillion* intitula-se "Valaquenta" (ou História dos Valar). Ela data do início da década de 1930 e fala sobre os Valar, os Maiar e os inimigos dos Valar (Melkor e seu principal vassalo, Sauron, um maia (também conhecido, memoravelmente, como Gorthaur, o Cruel)) de forma admiravelmente simples. Ela ajuda o leitor a entender os antecedentes da clareza alcançada nas Quatro Eras em *O Senhor dos Anéis* de formas importantes, mas (com base na brevidade das referências ao tempo no relato) secundárias. Na lista dos Valar (masculino e feminino), Tolkien menciona Vairë, a esposa de Námo (mais conhecido como Mandos e o guardião das Casas dos Mortos). Ao longo da "Valaquenta", Tolkien distingue os Valar em termos de suas capacidades, e sua descrição de Vairë segue esse padrão. Ela recebe um epíteto heroico: "a Tecelã", e é ela quem tece tudo em "tapeçarias de histórias". Essas "tapeçarias de histórias" preenchem os salões de Mandos, que aumentam de tamanho com o passar do tempo[13].

Então, novamente temos Tolkien trabalhando a partir da mesma partitura na criação do seu legendário. Primeiro, ele brinca com as palavras quando usa a palavra "histórica" (em inglês, *storied*, que significa tanto "famoso" quanto "relacionado à história"). De certa forma, ele está se inserindo como autor por conta própria, pois, sem seu papel como escritor, Vairë não poderia ser "histórica" de forma alguma. Em segundo lugar, ele usa o termo comum "eras" para descrever o tempo, em vez de Eras específicas (como ele faria mais tarde). Depois, na lista dos inimigos dos Valar (Morgoth e Sauron), ele se refere à batalha entre os Valar e Morgoth como se passasse por "longos anos" e "eras esquecidas". Certamente há aqui uma ironia, pois não se pode contar anos (mesmo longos) sem um conceito pré-existente de momentos históricos (que ainda não temos). É igualmente verdade que, por mais que muito tempo tenha passado, deve ser um período extraordinariamente longo, uma vez que os anos são "esquecidos", por serem tão numerosos ou tão longos (ou ambos). O que a "Valaquenta" acrescenta ao conceito de Quatro Eras é um conhecimento crucial, por mais poético e sofisticado que Tolkien faça o legendário. As Quatro Eras estão embutidas em uma história que as ilumina assim como o cenário da joia aumenta a beleza do objeto em si (ou, pelo menos, é o que se pretende).

As duas lamparinas

Se as duas primeiras seções de *O Silmarillion* fornecem um valioso, se bem que difícil, histórico para as Quatro Eras, é realmente apenas com o primeiro capítulo de "Quenta Silmarillion" (ou A História das Silmarils) que Tolkien oferece ao leitor um relato absolutamente relevante do tempo (ainda que seja um relato que lida mais com os Valar do que com Elfos e Homens). E é um fato importante que esse primeiro capítulo da quenta se refira direta e exclusivamente à cronologia (intitula-se "Do Princípio dos Dias") e que inicie a parte mais substancial separável de *O Silmarillion*. O modelo merece alguma atenção, pois os dias são dependentes de duas lamparinas criadas pela Aulë: Illuin no norte da Terra-média e Ormal no sul. É a luz delas que cria o dia, mas é um dia estranho de luz perpétua. Essas lamparinas são destruídas por Morgoth, e sua destruição traz o fim da Primavera de Arda[14]. Agora adicionamos ao relato (ou teia do legendário) a ideia de que o tempo em um sentido anual depende das estações (primavera, por exemplo) assim como o dia depende da luz.

As duas árvores

Após a destruição das lamparinas, os Valar se retiram, criam uma morada para si chamada Valinor e substituem a luz perdida e constante das duas lamparinas por algo novo criado por Yavanna: as Duas Árvores de Valinor. Elas são chamadas de Telperion e Laurelin. Essas árvores encerram, diminuem e criam luz diferencial durante o dia: previsivelmente mais fortes ou mais macias. É a partir do momento em que Telperion brilhou pela primeira vez que os Valar desenvolveram a ideia do tempo como nós (os leitores do legendário de Tolkien) o conhecemos: "Assim começaram os Dias da Ventura de Valinor; e assim começou também a Contagem do Tempo"[15]. Os dias de êxtase são especificamente valinorianos; a contagem do tempo ilumina diretamente a ideia das Quatro Eras, pois é a partir desse momento que se pode contar com o aparecimento do primogênito de Ilúvatar na Terra-média, embora nem mesmo os Valar saibam quando exatamente os Elfos aparecerão. E, como se para traçar uma linha sob esse relato do tempo em *O Silmarillion*, Tolkien terminou a penúltima seção informal do segundo capítulo ("Do Princípio dos Dias") com esta afirmação magistral: "Agora tudo está dito acerca da maneira da Terra e de seus regentes no princípio dos dias, e antes que o mundo se tornasse tal como os Filhos de Ilúvatar [Elfos e Homens] o conheceram"[16].

O Sol e a Lua

Os dias de êxtase de Valinor, no entanto, chegam ao fim quando Morgoth, com a ajuda de Ungoliant, a aranha (da qual Laracna — é assustador pensar — é apenas uma descendente menor), destrói as duas árvores (Telperion e Laurelin). Agora outra fonte de luz deve ser encontrada, e é encontrada quando vários Valar (Yavanna, Manwë, Aulë e Varda) se unem para preservar os frutos e as flores das duas árvores, para consagrá-las em embarcações, e para fazer delas duas luzes navegando nos céus (ou Ilmen): a Lua ou Isil (da árvore chamada Telperion) e o Sol ou Anar (da árvore chamada Laurelin). É dessas novas fontes de luz (cada uma com as características de constância que qualquer leitor atribuiria ao Sol e à Lua em astronomia) que "os Valar passaram a contar os dias, desde então até a Mudança do Mundo"[17].

Portanto, há um conceito de tempo como os dias da felicidade de Valinor; como a contagem do tempo; e como a experiência de quatro eras pelos filhos de Ilúvatar. Esses conceitos são relacionados, mas os dois primeiros são separáveis dos últimos. O último (as Quatro Eras) inclui dois elementos principais: o material da Primeira e Segunda Eras no restante de *O Silmarillion* e a Segunda e Terceira Eras em *O Senhor dos Anéis*, mas *não* (estranho, mas explicável) em *O Hobbit*. No entanto, antes de analisar essas duas obras muito conhecidas e adoradas, devo passar alguns parágrafos examinando e explicando o conceito de tempo em várias obras menos conhecidas de Tolkien: "A Versão Inicial dos Anais de Valinor", "Os Anais Tardios de Valinor", "A Versão Inicial dos Anais de Beleriand", "Os Anais Tardios de Beleriand" e "O Conto dos Anos". De maneira confusa, o filho de Tolkien, Christopher, não agrupou os anais tardios e antigos junto com "O Conto dos Anos" em um volume de *A História da Terra-média* (como ele talvez pudesse ter feito), mas os dispersou em quatro volumes: *A Formação da Terra-média* (vol. IV na série); *A Estrada Perdida e Outros Escritos* (vol. V); *O Anel de Morgoth* (vol. X; 1993); e *A Guerra das Joias* (vol. XI). Por uma questão de clareza, vou agrupar minha discussão em volumes: Valinor primeiro, Beleriand segundo, o "Conto dos Anos" terceiro. Em essência, todos eles juntos desenvolvem a história como já a expus na minha discussão de *O Silmarillion*. Em essência, eles oferecem o relato da história da Primeira Era e pré-Primeira Era que foi deliberadamente omitida do Apêndice B de *O Retorno do Rei* porque, na época em que o épico de três volumes foi publicado, o material ainda não estava desenvolvido.

"Os Anais de Valinor"

"Os Anais de Valinor" (dispersos por *A Formação da Terra-média, A Estrada Perdida e Outros Escritos* e *O Anel de Morgoth*) datam de três versões, do início dos anos 1930 a 1951–1952: rotulados AV1, AV2 e AAm. A primeira versão (AV1) vai do ano Valar 0 (a criação por Ilúvatar) até 2998 (a captura de Maedhros por Morgoth). A segunda versão (AV2) vai do ano Valar 500 ao ano do Sol 1. A terceira versão (chamada por Tolkien de "Os Anais de Aman" (AAm), sendo Aman um nome alternativo para o terreno onde os Valar moravam) vai do ano Valar 1 ao 3500. Estas versões dão ao leitor quatro insights sobre a concepção de Tolkien acerca do tempo. Primeiro, o ano Valar tem 10 vezes a duração do ano solar, então o período de tempo coberto por estes anais é de 35 mil anos como os calculamos agora. Em segundo lugar, a precisão das datas dos anais mostra a dificuldade de Tolkien para dar o tipo de clareza com um modelo em desenvolvimento do universo que ele conseguiu em um cenário menor com o Apêndice B de *O Retorno do Rei*. Terceiro, a cronologia está muito ligada à luz da criação: as estrelas, as duas lâmpadas, as duas árvores, o Sol e a Lua.

"Os Anais de Beleriand"

"Os Anais de Beleriand" datam das mesmas eras que as três versões dos Anais de Valinor e existem em quatro versões: AB1, AB2, GA1 e GA2. Eles estão espalhados por *A Formação da Terra-média, A Estrada Perdida e Outros Escritos* e *A Guerra das Joias* e a terceira e quarta versões dos Anais de Beleriand são chamados de "Os Anais Cinzentos", uma obra que Tolkien abandonou antes de ser concluída. Como Beleriand é o nome de uma parte da Terra-média antes da reformulação das terras da Terra-média no final da Primeira Era, o leitor sabe de que período esses anais tratam: a história entre a obra dos Valar sendo amplamente concluída e a expulsão de Morgoth do mundo — essencialmente a Primeira Era. A primeira versão vai do ano 1 ao ano 250. A segunda versão vai do ano 1 ao ano 397. A terceira e quarta versões vão do ano Valar 1 ao ano do Sol 499. Estas versões dão ao leitor vários *insights*. Primeiro, em nível narrativo, os anais focam o roubo das Silmarils por Morgoth e sua eventual derrota pelas forças combinadas dos Valar, Elfos e Homens. Segundo, como em os Anais de Valinor, eles mostram a quase obsessão de Tolkien pela exatidão cronológica. Para ele, o tempo é ao mesmo tempo mítico e alarmantemente concreto: golpes largos e pequenos toques. É como se esse mundo de sua criação realmente existisse para ele. Terceiro, as duas últimas versões dos anais de Beleriand (GA1 e GA2) mostram um desenvolvimento textual substancial. As versões anteriores (AB1 e AB2) ocupam menos de vinte páginas cada; GA1 e GA2 ocupam juntas quase cem páginas. Como a GA1 e a GA2 datam de depois da conclusão (mas não da publicação) do livro *O Senhor dos Anéis*, o leitor pode legitimamente supor que Tolkien estava tentando dar à história da Primeira Era das Silmarils (criação, roubo, recuperação, perda) a mesma coerência e substância de *O Senhor dos Anéis*. Em essência, ele estava voltando às suas primeiras ideias (criação e a Primeira Era) agora que suas ideias posteriores (a Terceira Era) haviam chegado à fruição.

"O Conto dos Anos"

"O Conto dos Anos" (que aparece como a quinta seção da terceira parte de *A Guerra das Joias*) é breve (menos de 15 páginas[18]), mas é importante porque sua segunda versão (havia apenas duas versões) data do início dos anos 1950, quando Tolkien tentava tornar a história das Silmarils coerente e envolvente — e, para que isso acontecesse, Tolkien precisava construir um calendário de eventos que fossem considerados de alto padrão por ele. Christopher Tolkien, infelizmente, neste caso, não reimprime o texto e simplesmente acrescenta um comentário que se refere a partes particulares do "Conto dos Anos" para fins ilustrativos. O que pode ser extraído do tratamento do material pelo editor é o seguinte. Primeiro, ele está muito de acordo com "Os Anais de Aman" e "Os Anais Cinzentos" até que este último foi abandonado por Tolkien. Depois (ao retomar a narrativa onde "Os Anais Cinzentos" pararam), o "Conto" vem a si como uma "grande fonte para o fim dos Dias Antigos, e, de fato, em quase todos os aspectos, a única fonte derivada da conclusão de *O Senhor dos Anéis*, lamentavelmente inadequada como é"[19]. Em segundo lugar, em sua discussão, Christopher Tolkien concentra-se nos anos 500–600 da Primeira Era para mostrar quanto tempo Tolkien passou polindo os detalhes da história — porque ele era um perfeccionista e porque a história (mesmo que ele pudesse ter duvidado que a narrativa alguma vez seria publicada em sua vida) era importante para ele. Tinha realismo porque era o seu universo privado dada a substância através de um ato de subcriação. Terceiro, a verossimilhança era importante para Tolkien, mesmo na fantasia (ou, talvez, *especialmente* na fantasia). Por exemplo, Tolkien teve algumas dificuldades em sua cronologia para decidir se a fortaleza de Angband de Morgoth era ou não construída sobre as ruínas de sua fortaleza anterior de Utumno. Tolkien simplesmente escreveu no manuscrito que dois anos (1495 a 1497) foi "pouco tempo para Morgoth construir Angband" e, mais tarde, "Muito pouco tempo. Deveria ser pelo menos dez ou vintes anos dos Valar"[20]. Em quarto lugar, Tolkien levou a sério a questão do registro no que diz respeito ao tempo. Assim, quando seu relato trata do momento em que os Dias Antigos terminam, ele atribui esse fim a dois possíveis momentos narrativos. Como ele coloca:

> Aqui terminam os Dias Antigos com o novo cálculo do tempo, segundo alguns. Mas a maioria dos Mestres das tradições dá esse nome também aos anos da guerra com Morgoth até a sua derrota.[21]

Alguns, então, usam o termo para cobrir apenas os dias anteriores à criação do Sol e da Lua — o trabalho dos Valar. Outros, entretanto, usam o termo para cobrir todos os eventos da Primeira Era (que incluiria tanto os Elfos quanto os Homens). Por que isso importa? Porque Tolkien, ao descrever o alcance do tempo, poderia ter escolhido ser definitivo, mas fingiu que não podia ser. Mas ele quer as duas coisas porque ele alinha "alguns" contra "a maioria": há, então, uma opinião minoritária e majoritária com Tolkien, um juiz ausente. Finalmente, com o tempo, como na minha discussão anterior (no Capítulo 2) do legendário, Tolkien trabalha dentro de uma narrativa de moldura complexa no "Conto dos Anos", bem como nos anais. A vários autores são atribuídos estes textos ou partes destes textos: Quennar Onótimo; Pengolodh e Rúmil (ou alguma combinação destes três). O efeito desse envelope narrativo é tornar os detalhes dependentes da autoridade do escritor, bem como distanciar o autor real (Tolkien) da criação do texto. Em certo sentido (e essa foi provavelmente a intenção de Tolkien), a história se torna mais real, e, no desenvolvimento da ideia de tempo em um mundo de fantasia, essa verossimilhança importa mais do que em, digamos, um romance que encarna o realismo.

O Hobbit

Quando se refere ao tratamento do Tempo, *O Hobbit* é (como tantas vezes em Tolkien) um tipo de trabalho muito diferente. Publicado em 1937, foi escrito por alguém que havia passado anos criando uma mitologia em torno da história das Silmarils, e é explícito nessa história uma ênfase na ideia de eras: Primeira, Segunda e, pelo menos por implicação, Terceira. *O Hobbit* faz apenas quatro menções a esse conceito de eras, conforme delineado em *O Silmarillion*. Cada uma delas mostra o quão pouco Tolkien se preocupa com a lenda mais ampla, pois, afinal de contas, ele está apenas empenhado em escrever uma história infantojuvenil única destinada a explicar quem ou o que são os hobbits.

A primeira menção vem no início da história (Capítulo 3), a segunda e terceira no meio do caminho (Capítulo 8), e a última muito depois (Capítulo 19). A primeira menção de Elrond é desta forma:

> O mestre da casa era um amigo-dos-elfos — um dos daquele povo cujos pais fizeram parte das estranhas histórias antes do princípio da História, as guerras dos Gobelins malignos contra os Elfos e os primeiros Homens no Norte.[22]

Então, nós temos em termos grosseiros: material da Primeira Era (Elfos e Orques) e material da Segunda Era (Númenor). A segunda menção ocorre quando Tolkien como narrador se preocupa em definir os vários tipos de Elfos. Ele opina que a maioria dos Elfos-da-floresta "descendia das tribos antigas que nunca foram para Feéria, no Oeste"[23]. Aqui, Tolkien apenas toca na longa e dolorosa história dos modos como em *O Silmarillion* os Elfos são separados uns dos outros por terem atitudes diferentes, em termos gerais, em relação a Valinor. A terceira menção é dos Elfos-da-floresta que "se demoravam no crepúsculo do nosso Sol e da nossa Lua"[24]. Como antes, Tolkien está apenas aludindo à complicada história de como a luz levou à criação de Eru da Terra-média. A última menção diz respeito a uma conversa entre os sábios no final da história. Gandalf e Elrond conversam sobre o Necromante (termo alternativo de Tolkien para Sauron). Gandalf e o resto dos magos brancos conseguiram expulsar o Necromante da Trevamata. Como resultado, diz Gandalf, a Trevamata "se [tornará] um pouco mais sadia"[25] e "O Norte ficará liberto daquele horror [o Necromante] por muitos e longos anos, espero". Ele termina quase melancolicamente: "Contudo, gostaria que o Necromante fosse banido do mundo!"[26]. Ao que Elrond responde: "Seria um bem, de fato, mas temo que não venha a acontecer nesta era do mundo, ou por muitas eras no futuro"[27]. Assim, aqui há o conceito de era, mas apresentado de uma maneira que tanto o reconhece quanto o nega, pois no lugar das três ou quatro eras do mundo, o infinitamente sábio Elrond fala de "muitas". É como se Tolkien subvertesse sua mitologia, mesmo prestando atenção a ela. Se esse for o caso, não é surpreendente, pois *O Hobbit* é a única história infantil validada de Tolkien e é uma história focada em explicar longamente quem são os hobbits e por que o que eles podem realizar (em forma de façanhas de Bilbo Bolseiro) importa. Agora, os hobbits estão ligados ao legendário de Tolkien através de personagens como Gandalf e Elrond, mas é crucial lembrar que os hobbits só se tornam vitais uma vez que Tolkien tomou a decisão de ter o Um Anel como meio de unir uma parte da mitologia (*O Hobbit*, uma história infantil) com outra (*O Senhor dos Anéis*, um épico). E essa decisão veio depois que Tolkien publicou *O Hobbit* e teve *O Silmarillion* rejeitado pela George Allen & Unwin como sua sequência.

O Hobbit tem inúmeras referências ao tempo, mas essas são coloquiais e não especificamente relacionadas com a mitologia de Tolkien. Assim, é falado "há muito tempo"[28] e "há muito tempo na quietude do mundo"[29] e "há cem anos na última quinta-feira"[30] e "há séculos"[31]. Há mais de uma dúzia de referências ao tempo dessa maneira comum. Essas referências enfatizam cumulativamente o grau de existência de *O Hobbit* fora da cronologia desenvolvida e sofisticada que foi cristalizada no Apêndice B de *O Senhor dos Anéis*. Ele foi concebido apenas e sempre como uma história infantil. Essa é a sua origem (uma história oral contada aos seus três filhos). Não é uma obra na qual *O Silmarillion* e a lenda de Númenor são "sintetizados" (como afirmou o primeiro biógrafo de Tolkien, Daniel Grotta).[32] Longe disso.

Apêndice B de *O Senhor dos Anéis*

Em essência, o Apêndice B (com a menção com a qual este capítulo começou) foi a última chance de Tolkien explicar seu conceito de tempo.[33] Como mencionei antes, o apêndice começa com algumas afirmações simples sobre a Primeira, Segunda, Terceira e Quarta Eras. Como o apêndice aborda apenas a Segunda e Terceira Eras em detalhes (tem-se a sensação de que Tolkien, no início dos anos 1950, estava sentindo mais intensamente do que nunca a pressão feita por sua editora com relação ao tempo), a cronologia como delineada omite a Primeira e grande parte da Quarta Era. Entretanto, cada uma das duas eras que são abordadas em detalhes começam com um ou dois parágrafos a título de resumo, e cada resumo é fascinante pelo que revela das preocupações de Tolkien com o tempo. A Segunda Era mostra o quanto Tolkien eludiu a realidade do que tinha criado até 1955 e a publicação de *O Senhor dos Anéis*. O primeiro parágrafo sobre a Segunda Era diz:

> Estes foram os anos sombrios para os Homens da Terra-média, mas os anos da glória de Númenor. Dos eventos da Terra-média os registros são poucos e breves, e suas datas são frequentemente incertas.[34]

O que importa aqui é a sensibilidade de Tolkien ao público: seus leitores são humanos, portanto seria importante para eles saber qual seria o status dos humanos ("Homens da Terra-média") mais do que o dos semideuses Númenóreanos. O que importa também é como Tolkien alude à realidade da autoria com as limitações do mito. Sim, os registros da Segunda Era são poucos e isso pode ser atribuído à forma cataclísmica como terminou, mas são poucos também porque Tolkien escreveu muito pouco sobre essa era — em parte, eu acho, porque conceitualmente essa era sempre foi muito ligada à história da Atlântida. Então, assim como muitos escreveram sobre o Rei Artur (e, assim, esse mito só aparece em uma obra de Tolkien) tantos outros escreveram sobre a Atlântida. E, sim, não existe essa coisa de originalidade na criação, mas algumas histórias são mais banais do que outras. Assim, Tolkien compreensivelmente gastou suas energias em trabalhos que carregavam seu próprio selo (*O Silmarillion*, *O Hobbit*, *O Senhor dos Anéis*) em vez de algo derivado ("Akallabêth"). Nas melhores tradições de *Beowulf* (obra que Tolkien conhecia melhor que qualquer filólogo de sua época), os dois parágrafos restantes da nota de abertura da Segunda Era são um exercício de extensão de nomes: Thranduil, Gil-galad, Celeborn, Thingol, Galadriel, Finrod Felagund, Beren, Barahir, Durin, Celebrimbor, e o último (e maior) Fëanor. A essa lista é adicionada uma terceira estratégia da parte de Tolkien: usar uma oportunidade para enfatizar a camaradagem entre os povos (neste caso, Elfos e Anãos: os "Artífices-élficos de Eregion" e "o Povo de Durin").

A Terceira Era, talvez de acordo com a ênfase que recebeu no épico *O Senhor dos Anéis*, começa com uma nota de abertura de cinco parágrafos, em contraste com os três parágrafos dados sobre a Segunda Era. Mais uma vez, há a epopeia dos nomes: Sauron, Saruman, Gandalf, Gil-galad, Galadriel, Círdan e Elrond. E agora há uma série de novas estratégias. Uma delas é ressaltar que, enquanto o Um Anel é sempre e somente de Sauron, os três anéis de poder dos Elfos nem sempre pertencem aos mesmos indivíduos. Gil-galad, Círdan e Galadriel foram os donos originais, mas Gil-galad passou o dele para Elrond, e Círdan, para Gandalf. Assim, apenas Galadriel era a única detentora de seu anel desde sua criação, e, como *O Senhor dos Anéis* aponta, Galadriel passa no teste do poder falso ou maligno: quando ela poderia ter tirado o Um Anel de Frodo, ela resiste à tentação. Da mesma forma, seu próprio anel é sempre usado para proteger os seres vivos — especialmente as árvores de Lothlórien.

Outra estratégia de Tolkien é enfatizar o tempo que passa na Terra-média ("Quando haviam passado cerca de mil anos" começa o segundo parágrafo[35]. Outra é enfatizar a importância dos Elfos para Tolkien. Na verdade, eles eram ainda mais importantes para ele do que os hobbits. Os hobbits foram a causa direta de seu primeiro sucesso no mercado de massa como escritor. Os Elfos foram os prediletos no começo, pois eles eram anteriores até mesmo aos horrores do Somme e vieram à mente quando ele tinha trinta anos. Portanto, a nota de abertura não começa com uma afirmação de que a Terceira Era é a era dos Homens. Não. Tolkien começa com este comentário severo: "Estes foram os anos minguantes dos Eldar." Homens vêm à tona porque os Eldar se desvanecem e o sangue dos Númenóreanos é adulterado com o dos "Homens menores" e porque os Istari (ou Magos) foram despachados para a Terra-média para lidar com Sauron não na sua verdadeira forma, mas "na forma de Homens"[36].

As datas importantes no Apêndice B

Há umas quinze páginas de cronologia no apêndice[37], portanto só destacarei as datas que importam, pois revelam algo importante sobre a complexa criação da Terra-média por Tolkien. Antes de fazer isso, é importante ressaltar que a Terceira Era está subdividida (talvez por necessidade, pois foi a era em que Tolkien se concentrou em *O Senhor dos Anéis*). Uma cronologia indiferenciada no Apêndice B é seguida por seções dadas a "Os Grandes Anos" (3018 e 3019), "Os Principais Dias" (3019–3021) e "Eventos Posteriores que Dizem Respeito aos Membros da Sociedade do Anel" (Calendário do Condado 1422 a 1541)[38]. O que essa subdivisão nos diz é o quanto Tolkien fez julgamentos de valor em sua atitude em relação ao tempo ("Grandes" e "Principais") e o quanto seu foco passou de Elfos a hobbits (com o cálculo temporal virando no final para "Calendário do Condado" e longe dos mais magistrais e aceitos anais de anos). Para compreender a sofisticação do legendário de Tolkien, vale a pena também entender que ele usa um simples artifício de aproximação como uma maneira de se distanciar como autor de sua criação, ao mesmo tempo que aumenta a existência aparentemente separada e real do mundo que ele criou. No apêndice, ele usa *c.* (ou seja, *circa* ou "cerca de") sete vezes para indicar que uma determinada data é apenas aproximada. Assim, por exemplo, quando se refere à criação mais importante de toda a sua lenda, o Um Anel, ele só pode dizer que foi criado "*c.* 1600" da Segunda Era. Na verdade, ele é igualmente vago sobre quando os anéis do poder em geral foram criados. Em parte, por uma razão narrativa: eles foram criados em segredo. Em parte, pelo propósito de diminuir o poder de Tolkien como subcriador. Ele poderia ser tão específico quanto quisesse com toda e qualquer data. O fato de ele não ser sugere que os eventos têm uma realidade além de sua capacidade de controlá-los. É um artifício importante e sutil.

A Segunda Era

Ano 1	São fundados os Portos Cinzentos. Assim, a Segunda Era começa no lugar onde termina a história dos Portadores do Anel, pois é (no Calendário do Condado) em 1482 da Quarta Era que, diz a lenda, Sam (Mestre Samwise) foi para os Portos Cinzentos "e atravessou o Mar, o último dos Portadores-do-Anel".[39]
Ano 442	Elros morre. Como irmão mortal do imortal Elrond, a morte de Elros chama a atenção para a natureza permanente e consequente das escolhas que todos nós fazemos.
c. Ano 1000	Sauron inicia a construção de Barad-dûr. O local dessa fortaleza é realmente antigo no final do épico, e sua construção leva um tempo extraordinariamente longo, pois é só em "*c.* 1600" que a fortaleza é concluída.
Ano 1693	Os Três Anéis dos Elfos são "escondidos".
Ano 1697	Valfenda (Imladris) é fundada por Elrond. É, portanto, um lugar muito mais novo do que Barad-dûr. Será que Tolkien está argumentando alguma coisa sobre a natureza do mal e do bem aqui?
Anos 1700–1701	Sauron é "derrotado" e "expulso de Eriador". Por isso, é importante notar desde cedo que Sauron pode ser vencido. Ele é um tirano menor do que Morgoth/Melkor. No entanto, a paz que vem de sua derrota dura apenas cerca de cem anos. O mal não pode ser finalmente aniquilado.
Ano 2251	Os Nazgûl aparecem pela primeira vez. Assim, eles surgem em Barad-dûr nos planos de Sauron após 1.500 anos.

Ano 3262	Sauron é capturado pelos Númenóreanos, mas em 48 anos (até 3310) Sauron os corrompe. Pode até ser que Sauron leve seiscentos anos para construir uma fortaleza, mas corromper os Homens é um ato completamente mais rápido e fácil.
Ano 3319	A Queda de Númenor. Durou menos de três mil anos.
Ano 3430	A Última Aliança de Elfos e Homens.
Ano 3441	Sauron é derrotado, e Isildur pega o Um Anel. Tolkien mais uma vez aponta que o mal pode ser derrotado se seus inimigos se unirem. Ao mesmo tempo, o poder corrompe. Se Isildur tivesse destruído o Um Anel nas Fendas da Perdição quando teve a chance, quão diferente teria sido a Terceira Era? Também é notável que, uma vez que a guerra acontece, ela acontece rapidamente. A Primeira Guerra do Anel dura apenas onze anos — cerca do total da Primeira e Segunda Guerras Mundiais juntas.

A Terceira Era

Ano 2	Se a Segunda Era começou com uma explosão de criação (a fundação dos Portos Cinzentos), a Terceira Era também, pois é nesse ano que Isildur "planta um rebento da Árvore Branca em Minas Anor"[40]. Portanto, o bem é de certa forma uma veneração deliberada à continuidade e à tradição. Pode-se dizer muitas coisas duras sobre Isildur, em particular sobre sua tola possessividade em relação ao Um Anel, mas esse é um ato digno e amoroso para com a natureza. Como que para enfatizar sua pungência, é nesse mesmo ano que Isildur e seus três filhos são mortos por Orques. Isildur teve o Um Anel por menos de dois anos.
Ano 3	Os fragmentos de Narsil (a espada quebrada na batalha contra Sauron que concluiu a Segunda Era) são levados para Valfenda para proteção. Assim, quando Narsil é restaurada como Andúril (evento não mencionado no apêndice), esta já se encontrava quebrada há mais de três mil anos.
Ano 241	Nasce Arwen Vespestrela (Undómiel). Quando Aragorn morre, ela tem 2.896 anos. A longevidade dos Elfos é extraordinária, assim como seu desvanecimento é motivo de tristeza. Ao contrário, Aragorn vive apenas 210 anos, apesar de ser da raça Númenóriana.

Ano 1050	O mal volta para Verdemata. Agora ela é chamada de Trevamata. Então, levou apenas pouco mais de mil anos para Sauron retornar.
c. Ano 1300	Os Hobbits fazem sua migração para o Oeste. Por volta de 1601, eles receberam direitos à terra que ficou conhecida como o Condado. Assim, quando a Terceira Era chega ao fim, em 3021, eles já ocupam aquela terra há mais de 1.400 anos. Isso para eles é história antiga; não seria para os Elfos. O tempo, para Tolkien, é relativo.
Ano 1409	O Amon Sûl (Topo-do-Vento) é destruído pelo Rei-bruxo de Angmar. Assim, quando, em outubro de 3018, Gandalf é atacado lá, assim como Aragorn, Frodo, Merry e Pippin, a torre já estava arruinada há mais de 1.600 anos. O próprio Amon Sûl foi construído por volta de 3320 na Segunda Era, portanto, existiu em estado pleno ou arruinado por quase 3.200 anos. A reputação que *O Senhor dos Anéis* tem por ter uma longa visão histórica é conquistada.
Ano 1636	A Árvore Branca morre em Minas Anor. Quando Aragorn encontra uma muda da árvore em 3019, já se passaram quase 1.400 anos desde que ela morreu.
Ano 1980	Um balrog em Moria mata Durin VI. Então, quando Gandalf defende a sociedade contra outro (ou o mesmo?) balrog em Moria em 3019, eles já eram inimigos de Anãos, Homens, Elfos e Istari por mais de 1.200 anos. O mal dura muito tempo no mundo de Tolkien.
Ano 2050	O período dos Regentes de Gondor começa depois que o Rei Eärnur é morto pelo Rei-bruxo. Como o reinado dos regentes havia durado quase mil anos até o final da Terceira Era, a crença de Denethor de que ele é o legítimo governante da cidade de Minas Tirith e do reino de Gondor é compreensível, mas tragicamente equivocada.
Ano 2463	É formado o Conselho Branco. Era um concílio antigo quando foi dissolvido em 2953. Não se pode deixar de pensar nos Inklings e em quanto tempo esse grupo durou.
Ano 2470	Sméagol (Gollum) toma posse do Um Anel. Quando morre nas Fendas da Perdição em 3019, ele tem quase 550 anos. O poder do Anel de trazer longa vida ao seu dono é notável.
Ano 2747	Bandobras Tûk derrota um bando de Orques no Condado. Portanto, o conhecimento dos hobbits sobre as criaturas de Sauron é profundo, mesmo que eles se esqueçam desse fato.

Ano 2759	Saruman se instala em Orthanc. Quando é expulso por Gandalf e os Ents, ele já é seu inquilino há mais de 250 anos.
Ano 2933	Aragorn encontra Arwen Undómiel pela primeira vez em Valfenda. Quando se casam em 3019, já estão essencialmente comprometidos um com o outro há mais de oitenta anos. Tolkien é um romântico quando o assunto é amor.
Anos 2941–2942	Os eventos narrados em *O Hobbit* ocorrem nesses anos, portanto há um intervalo de cerca de oitenta anos entre o momento em que Bilbo encontra o Anel e sua destruição por Gollum. Mais uma vez, Tolkien condensa a história em nome de uma tensão dramática.
Ano 2951	Sauron começa a reconstruir o Barad-dûr. Seu retorno dura menos de setenta anos até sua derrota.
Ano 2956	Aragorn e Gandalf se encontram pela primeira vez (em Valfenda). Sua amizade tem mais de sessenta anos quando o Anel é destruído.
Ano 2980	Gollum encontra Laracna pela primeira vez, então eles se conhecem há quase quarenta anos quando Laracna quase conseguiu matar Frodo em Cirith Ungol.
Ano 2994	Balin é morto em Moria por Orques, de modo que, quando a sociedade chega ao seu túmulo, ele está morto há 25 anos.
Ano 3001	A festa de despedida de Bilbo e o início de *O Senhor dos Anéis*. Essa narrativa, então, reconta vinte anos de acontecimentos.
Ano 3008	Gandalf faz sua última visita a Frodo antes dos anos fatídicos da Guerra do Anel, então há um hiato de dez anos na narrativa, um hiato que Tolkien encandeia para beneficiar o ritmo narrativo.
Anos 3018–3021	Os anos que formam a ação principal de *O Senhor dos Anéis*. No apêndice, Tolkien os chama de "Os Grandes Anos". É difícil não ver isso como um eco consciente da Primeira Guerra Mundial sendo chamada de Grande Guerra.
Ano 3021	A Terceira Era termina com a partida pelo mar de Frodo e Bilbo e os "Três Guardiões" dos anéis élficos: Gandalf, Elrond e Galadriel. Como antes, uma era termina com a derrota do mal.

Entre o relato dos "Grandes Anos" e as duas últimas seções do apêndice, "Os Principais Dias" e "Eventos Posteriores", Tolkien insere quatro parágrafos de resumo que cobrem eventos não descritos diretamente em *O Senhor dos Anéis*. Os dois pontos mais interessantes a colher dessa seção são, primeiro, que Galadriel deixou a Terra-média, mas por um período de tempo, seu marido, Celeborn, ficou até se cansar de Lothlórien e foi para Valfenda para ficar com Elrond. Galadriel, porém, conseguiu uma coisa notável antes de partir para as Terras Imortais. Ela derrotou os remanescentes dos exércitos do Norte de Sauron e destruiu a fortaleza do Norte de Sauron, Dol Guldur. Ela o fez de uma forma que lembra a derrota de Morgoth no final da Primeira Era[41]. O segundo ponto digno de nota é que, mesmo depois de Sauron ser derrotado, os remanescentes de seus seguidores continuaram a lutar. Além do exército do Norte derrotado por Galadriel e outros, os Orientais sitiam a Montanha Solitária e matam o Rei Brand e o Rei Dáin Pé-de-Ferro. Em última análise, os Anãos e os Homens de Valle são vitoriosos, mas essa seção do resumo narrativo de Tolkien mostra que o arco histórico de *O Hobbit* é longo. Parece que ele tem a intenção de conectar a história de seus primeiros filhos com seu épico posterior como se quisesse provar de uma vez por todas que eles estão conectados — precisamente porque *não* estavam quando ele escreveu *O Hobbit*.

A Quarta Era

Tolkien oferece menos de duas páginas de datas-chave no início da história dessa era. Essas datas cobrem apenas 120 anos e estão no Calendário do Condado para enfatizar o quão vital foi a contribuição dos hobbits para a salvação do Oeste.

Essas datas enfocam a vida cívica posterior de Sam Gamgi. Ele se torna prefeito do Condado não menos que sete vezes em um período de cinquenta anos. Elas também apontam que Merry se torna prefeito de Terra dos Buques e Pippin Tûk se torna Thain do Condado. O Condado cresce em tamanho com a aquisição de Marco Ocidental, presente do rei. Porém, a sequência desses anos é triste também, pois ocorre a morte da amada esposa de Sam, Rosinha, em 1482. Nesse mesmo ano, Sam vai para os Portos Cinzentos e passa pelo mar. Em 1484, Merry e Pippin viajam para ver o Rei Éomer e nunca mais são vistos no Condado. Naquele ano, também, o próprio Éomer morre. A data final no apêndice é 1541 e vem depois de um intervalo de quase sessenta anos. Nesse ano, também há morte: Aragorn morre, e Gimli e seu grande amigo Legolas navegam pelo Anduin e passam pelo mar. Nesse momento, a história termina com a contagem de todos os membros da sociedade. É como se, no final, a contagem do tempo de Tolkien fosse menos sobre os amplos traços da história e muito mais sobre as formas pelas quais a amizade dura até o fim inevitável. Tolkien escreve a história a partir da perspectiva da fantasia, mas é, em última análise, um conto pessoal e comovente: *O Silmarillion*, *O Hobbit*, *O Senhor dos Anéis* e todas as muitas obras auxiliares que o filho de Tolkien, Christopher, tão fielmente trouxe à luz e editou.

GEOGRAFIA

A criação do mundo

Em "Ainulindalë" (história de Tolkien sobre a criação), Eru (também chamado Ilúvatar) cria Elfos e Homens, e depois um mundo no qual eles podem viver. Esse mundo é chamado Arda (palavra dos Elfos) e faz parte do universo mais amplo que Tolkien denomina "Eä, o Mundo que É"[42], e a parte em que suas criações vivem é chamada de Terra-média.[43] Os Ainur (ou anjos) são os responsáveis por dar forma às ideias de Ilúvatar. Muito notavelmente, Tolkien comenta que o mundo é aquele que "os Ainur ainda estão criando"[44]. Ou seja, os tipos de mudanças físicas no mundo que ocorrem no legendário de Tolkien ainda continuam no mundo em que nós (os leitores de Tolkien) vivemos. Essa criação de Arda ocorre muito antes do início da Primeira Era, e não é uma criação fácil por causa da interferência de Melkor (mais tarde chamado pelos Elfos de Morgoth). No entanto, Arda surge no final de "Ainulindalë", mesmo que não seja o mundo como os Ainur queriam que fosse. Pelo contrário,

Arda não reflete totalmente as intenções dos Valar.[45] É absolutamente fascinante (e bastante realista) que Tolkien tenha visto a criação como uma coisa confusa.

A Primeira Era

Durante a Primeira Era, aquela em que os Elfos, os homens e mais tarde os Valar também lutaram contra Melkor/Morgoth, Arda consiste em um mar circundante (chamado Ekkaia), uma terra onde habitavam os Valar (Aman) e o Grande Mar Interior (Belegaer) que separa Valinor da Terra-média (onde habitam os filhos de Ilúvatar e os Anãos). A Terra-média (também chamada de Endor) consiste em uma região Norte de frio extremo (Dor Daedeloth), uma seção intermediária (Palisor), as Terras de Cá e a Terra Negra no Sul. O noroeste da Terra-média foi chamado de Beleriand.[46] Na primeira batalha entre os Valar e Melkor, quando os Valar o derrotaram em sua fortaleza de Utumno, o mundo é remarcado — como Tolkien descreve em alguns detalhes e com considerável especificidade. O Grande Mar que separa a Terra-média de Aman (onde os Valar habitam) se aprofunda e se amplia. O mar também cria muitas baías novas, em particular a Baía de Balar. E o campo no Norte torna-se "desolado"[47]. Então, na batalha final da Primeira Era (chamada de Grande Batalha ou Guerra da Ira), o conflito entre os Valar e Morgoth foi tão colossal que o mundo foi novamente refeito como resultado de imensa destruição, um processo que cria novos rios e destrói os antigos — entre eles o Sirion[48].

A Segunda Era

Além da remodelação da Terra-média como consequência da Guerra da Ira, os Valar também remodelaram o mundo, criando uma ilha para os Edain (homens do povo de Haleth e das casas de Bëor e Hador) que lutaram com os Valar contra Morgoth. Eles criaram uma ilha (Andor ou Númenor) separada da Terra-média e de Valinor. Por quase toda a Segunda Era, grande parte da Terra-média era marcadamente diferente da Terra-média com a qual o leitor da obra de Tolkien está familiarizado com *O Senhor dos Anéis* e, em menor grau, com *O Hobbit*. No entanto, no final do desastre da Segunda Era, os Númenoreanos, como resultado de seu orgulho, são atingidos. Númenorë afunda abaixo das ondas, e as costas da Terra-média são assoladas. No final de "Akallabêth" e ao descrever o voo de Elendil, Isildur e Anárion da fúria dos Valar, Tolkien fala de como algumas ilhas desaparecem e novas se formaram, morros foram nivelados e rios tomaram uma nova direção[49]. Além disso, o mundo que era plano foi arredondado, e a capacidade dos homens de navegar por Valinor foi perdida.

E, assim, surgiu o mapa do mundo na Terceira Era.

A Terceira Era

Muito menos precisa ser dito da geografia dessa época, pois há mapas bem conhecidos em *O Hobbit* e *O Senhor dos Anéis*. Vale ressaltar, no entanto, duas coisas. Primeiro, a geografia da Terra-média em *O Hobbit* e O Senhor dos *Anéis* não está totalmente de acordo. Isso não surpreende, pois a primeira foi uma história infantil escrita sem nenhuma ideia da criação da segunda. Segundo, no final da Terceira Era (que ocorre quando Bilbo, Frodo, Gandalf, Elrond e Galadriel deixam a Terra-média), não há uma remontagem do mundo como havia no final da Primeira e Segunda Eras. Contudo, Tolkien deixa em aberto a possibilidade real de que tal remodelação possa ocorrer no futuro, pois os Valar "observam o desenrolar da história do mundo"[50].

CAPÍTULO 5
TOLKIEN E OS POVOS

O foco deste capítulo está nos povos ou, melhor, nas espécies com as quais Tolkien preencheu seu mundo criado da Terra-média. Pode-se comparar, no que diz respeito aos mitos da criação, o legendário de Tolkien com o *Paraíso Perdido* de Milton. A história de Tolkien é muito mais complexa, pois Milton falava apenas de Deus, anjos e humanos. Tolkien fala de Valar, Elfos, Homens, Anãos, Orques e, os mais famosos, Hobbits. Essas são apenas as categorias principais, pois cada categoria é ainda subdividida histórica, geográfica, linguística ou politicamente em grupos diferentes. Há também seres únicos a serem considerados, como Tom Bombadil e Beorn, assim como pessoas e criaturas que desempenham papéis cruciais no legendário. Assim, há Magos, Ents, Águias e Aranhas. Não é minha intenção ser exaustivo; pretendo fornecer informações suficientes para fazer do envolvimento com o mundo de Tolkien uma experiência tão rica quanto possível para o entusiasta. É também verdade que a tarefa de Tolkien foi dificultada por um desafio que ele propôs a si mesmo. Quando fala de Elfos, ele está determinado a reinventar o conceito de Fadas. De uma maneira polêmica, ele desejava reverter a visão das fadas do século XIX como criaturas aladas frágeis. Na visão de Tolkien, escritores de fantasia como George MacDonald e escritores de mistério como Sir Arthur Conan Doyle tinham muito a explicar por terem popularizado essa visão equivocada das fadas, e ele estava determinado a deixar o registro em ordem.

O que vou oferecer neste capítulo é uma visão sintética e geral da representação dos povos de Tolkien. Vou me concentrar nas obras principais (*O Silmarillion, O Hobbit, O Senhor dos Anéis*), mas o meu retrato será enriquecido pela minha compreensão de outros menos conhecidos trabalhos de Tolkien.[1] Minha discussão começa com a representação de Tolkien sobre os Elfos, pois eles são os "primogênitos" de Ilúvatar e, sem dúvida, o povo de quem Tolkien mais gostava e sobre quem mais escrevia. Em seguida, passará aos Homens (os "Seguidores" ou "Os Que Vieram Depois"), Anãos (que foram criados não por Ilúvatar, mas por Aulë), Hobbits (amados por Tolkien, mas retardatários problemáticos para o legendário) e Orques. Passará então para grupos de povos dignos de estudo, pois são importantes para o desenvolvimento da narrativa do legendário: Valar, Maiar, Magos e Nazgûl. Concluirá com o curioso caso dos seres únicos no legendário: Beorn e Tom Bombadil.

Elfos

Os Elfos aparecem pela primeira vez em *O Silmarillion*: em quatro páginas do início da história da criação, "Ainulindalë".[2] Tolkien fala dos Filhos de Ilúvatar (Elfos e Homens) e faz alguns comentários cruciais sobre eles. Primeiro, os Elfos (e Homens) foram criações de Ilúvatar sozinho. Ou seja, os Ainur não tiveram nenhum papel na sua criação. Segundo, os Elfos (e Homens) fizeram parte do terceiro tema musical de Ilúvatar; eles não faziam parte de sua música original. Eles foram, então, uma ideia tardia do criador. Terceiro, os Elfos (e Homens) são particularmente amados pelos Ainur porque são totalmente diferentes deles e possuem estranheza e liberdade. Quarto, os Elfos (e Homens) são um reflexo da sabedoria de Ilúvatar e, portanto, mostram uma parte da mente de Ilúvatar que de outra forma seria desconhecida para os Ainur[3].

No final de "Ainulindalë", a imagem do que os Elfos são se tornou mais complicada, pois Tolkien se refere a "Eldalië" e "Eldar" como (aparentemente) tipos particulares de Elfos. No entanto, um leitor — mesmo um razoavelmente bem versado no legendário como resultado da leitura de *O Hobbit* e *O Senhor dos Anéis* — pode não se lembrar a que essas classificações se referem na taxonomia dos Elfos. Afinal, *O Hobbit* menciona Elfos de um tipo particular quando Elrond fala de "Altos Elfos do Oeste"[4]. *O Senhor dos Anéis* primeiro menciona os Elfos como "Fadas"[5] e posteriormente fala de hierarquia social ("Senhores-élficos"[6] e "Altos Elfos"[7]) e, talvez o mais intrigante, dos Elfos como "Exilados"[8]. Mesmo os Apêndices de *O Senhor dos Anéis* oferecem apenas uma pequena ajuda, pois, lá, Tolkien está mais interessado em línguas, Hobbits, Homens e Anãos. Especialmente os Hobbits.

A melhor maneira de entender a visão de Tolkien sobre os Elfos é olhar para eles histórica, linguística e geograficamente, ao mesmo tempo que se percebe que Tolkien usou muitas classificações para divisões e subdivisões entre eles. Ou seja, às vezes ele poderia estar se referindo ao mesmo grupo de Elfos e ainda assim usar uma terminologia diferente. Quando os Elfos foram criados por Ilúvatar, eles eram um só povo.[9] A primeira grande divisão entre eles (referida como a "primeira divisão") ocorreu quando os Valar ficaram com medo pela segurança dos Elfos e, desejando ter a companhia deles, instruíram-nos a deixar Cuiviénen na Terra-média e viajar para Aman, especificamente para Valinor[10]. Nas proximidades, os Valar criaram para os Elfos um lugar chamado Eldamar (ou Casadelfos). Aqueles que obedeceram à instrução são conhecidos como Eldar ou Edalië (que foi o nome que o vala Oromë lhes deu pela primeira vez e que significa "Povo das Estrelas"). Aqueles que não obedeceram são conhecidos como os Avari (que significa "os Indesejosos"). Tolkien deixa claro que os Eldar são superiores aos Avari porque viram Aman. Na verdade, eles são superiores aos Avari da mesma forma que estes são superiores aos Homens. Há muita diferença entre eles[11].

Os Eldar foram ainda subdivididos em três grupos: os Vanyar (também conhecidos como os "Belos Elfos") liderados por Ingwë; os Noldor ou Noldoli (também conhecidos como os "Elfos Profundos") liderados por Finwë e conhecidos pela coragem e sabedoria; e os Teleri (também conhecidos como os "Elfos-do-mar" ou Falmari) liderados por Elwë Singollo e seu irmão, Olwë. Coletivamente, esses três grupos são chamados de Calaquendi ("Elfos da Luz") porque viram a luz das Duas Árvores que iluminam Aman. Depois há aqueles (em grande parte formada por Teleri) que nunca chegaram a Valinor, apesar de terem tentado. Esse grupo é chamado pelos Calaquendi de Úmanyar (ou "Aqueles que não são de Aman"), e os Úmanyar e os Avari coletivamente são conhecidos, novamente pelos Calaquendi, como os Moriquendi ("Elfos da Escuridão").

Finalmente, há mais quatro grupos de Elfos que precisam ser mencionados. O primeiro é um grupo que caiu no esquecimento porque desistiu da viagem por medo[12]. O segundo é um grande grupo de Teleri, liderado por Lenwë, que decide descer o rio Anduin, o Grande, em direção ao Sul. Eles eram conhecidos como os Nandor ("Aqueles que voltam atrás") ou Elfos das Florestas e tornaram-se profundamente conhecedores de todos os seres vivos. Alguns deles eventualmente voltaram e se estabeleceram em Ossiriand e ficaram conhecidos como os Laiquendi ou Elfos-verdes. O terceiro é um grupo de Teleri liderado por Elwë Singollo, que se apaixona e se casa com uma Maia, Melian. Eles se estabelecem em Beleriand, e seu povo se torna conhecido como os Sindar (os "Elfos-cinzentos") também conhecidos como Elfos do Crepúsculo. O último é um grupo de Teleri, liderado por Círdan, o Armador, que é persuadido pela Vala Ossë a se estabelecer na costa Oeste de Beleriand, em uma área chamada Falas, ficando conhecido como Falathrim.

A segunda grande divisão entre os Elfos ocorre especificamente entre um grupo de Eldar: os Noldor. Fëanor cria as três Silmarils, indescritivelmente lindas. Melkor, agora chamado Morgoth pelos Eldar ("O Inimigo Sombrio"), rouba-os e foge de Aman para a Terra-média. Fëanor e seus sete filhos fazem um terrível juramento de perseguir até o fim dos tempos qualquer criatura que roube uma Silmaril[13]. Esse juramento faz com que noventa por cento dos Noldor (entre eles Galadriel) deixem Casadelfos em Aman e façam a perigosa viagem de volta à Terra-média.

No entanto, mesmo esse grupo dos Noldor é dilacerado por conflitos internos. Fëanor e aqueles que lhe são leais lutam contra os Teleri por seus navios e matam muitos deles em um ato chamado "Fratricídio". Fëanor então leva os navios, chega à Terra-média e os queima para que os Noldor restantes (novamente incluindo Galadriel) tenham que fazer a viagem terrivelmente difícil à Terra-média através do "Norte mais difícil" e os "terrores do Helcaraxë e as colinas cruéis de gelo"[14]. Assim, em essência, existem três grupos principais de Elfos até o final da Primeira Era: aqueles que nunca viajaram para Aman; aqueles que viajaram para lá e ficaram; e aqueles que viajaram para lá apenas para retornar à Terra-média, em parte por causa do juramento de Fëanor e em parte porque sentiam saudades da Terra-média. O último grupo se tornou o exilado. Na época de *O Senhor dos Anéis*, será lembrado, temos dois Elfos importantes na narrativa: Legolas, que é ao mesmo tempo um sindar e um elfo da Floresta, e Galadriel, que é uma noldo (uma daqueles que Mandos chama de "Os Despossuídos". Todas essas classificações e nomes podem ser desconcertantes, mas lembrar as classificações em si não é o mais importante, mas o que elas representam: o fascínio de Tolkien pelo desenvolvimento antropológico. Sua percepção é que, com o tempo, um povo vai se dividir de forma previsível: geograficamente, historicamente, politicamente. Sua percepção também é acadêmica: a taxonomia é sempre uma estratégia útil para explicar um tema.

Outra forma de olhar para os vários grupos de Elfos é querida a Tolkien: a linguística. Como era filólogo, Tolkien construiu sua mitologia em grande parte para permitir-lhe criar línguas convincentes e detalhadas. Foi no élfico, no entanto, que ele passou a grande maioria do seu tempo e gastou considerável energia. Se pensarmos em como o inglês europeu e o norte-americano se tornaram diferentes e por quê, ou em como o francês e o franco-canadense se tornaram diferentes e por quê, então podemos ver a exatidão da descrição de Tolkien sobre a variação linguística entre os Elfos. Tolkien desenvolveu duas línguas élficas principais: quenya e sindarin. Quenya é a língua dos Elfos que viajaram para Casadelfos: os Vanyar e os Noldor e alguns dos Teleri. O sindarin é a língua daqueles Elfos, os Avari, que ficaram na Terra-média e, portanto, nunca viram a luz das Duas Árvores. Dentro dessas duas amplas categorias há vários dialetos, por isso pode-se falar, por exemplo, de noldorin quenya (que tem o mesmo status elevado do latim) e nandorin (a língua dos Elfos que permaneceram na Terra-média e especificamente viajaram para o Sul).

Muito também pode ser escrito sobre as características físicas e costumes dos Elfos, mas esse tópico está fora dos limites deste livro, já que a maior parte desse assunto pode ser colhida por qualquer pessoa preparada para ler *O Hobbit* e *O Senhor dos Anéis* minuciosamente.[15] É importante notar, entretanto, que os Elfos são diferentes em um aspecto vital dos Homens, Anãos e Orques: eles são imortais. Eles só podem morrer de feridas em batalha ou de tristeza. Podem literalmente desvanecer-se na dor. *O Silmarillion* enfatiza essa diferença ao deixar o próprio Ilúvatar (em forma de discurso relatado) esboçar a distinção[16].

Homens

Antes de me lançar no mesmo tipo de categorização que acabo de fazer com os Elfos, devo começar pela mortalidade dos Homens, pois é a maior distinção entre Homens e Elfos. Na mesma seção de *O Silmarillion* em que Ilúvatar fala da imortalidade dos Elfos como uma tristeza, Tolkien contrasta essa qualidade com a brevidade da vida humana e considera essa brevidade como uma espécie de liberdade na "virtude de moldar sua vida, em meio aos poderes e acasos do mundo"[17]. Para Tolkien, o fato de os humanos morrerem é um "dom" que até os Ainur invejam, e ele conclui argumentando que a razão pela qual vemos a morte como algo a ser temido e não como um dom é por causa de Melkor, que fez dela algo sombrio e maligno — algo a temer[18]. Na verdade, a morte é um dom, uma luz, um bem e uma esperança. Na verdade, é o tipo de *Eucatástrofe* ou "Consolação do Final Feliz"[19] de que Tolkien fala em seu ensaio "Sobre Estórias de Fadas".[20]

Os Homens não são contemporâneos dos Elfos. Estes datam de antes de a Primeira Era começar, mas os Homens surgem apenas quando ela começa com o nascer do sol. Curiosamente, esse é o primeiro detalhe que o capítulo intitulado "Dos Homens" menciona[21]. É também interessante o pouco espaço que Tolkien dá aos homens nesse ponto da narrativa (uma página e meia) em comparação com o espaço dedicado à primeira aparição dos Elfos: oito páginas[22]. Os Homens nascem fora da Terra-média, mas viajam para o Oeste porque foi lá que o sol surgiu pela primeira vez[23]. Eles são chamados de Atani pelos Eldar (que significa "Os Que Vieram Depois"), de os Hildor (Os Seguidores), de os Apanónar (Os Nascidos-depois) e de os Filhos do Sol, assim como de muitas outras formas menos lisonjeiras: os Enfermiços, os Mortais; os Usurpadores, os Forasteiros, os Inescrutáveis, os Que se Amaldiçoaram, os de Mãos-pesadas, os Tementes-à-noite[24]. Apenas um grupo de Homens desempenha um papel importante na história inicial da Terra-média, os Atanatári ou Edain, e só o fazem por causa de um acidente geográfico, eles "vagaram pelo Norte do mundo" naquela época[25]. No entanto, e talvez o mais notável, Tolkien termina o pequeno capítulo "Dos Homens" apontando que a derrota de Morgoth foi resultado de Elfos e Homens, pois Beren era um Homem que se apaixonou por um Elfo (Lúthien) e arrancou uma das Silmarils de Morgoth, e Eärendil era um Meio-Elfo (o filho de um Homem [Tuor] e uma elfa [Idril]). Foi ele quem persuadiu os Valar a se unir aos Elfos e Homens para derrotar Morgoth para sempre, e os filhos de Eärendil e Idril foram Elros (primeiro rei de Númenor) e Elrond, um dos seres mais sábios da Terra-média.

Os Edain (que não desempenham um papel na narrativa da Primeira Era por mais de trezentos anos após o retorno dos Noldor à Terra-média de Casadelfos) estão divididos em três casas da mesma forma que os Elfos formaram três clãs: a casa de Bëor (aquele que foi primeiro chamado Balan); a casa de Hador Cabeça-dourada (liderada por Marach); e a casa de Haleth a Senhora (liderada por Haldad). O povo de Bëor se estabelece em Estolad ("O Acampamento") em Beleriand; o grupo liderado por Haldad se estabelece na floresta de Brethil, perto do reino élfico de Doriath; e o grupo liderado por Marach se estabelece a sudeste de Estolad. As três casas desempenham um papel importante na história da Terra-média e se tornam amigas dos Elfos, embora sejam os homens da casa de Hador que brilham mais que os outros pela sua força e poder[26]. Todas as três casas do Edain falam uma língua que é uma versão do sindarin derivada do seu contato com os Elfos Escuros (aqueles que nunca tinham viajado para Valinor). No entanto, como eles agora entram em contato com os Eldar, a língua dos Eldar (quenya) também os influencia. Tolkien deixa claro, também, que existem outros grupos de homens que não encontram os Eldar. Os Eldain, no entanto, se beneficiam muito desse contato, não menos na medida em que sua expectativa de vida aumenta para além do que é proporcionado aos outros homens. Tolkien deixa igualmente claro que os Lestenses, uma raça de homens morenos que vieram do Leste para Beleriand na Primeira Era, não são de confiança. Um chefe em particular, Uldor, era chamado de "O Maldito". Pelo contrário, eles traem os Edain e os Elfos mais de uma vez e ficam secretamente em aliança com Morgoth, que os recompensa com terras. Tolkien também olha desfavoravelmente para os Sulistas (ou homens negros) no legendário, pois eles se unem a Sauron na Segunda e Terceira Eras. Em aparência, eles têm pele bronzeada e cabelos pretos.

No final da Primeira Era, os Edain que sobreviveram às batalhas anteriores com Morgoth se unem aos Valar e aos Elfos para derrotar Morgoth para sempre na Grande Batalha ou Guerra da Ira. Eles são o único grupo de humanos a fazê-lo; todo o resto alia-se a Morgoth. Por sua lealdade e coragem, os Valar oferecem aos Edain muitos dons: sabedoria, poder, uma longa vida e sua própria ilha próxima a Valinor, na qual passam a viver. Essa ilha é chamada Númenor ou Andor ("a Terra da Dádiva" em valarin)[27]. Tendo recebido um paraíso dos Valar, ao longo da Segunda Era, os Edain acabam pendendo ao orgulho, arrogância e tolice, pois escutam as palavras encantadoras de Sauron, e perdem as terras, em um evento chamado de "A Queda de Númenor" ("Akallabêth"[28]).[29] Poucos dos Númenóreanos (ou Dúnedain) escapam: apenas nove navios (quatro comandados por Elendil; três por Isildur, seu filho mais velho; e dois por Anárion, seu filho mais novo). Na Terra-média, eles encontraram reinos, e Aragorn reivindica descendência dessa linha real. Entretanto, essa é a história de *O Senhor dos Anéis* e bem conhecida de muitos leitores. Em vez de traçar a história dos Homens nessa direção, vou olhar brevemente apenas para uma cultura dos Homens, porque

Tolkien a apreciava e porque mostra como ele desenvolveu sua narrativa em uma representação tão convincente de todo um mundo fictício.

Os Rohirrim

A apresentação de Tolkien da cultura dos Rohirrim (também conhecidos como os Homens de Éothéod, ou os cavaleiros da Marca, ou os Filhos de Eorl) ocupa uma parte central da narrativa de *O Senhor dos Anéis*. A cultura também é mencionada em "Dos Anéis do Poder e da Terceira Era"[30] e é discutida em alguma extensão no Apêndice A de *O Senhor dos Anéis* ("A Casa de Eorl"[31]) assim como em *Os Povos da Terra-média* ("A Casa de Eorl"[32]).[33] Os Rohirrim viviam originalmente em terras além da Trevamata e eram parentes dos reis de Rhovanion. Dessa relação, eles reivindicavam parentesco com os reis de Gondor. Antes da Terceira Era, se mudaram para os Vales do Anduin entre Carrocha e os Campos de Lis, e então continuaram subindo para o Norte, chegando perto da nascente do Anduin, na área mais setenrional das Montanhas Nevoentas e ao topo de Trevamata. Essa terra ficou conhecida como Rohan (que significa "Marca dos Cavaleiros"), e eles se mudaram para lá porque os reis de Gondor cederam-lhes terras para proteger o flanco gondoriano. A história do reino é dividida por Tolkien em três linhas hereditárias: a primeira vai de Eorl, o Jovem, a Helm Mão-de-Martelo (2485–759); a segunda vai de Fréaláf Hildeson a Théoden (2726–3019); e a terceira começa com Éomer Éadig (2991–FA 63). Os Rohirrim eram conhecidos por sua equitação e por sua lealdade a Gondor na guerra contra Sauron e Saruman. Ao criar essa cultura, Tolkien estava intencionalmente prestando homenagem à histórica cultura anglo-saxônica. Como os anglo-saxões, os Rohirrim tinham pele clara e cabelos loiros. Os Rohirrim também usavam armaduras e empregaram táticas de batalha semelhantes às dos anglo-saxões. Finalmente, nomes entre os Rohirrim ecoam nomes anglo-saxões. Também é interessante ver como poucas mudanças sofreram à medida que o legendário se desenvolveu. É como se Tolkien soubesse quase desde o início de seu trabalho sobre *O Senhor dos Anéis* como essa cultura deveria ser. Em parte, isso pode se dar simplesmente porque o próprio Tolkien foi, durante a maior parte de sua carreira acadêmica, um professor de anglo-saxão.

Anãos

Comumente conhecidos como o Povo de Durin depois de seu primeiro líder registrado, Durin o Imortal (na Primeira Era), os Anãos são notáveis por duas características.[34] Primeiro, eles não estavam entre os Filhos de Ilúvatar, foram a criação do vala Aulë, que se impacientou por não ter alunos a quem pudesse ensinar seu ofício com pedras. Se Ilúvatar não tivesse instruído Aulë para que os Anãos dormissem até que os Elfos despertassem, eles teriam sido os primeiros seres a viver em Arda. Em segundo lugar, um dos anãos, Gimli, foi o único anão a navegar para as Terras Imortais (privilégio antes concedido apenas aos Elfos e aos Portadores-do-Anel). A lenda conta que ele desejava ver novamente a beleza de Galadriel, e que Galadriel persuadiu os Valar a permitir isso.[35] Os Anãos tinham um caráter parecido com a pedra que eles extraíam: "Portanto, são duros como pedra, teimosos, de amizade e inimizade estreitas, e sofrem trabalhos e fome e ferida de corpo com mais firmeza do que todos os outros povos que falam; e vivem muito tempo, bem além do tempo dos Homens, mas não para sempre"[36]. Além de serem magníficos mineiros, os Anãos eram incomparáveis em seu trabalho com o metal e, especialmente, com a cota de malha, e, nesse aspecto, ainda melhor do que os Elfos Sindarin. Eles ajudaram muito na construção de duas cidades élficas: Menegroth e Nargothrond. Valorizaram três joias acima de todas as outras: a Pedra Arken (muito importante para a narrativa de *O Hobbit*); uma pérola que chamaram de Nimphelos; e um colar de ouro que chamaram de Nauglamír. Eles admiravam a Prata dos Anãos acima de todos os outros metais. Na Primeira Era, os Anãos ajudaram os Elfos em suas batalhas contra Morgoth, mas apenas um anão (um Anão-Miúdo) chamado Mîm desempenha um papel crucial nas histórias daquela época, quando entrega Túrin aos Orques. Na Segunda Era, os Anãos participaram da Última Aliança contra Sauron e a batalha na qual o Um Anel é cortado do dedo de Sauron por Isildur. Na Terceira

Era, os Anãos alcançam destaque narrativo, é claro, através daqueles que participam da aventura em *O Hobbit* e de Gimli e sua amizade com Legolas em *O Senhor dos Anéis*.

Tolkien diz pouco sobre as Anãs, exceto este parágrafo provocador em "A Quenta Silmarillion Tardia"[37]:

> Pois os Naugrim [Anãos] têm barba desde o início de suas vidas, tanto masculinos quanto femininos; nem mesmo os de outra raça podem ser discernidos pelos de outra raça, seja em característica, seja em marcha ou em voz, nem de maneira alguma salvar isto: que não vão para a guerra, e raramente salvam no mais sujo problema de necessidade de suas profundezas e salões. Diz-se, também, que suas mulheres são poucas, e que salvo seus reis e chefes poucos Anãos se casam; por isso sua raça se multiplicou lentamente, e agora está diminuindo.[38]

Hobbits

Talvez eu precise dizer pouco sobre essas criaturas, que eram tão adoradas por Tolkien e criadas por ele mesmo. Elas são centrais para *O Hobbit* e *O Senhor dos Anéis* e bem conhecidas de todos os leitores do legendário de Tolkien. O que vou focalizar em uma breve discussão são as partes da sua história que não são óbvias do arco principal da narrativa da Terra-média. Primeiro, há a estranheza de terem chegado atrasados ao legendário de Tolkien, e dos ajustes que tiveram que ser feitos. Em essência, uma vez que ele os tinha criado, precisava dar-lhes uma história convincente sem precisar reescrever partes importantes do legendário. Ele lhes dá alguma estrutura tribal, em que os Hobbits eram desde o início uma raça composta de três subgrupos distintos: os Pés-Peludos, os Grados e os Cascalvas. Ele parece ter escolhido dar menos informações em vez de mais sobre sua história inicial e mais em vez de menos de sua história quando chegaram ao Condado. É claro, porém, que eles se estabeleceram originalmente perto do rio Anduin, entre a Trevamata e as Montanhas Nevoentas. Na Terceira Era, eles se mudaram como povo para assentamentos perto de Bri e na Terra Parda. Depois, mudaram-se para o que ficou conhecido como o Condado. Finalmente, como se para compensar a brevidade da história, Tolkien passa muito tempo na cultura hobbit na parte da Terceira Era coberta pelo *Senhor dos Anéis*. Os Apêndices C e D (Árvores Genealógicas e Calendários) são dedicados exclusivamente aos hobbits e fornecem uma grande quantidade de informações, mas que não interferem deliberadamente na coerência lógica da história mais ampla.[39]

Orques

Uma leitura casual de *O Hobbit* e *O Senhor dos Anéis* diria a um leitor duas coisas: primeiro, que os Gobelins de *O Hobbit* são os Orques de *O Senhor dos Anéis*; segundo, que, em *O Senhor dos Anéis*, existem duas raças básicas de Orques, uma concebida por Sauron, que é relativamente pequena e odeia a visão do sol, e outra idealizada por Saruman, a raça de superorques chamada Uruk-hai, que é maior, mais sanguinária e não teme o sol. O que é menos óbvio é exatamente quais são suas origens e quanta dificuldade Tolkien teve para decidir sobre o assunto. *O Silmarillion* (editado por Christopher Tolkien) oferece uma resposta clara às origens.[40] Orques foram criados, segundo uma linha de pensamento dos Elfos, por Melkor a partir de elfos que ele prendeu cruelmente, escravizou e corrompeu em sua primeira fortaleza, Utumno[41]. Outra linha de pensamento é oferecida alguns capítulos depois: os Elfos sindarin pensavam que os Orques eram "Avari [aqueles Elfos que ficaram na Terra-média] que tinham se tornado maus e selvagens nas matas; no que chegavam perto demais da verdade, diz-se"[42]. Essas duas ideias podem ser vistas como sendo possíveis, mas é fascinante que Tolkien insinue que nenhuma delas é necessariamente verdadeira: "no que chegavam perto demais da verdade". Parte dessa hesitação pode ser devida ao fato de que Tolkien realmente considerava os Orques como sendo compostos por mais de duas raças: as duas que já mencionei e as "raças menores" que foram referidas por aqueles deliberadamente criados por Sauron e Saruman como *snaga* ou "escravos"[43]. Talvez não seja surpreendente que Tolkien fosse tão ambivalente sobre como os

Orques surgiram, pois, como homem de fé, os Orques lhe apresentaram um dilema narrativo: como podem ser maus em um mundo que foi criado por um ser benéfico, Ilúvatar. A ambivalência de Tolkien, no entanto, não o impediu de examinar a questão das origens em vários lugares. Um é bastante conhecido (Apêndice F de *O Senhor dos Anéis*: "Orques e a Língua Negra"[44]); o resto é bastante obscuro: *Os Anais de Aman*[45]; "Notas Sobre Motivos em O Silmarillion"[46]; e três breves ensaios separados sobre "Orques" em "Mitos Transformados"[47]. O primeiro data de 1955; as notas sobre motivos em *O Silmarillion* de 1937 com revisões em 1958; os breves ensaios sobre Orques aparentemente de 1959 a 1960. O que temos então é a conhecida versão das coisas de 1955 e, nos anos seguintes, algumas reconsiderações.

O Apêndice F diz categoricamente: "Os Orques foram gerados primeiro pelo Poder Sombrio do Norte [Morgoth] nos Dias Antigos"[48]. Muito simples e admiravelmente projetado para um público de massa. *Os Anais de Aman* (onde Orque é soletrado como *ork* e Orques, *orkor*) dá uma versão mais longa do que está em *O Silmarillion*. Acrescenta na Seção 2, por exemplo, que "os Orkor ganharam vida e se multiplicaram à maneira dos Filhos de Ilúvatar" e, como ninguém além de Ilúvatar pode conceder vida, então Melkor deve ter corrompido seres já vivos: Elfos[49]. *Os Anais de Aman* também fazem duas fortes afirmações: uma é psicológica; outra é um juízo de valor. A primeira é sobre a psique dos Orques: "E no fundo de seus corações sombrios, os Orkor odiavam o Mestre [Melkor] a quem serviam com medo, o único criador de sua miséria"[50]. A segunda é sobre a relação entre Melkor e Eru/Ilúvatar: "Esta [a corrupção dos orques] talvez tenha sido a mais vil ação de Melkor e a mais odiosa para Eru"[51]. Nos mesmos *Anais*, Tolkien parece ter reconsiderado essa explicação, pois, na Seção 5 da obra, ele declara "Estas criaturas, Morgoth criou com inveja e zombaria dos Eldar"[52]. No final dos anos 1950, Tolkien parece ter mudado de ideia novamente: "A progenitura das coisas foi corrompida. Daí *Orques*? Parte da ideia de que o Homem-Elfo deu errado"[53]. Dentro de um ano, Tolkien oferece outra ideia: "Portanto, continua sendo terrivelmente possível que houvesse uma linhagem de Elfos nos Orques. Estes podem até ter sido acasalados com bestas (estéreis!) — e mais tarde, Homens"[54]. Talvez seja mais justo dizer que Tolkien nunca se decidiu, então ele estava absolutamente certo ao dizer que "A origem dos Orques é um assunto de debate"[55] assim como ele é bastante honesto quando diz: "Sua natureza e origem [dos Orques] requerem mais reflexão. Eles não são fáceis de trabalhar na teoria e no sistema"[56].

Neste ponto, o capítulo já tratou de todos os grandes povos da Terra-média. Passarei agora a vários grupos de pessoas e espíritos do legendário de Tolkien, sobre os quais Tolkien gastou muita energia e esforço: os Valar e os Maiar; os Magos (ou Istari); e os Nazgûl. Sempre que ensino as obras de Tolkien, esses grupos recebem muitas perguntas.

Valar e Maiar

Esses dois grupos estão sempre juntos no mito da criação de Tolkien. A principal obra em que eles aparecem é "Valaquenta: Relato Sobre os Valar e os Maiar de acordo com a sabedoria dos Eldar"[57]. Antes, no entanto, aparecem em: "A Chegada dos Valar e a Fundação de Valinor"[58]; "Dos Valar"[59]; e "A Valaquenta"[60]. É, no entanto, com o relato de *O Silmarillion* que me preocuparei para beneficiar a clareza. Segundo Tolkien, os Valar consistem daqueles Ainur (essencialmente anjos) que estavam suficientemente interessados na criação de Ilúvatar para querer participar de sua encarnação neste mundo[61]. Na verdade, porém, os Valar são um subconjunto de um subconjunto, pois somente aqueles que são considerados "Os Grandes" entre os Ainur que se envolveram na criação de Arda (a Terra) são na verdade Valar. Existem sete Valar (deuses masculinos) e sete Valier (deusas femininas). Os sete Valar são (em ordem de importância): Manwë, Ulmo, Aulë, Oromë, Mandos, Lórien e Tulkas. As sete Valier são: Varda, Yavanna, Nienna, Estë, Vairë, Vána e Nessa. Melkor já foi um dos Valar, mas não é mais porque se tornou indubitavelmente maligno[62]. Ele foi substituído entre os Valar por Tulkas Astaldo, que lutou contra Melkor no início da história da criação do mundo. Muitos dos Valar são parceiros das Valier, assim, a esposa de Manwë é Varda; a esposa de Aulë é Yavanna; a esposa de

Oromë é Vána; a esposa de Mandos é Vairë; a esposa de Lórien é Estë; a esposa de Tulkas é Nessa. Um dos Valar é solteiro, Ulmo; uma das Valier é solteira, Nienna.

Cada um dos Valar e Valier tem interesses ou focos particulares; alguns estão relacionados entre si; alguns têm nomes alternativos; outros formam um grupo dentro dos Valar e Valier. Falarei primeiro sobre os Valar. Manwë, que é considerado por Ilúvatar o rei dos Valar e das Valier, tem um foco: o ar. Ulmo é "Senhor das Águas" e o segundo no poder de Manwë[63]. O foco de Aulë é a Terra. Oromë é um caçador e um amante das árvores. Mandos é o "guardião das Casas dos Mortos[64]". Lórien é o "mestre de visões e sonhos"[65]. Tulkas é o senhor das "competições de força"[66]. Agora falarei sobre as Valier. Varda é linda porque "a luz de Ilúvatar ainda vive em seu rosto"[67]; dentre os Valar e as Valier, ela é a mais temida por Melkor. Yavanna é "a Provedora dos Frutos"[68]. Vairë é a "Tecelã"[69]. Estë é a "Curadora". Nienna representa piedade e "resistência além da esperança"[70]. Nessa adora correr e dançar. Vána é a "Sempre-jovem". Então sobre os relacionamentos. Mandos e Lórien são irmãos e conhecidos como os "Mestres de Espíritos" Fëanturi. Nienna é irmã de Mandos e Lórien. Depois os nomes alternativos. O verdadeiro nome de Mandos é Námo; o verdadeiro nome de Lórien é Irmo; Oromë é conhecido como Aldaron ou Tauron pelos Elfos, com ambos os epítetos significando "Senhor das Florestas". Finalmente os grupos: Manwë, Varda, Ulmo, Yavanna, Aulë, Mandos, Nienna e Oromë formam os "Aratar, os Sublimes de Arda"[71]. Melkor já foi um deles, mas agora ele está banido e os Aratar são apenas oito.

Os Maiar são espíritos menores que os Valar; são "seus servos e ajudantes"[72]. O seu número é desconhecido, e poucos podem ser nomeados. Aqueles cujos nomes são conhecidos incluem Ilmarë, a acompanhante de Varda; Eonwë, o arauto de Manwë; Ossë, o vassalo de Ulmo; Uinen (a esposa de Ossë e amada pelos Númenóreanos), que conseguiu convencer Ossë a não tomar partido de Melkor no início da criação de Arda; Melian, servo de Vána e Estë; e Olórin (também conhecido como Gandalf e Mithrandir), que aprendeu com Nienna a piedade e a paciência. É Olórin quem faz amizade com Elfos e Homens e tem piedade deles e quem dá esperança diante do desespero daqueles que serão guiados por ele[73]. Gandalf está longe de sua primeira aparição em *O Hobbit*, onde é descrito apenas como um mago e menosprezado por Bilbo como "o mago viajante que deu ao Velho Tûk um par de abotoaduras mágicas de diamante que se prendiam sozinhas e nunca se soltavam a não ser que fosse ordenado"[74].[75] Como já mencionado, uma das dificuldades do legendário de Tolkien é que ele não é estático, mas uma realização de toda uma vida e inerentemente dinâmico e mutável.

Os Magos

Também conhecidos em quenyan como os Istari (singular "Istar") e em sindarin como Ithryn (singular "Ithron"), esses são um grupo sobre o qual Tolkien trabalhou mais do que muitos outros aspectos de seu legendário. Além do papel maior de Gandalf em *O Hobbit* e *O Senhor dos Anéis*, o papel maior de Saruman em *O Senhor dos Anéis* e o papel menor de Radagast, há quatro fontes principais para o nosso entendimento dos magos. Uma é um ensaio chamado "Dos Anéis de Poder e da Terceira Era"[76]. Uma consiste em quatro parágrafos da nota de abertura da seção Terceira Era do Apêndice B: "O Conto dos Anos"[77]. Uma delas é um ensaio chamado "Os Istari"[78]. Uma outra fonte é uma breve nota sobre "Os Cinco Magos"[79]. Todas, exceto a primeira data, são mais ou menos da mesma época: 1954–1955. A primeira foi concluída em cerca de 1948.

O esboço do pensamento de Tolkien do Apêndice B é o seguinte. Os Istari apareceram misteriosamente na Terra-média, por volta do ano 1000 da Terceira Era. Eles vêm do "Extremo Oeste". Diz-se que são cinco. Eles têm o status de "mensageiros". Seu propósito é "contestar o poder de Sauron". Entretanto, aqueles que os enviaram limitaram sua autoridade: "estavam proibidos de igualarem seu poder [de Sauron] com poder ou de buscarem dominar os Elfos ou os Homens pela força e pelo temor." Eles tomam a forma de homens, mas essa não é a sua verdadeira forma. O Apêndice menciona apenas dois deles e os considera "os dois mais altos desta ordem": Curunír ("o Homem de Engenho"), também conhecido como Saruman e como Curumo em quenyan; e Mithrandir ("o Peregrino Cinzento"), também conhecido como Gandalf, Olórin e Incánus.[80] Curunír viaja frequentemente para o Leste e, finalmente, reside em Isengard. Mithrandir viaja principalmente para o Oeste e é nômade. Ele é um amigo particular dos Elfos. Para Mithrandir, Círdan, o Armador, dá um dos três anéis dos Elfos: Narya, "o Anel de Fogo". Ele o faz porque sabe de onde Mithrandir vem e para onde voltará, e sabe o quão difícil sua tarefa será[81].[82] É isso que o Apêndice B oferece ao leitor.

O ensaio mais longo em *Contos Inacabados* dá um toque de brilho a essa imagem. Agora, pode ser que Elrond e Galadriel (assim como Círdan) saibam algo sobre o papel de Mithrandir, mas não é de forma alguma certo que o saibam, pois Tolkien precede sua menção à dupla com a frase "nenhum, exceto talvez" e acrescenta que, se souberem, tiveram que "descobrir" qual era o papel.[83] Agora também fica claro que foram os Valar ("os Senhores do Oeste"[84]) que enviaram os magos. Agora há cinco membros do grupo, mas eles são chamados de "chefes", então pode haver outros. O primeiro a chegar à Terra-média é Curunír; ele tem cabelo negro, uma "voz justa", é hábil com as mãos e é considerado o chefe da ordem[85]. Ele é seguido por dois magos revestidos em azul-marinho e um revestido em marrom-azulado. O último dos cinco a aparecer é Mithrandir, erroneamente chamado por alguns homens de "o Elfo do Cajado"[86]: mais baixo que os outros, mais velho na aparência, de cabelos grisalhos, vestindo roupas cinzas e apoiando-se em um cajado. Ele "parecia o menos importante", mas Círdan viu que na verdade ele era o com "o maior e mais sábio espírito"[87]. Como sabemos pela narrativa de *O Senhor dos Anéis*, há uma considerável má vontade entre Saruman e Gandalf, que reflete do momento que Saruman descobre que Círdan deu o Anel de Fogo a Gandalf e não a ele.

Os dois magos de azul não são nomeados, mas chamados em conjunto de "Ithryn Luin" (Magos Azuis). Eles vão para o Leste com Saruman e também para o Sul, mas nunca retornam. Tolkien suspeita que eles falharam em sua missão, embora ele não tenha certeza de qual foi essa missão. Em uma carta escrita em 1958, ele sugere que, além de falharem, eles se tornam "fundadores ou iniciadores de cultos secretos e tradições 'mágicas' que sobreviveram à queda de Sauron" (citado na nota 3 de "Os Istari"[88]). O istar vestido de marrom chama-se Radagast, e ele "apaixonou-se pelos muitos animais e aves que viviam na Terra-média, e abandonou os Elfos e os Homens para passar seus dias entre as criaturas selvagens"[89]. Dos cinco Istari, apenas Gandalf teve sucesso em sua missão. Tolkien atribui esse alto índice de fracasso ao fato de os Istari terem "encarnado": isso significava que eles "precisavam aprender de novo muitas coisas pela lenta experiência"[90].

Na breve nota intitulada "Os Cinco Magos", Tolkien nomeia os dois magos vestidos de azul; eles são Morinehtar ("Matador da Escuridão") e Rómenstámo ou Rómenstar ("Ajudante do Leste"). Agora, Tolkien sugere que pode ser que eles *não* fracassaram, mas que na verdade "devem ter tido grande influência na história da Segunda e Terceira Eras no enfraquecimento e desarranjo das forças do Oriente"[91]. Na mesma nota, Tolkien também se pergunta em voz alta se Glorfindel foi um istar, mas não leva adiante essa especulação.

Portanto, essa era a posição de Tolkien na época em que *O Senhor dos Anéis* foi publicado. Havia diferenças sutis na descrição de Tolkien sobre os Istari em "Dos Anéis de Poder e da Terceira Era" (um ensaio que antecede o outro material em cerca de seis anos), mas, em vez de focar essas diferenças mais sutis, vou apenas ressaltar que Tolkien acrescenta ao cenário alguns detalhes sobre um conselho de sábios (também conhecido como o Conselho Branco), que foi criado quando na Terceira Era parecia que Sauron estava crescendo novamente no poder. Galadriel queria que Gandalf liderasse o grupo, mas este recusou, e Saruman, sempre faminto por poder, assumiu o papel.[92]

Com o restante deste capítulo, só tenho tempo para olhar brevemente para aqueles poucos seres sobre os quais os estudiosos da obra de Tolkien têm mais perguntas: os Nazgûl, Beorn e Tom Bombadil.

Os Nazgûl

Esses são nove em número e também conhecidos como os Cavaleiros Negros, os Espectros-do-Anel e os Úlairi. Eles não fazem parte da narrativa da Primeira Era e não são mencionados em *O Hobbit*. De acordo com o "Akallabêth", três dos nove eram senhores Númenóreanos[93]. Eles são liderados pelo "Rei-bruxo" de Angmar. Segundo "Dos Anéis de Poder e da Terceira Era", os Espectros-do-Anel foram escravizados com os Nove Anéis e eram "reis, feiticeiros e guerreiros de outrora". Eram os "mais terríveis serviçais do Inimigo; a escuridão os acompanhava, e gritavam com as vozes da morte"[94]. Sua morada é Minas Morgul, a Torre de Feitiçaria, a fortaleza que recebeu o nome de Minas Ithil antes de ser invadida. *O Senhor dos Anéis* mostra como o Rei-bruxo é enfim morto. Também mostra como os anéis desaparecem quando Sauron é derrotado. É claro que os Nazgûl foram uma ideia que Tolkien teve na época em que começou a escrever *O Senhor dos Anéis*. Em uma carta datada de 2 de fevereiro de 1939, ele comenta que, na sequência de *O Hobbit*, "os novos (e muito alarmantes) Espectros do Anel estão presentes"[95]. Ele também afirma que os Nazgûl foram os únicos servidores de Sauron a usar a língua negra de forma consistente (Apêndice F, *O Senhor dos Anéis*[96]). Na sua criação, ele adaptou material de seu trabalho em *A Estrada Perdida*.

Beorn

Beorn só aparece em dois lugares em *O Hobbit* (Capítulo 7, "Acomodações Esquisitas" e Capítulo 18, "A Viagem de Volta"). Ele é conhecido de Gandalf, mas de mais ninguém dos que vão para as Montanhas Nevoentas. Gandalf é bastante misterioso sobre quem é Beorn. Ele o chama de "Alguém" e deixa claro que ele é perigoso, a menos que seja abordado cuidadosamente. Bilbo finalmente consegue fazer Gandalf lhe dizer tudo isso:

> Ele é um troca-peles. Ele troca de pele: às vezes é um enorme urso negro, às vezes é um homem de cabelos negros grande e forte, com braços enormes e uma grande barba. Não posso lhe dizer muito mais que isso, embora já deva ser o suficiente. Alguns dizem que ele é um urso que descende dos grandes e antigos ursos das montanhas que viviam lá antes que os gigantes chegassem. Outros dizem que ele é um homem, descendente dos primeiros homens que viviam aqui antes que Smaug ou os outros dragões chegassem a esta parte do mundo, e antes que os gobelins chegassem às colinas, vindos do Norte. Não sei dizer, embora imagine que a segunda história seja a verdadeira. Ele não é o tipo de pessoa a quem se pode fazer perguntas.[97]

Além de oferecer companhia, abrigo e conselhos à companhia, Beorn desempenha um papel crucial na Batalha dos Cinco Exércitos. Justamente quando parece que tudo está perdido mesmo após a intervenção das águias, Beorn aparece, e sua contribuição é suficiente:

> Naquela última hora, o próprio Beorn tinha aparecido — ninguém sabia como ou de onde. Veio sozinho, e em forma de urso; e parecia ter crescido até chegar quase ao tamanho de um gigante em sua ira.

O rugido de sua voz era como o de tambores e canhões; e ele jogou para longe os lobos e gobelins que estavam em seu caminho como se fossem palha e penas.[98]

Ele salva Thorin que estava mortalmente ferido e o leva de volta para os seus companheiros Anãos. Então ele volta para a batalha, mata Bolg (o chefe Orque) e desaparece. Para completar, Tolkien diz que, após a Batalha dos Cinco Exércitos, Beorn se torna um importante Chefe de Homens no Vale do Anduin. Ele lidera seus seguidores (chamados Beornings) e tem um filho chamado Grimbeorn, o Velho, que se torna o chefe dos Beornings após a morte de Beorn. Tolkien também fornece algumas informações sobre quem ele era em uma carta de 1954 para Naomi Mitchison: "Embora um troca-peles e sem dúvida um pouco de mágico, Beorn era um homem"[99].

Tom Bombadil

Tom Bombadil, ainda mais do que Beorn, está limitado em seu papel a uma parte particular da narrativa mais ampla de *O Senhor dos Anéis*. É interessante que todo o episódio de Tom Bombadil no épico (Capítulo 7, "Na Casa de Tom Bombadil") é a única parte que Peter Jackson não filmou em sua versão da história dividida em três partes. Ele pode ter sentido, como muitos sentem, que Bombadil tem o tom de uma história infantil e não pertence verdadeiramente a um épico. Ainda assim, Tom Bombadil popularizou-se o suficiente para ganhar uma sequência: *As Aventuras de Tom Bombadil e Outros Versos do Livro Vermelho*, publicado sete anos depois de *O Senhor dos Anéis*. Em uma carta a Naomi Mitchison escrita em 1954, Tolkien comenta que Bombadil não é importante para a narrativa, mas é um pouco importante como um "comentário"[100]. Ele data, como aponta Tolkien, de cerca de 1933 (ou seja, antes mesmo de *O Hobbit* ser publicado) e foi baseado em um boneco que o filho de Tolkien, Michael, tinha. Surge então a questão do seu status como um "comentário". Há alguns pontos de vista, como o de que ele representa uma alternativa pacifista em tempos de guerra, que retrata o rápido desaparecimento do campo[101], o de que é um enigma intencional[102] e, por fim, o de que ele é um exemplar da ciência natural[103]. Apesar disso, o próprio Tolkien reconheceu que muitos o acham incongruente, mas depois encerrou a especulação, observando que a decisão editorial de mantê-lo foi sua[104].

CAPÍTULO 6

OS TEMAS DE TOLKIEN

O foco deste capítulo é responder à pergunta feita com mais frequência por aqueles que estudam Tolkien: Quais são os temas do seu legendário? Vou focar os que considero importantes no legendário de Tolkien, juntamente com aqueles encontrados por outros estudiosos e alunos que também são importantes para mim. A lista não é exaustiva, e os exemplos que forneço em apoio à minha visão de que esses temas são significativos são igualmente limitados. Qualquer discussão de temas é apenas um meio para um fim: estimular a discussão sobre o significado e relevância do legendário de Tolkien. Neste sentido, estou ciente de que algumas das seguintes discussões são tendenciosas. A lista foi colocada em ordem alfabética [do inglês] a fim de evitar uma discussão inútil sobre qual ou quais temas dominam no legendário.

As contribuições dos fracos e sem poder são mais importantes do que a dos fortes

Em sua conhecida carta sinóptica a Milton Waldman (provavelmente escrita em 1951), Tolkien escreve que os papéis dos Hobbits mostram que mesmo os desconhecidos e os fracos desempenham um papel importante na história do mundo, e que apenas "o Um" conhece o verdadeiro arco e o sentido da vida[1]. E há exemplos na narrativa do legendário. Beren (um mero mortal) ganha a mão de Lúthien ao tirar uma das Silmarils da coroa de ferro de Morgoth. Frodo (um mero hobbit) junto a Gollum (um mero grado) destrói o Um Anel nas Fendas da Perdição apesar dos esforços desesperados e sustentados de Sauron para detê-lo.

Linhagem de sangue

O sangue (ou família ou tribo) é uma forma fundamental de os seres vivos organizarem suas vidas. O exemplo mais claro é, naturalmente, a identidade e a missão de Aragorn em *O Senhor dos Anéis*. Há muitas provas de que ele é, de fato, o legítimo herdeiro de Isildur, mas uma das mais poderosas é o episódio da Senda dos Mortos. Se Aragorn não fosse Aragorn, ele teria sido incapaz de passar por esse caminho e sobreviver. Outro exemplo seria o poder do rei Théoden como legítimo rei. Uma vez libertado do domínio insidioso de Língua-de-Cobra, ele se torna o verdadeiro líder que morre com muita coragem na Batalha dos Campos de Pelennor.

Ter coragem consiste em aceitar a natureza das coisas

Dois momentos no legendário ilustram muito bem esse tema. O primeiro (em *A Sociedade do Anel*) é a decisão de Frodo de pegar o Um Anel e destruí-lo nas Fendas da Perdição. Ele o faz porque vê que ele é a escolha lógica como Portador-do-Anel, e o faz mesmo tendo medo.[2] O segundo (novamente em *A Sociedade do Anel*) é a decisão de Gandalf de voltar atrás em Caradhras, o Cruel, e pegar a estrada para o Sul pelas

Minas de Moria. É uma decisão corajosa que tem duas partes. Uma é retirar-se do Passo do Chifre-vermelho, e Gandalf toma essa decisão porque é sábio o suficiente para saber que a sociedade deve sair da montanha antes da noite chegar.[3] A outra é decidir passar pelas Minas de Moria para entrar em Vale do Riacho-escuro ao Leste das Montanhas Nevoentas. Apesar da reputação sinistra de Moria, é a escolha lógica e, portanto, Gandalf argumenta para a sociedade que é a rota que deve ser tomada. Ele afirma também (apenas em parte corretamente) que eles vão conseguir passar com segurança.[4] Portanto, a coragem é, talvez, a sábia aceitação das melhores escolhas como inevitáveis, mesmo quando são perigosas e mesmo que a previsão tenha seus limites.

A morte é um presente, não uma maldição

Este tema é o mais próximo que Tolkien já chegou em seu legendário à expressão de um ponto de vista religioso. Tolkien sabe que toda a humanidade teme a morte. Por isso, ele ensaia um argumento e usa dois exemplos: Elfos e Homens. Os Elfos são imortais. Poderia parecer, então, que eles seriam invejados. Na verdade, não são, pois, à medida que envelhecem, simplesmente desvanecem. Os Homens são invejados porque morrem, e na morte encontram um tipo particular de liberdade. Tolkien expressa claramente essa ideia no primeiro capítulo de "Quenta Silmarillion", intitulado "Do Princípio dos Dias".[5] É um exemplo supremo do que Tolkien apresenta em "Sobre Estórias de Fadas" nos termos "Eucatástrofe" (a boa catástrofe) e a "Consolação do Final Feliz".[6]

O desespero é um erro terrível

Em *O Senhor dos Anéis*, Denethor desespera-se porque olhou em uma palantír e foi persuadido por Sauron de que não há esperança para o Oeste. Ele comete suicídio. Saruman se desespera, pois olhou em uma palantír e foi persuadido de que o caminho para o poder só pode ser por meio dele. Ele é assassinado. Em contraste, Galadriel, quando ouve falar da aparente morte de Gandalf, não se desespera. Ao contrário, ela acredita que a esperança é poderosa e que seu poder precisa ser compreendido e apreciado. Para Galadriel, a esperança depende de a companhia montada permanecer fiel à busca.[7]

Mais tarde no épico, Legolas não se desespera mesmo que Merry e Pippin tenham sido capturados por orques e Sam e Frodo tenham saído em uma jornada tão difícil sozinhos. Ao contrário, ele dá este conselho a Aragorn e Gimli: "Não rejeitai toda a esperança. O amanhã é desconhecido. Muitas vezes encontra-se conselho ao nascer do Sol"[8]. E Gandalf não se desespera, dizendo a Aragorn, Legolas e Gimli na Floresta de Fangorn: "Encontramo-nos de novo. Na virada da maré. A grande tempestade está chegando, mas a maré virou".[9] E Sam não se desespera quando aparentemente Frodo é morto por Laracna. Apesar de inicialmente ceder a esse sentimento ("o negro desespero se abateu sobre ele"), depois ele mesmo raciocina que deve se encarregar da jornada de destruir o Um Anel. Como ele diz a Frodo, que está diante dele aparentemente morto: "Tenho alguma coisa para fazer antes do fim. Preciso resolver isso, senhor, se me entende".[10]

Théoden não se desespera, mas raciocina com precisão que a ação é a melhor escolha no próximo conflito. Ele diz à Éomer: "Se a guerra for perdida, de que valerá eu me esconder nas colinas? E se for ganha, qual será seu pesar, mesmo que eu tombe gastando minha última força?"[11] Aragorn não se desespera no Portão Negro quando tudo parece perdido. Ele parece se transformar em uma força da natureza: "Aragorn estava de pé embaixo de seu estandarte, silencioso e severo, como quem está perdido em pensamentos sobre coisas há muito passadas ou longínquas; mas seus olhos reluziam como estrelas que brilham mais intensas à medida que a noite se aprofunda."[12] O antônimo de desespero é esperança, mas é também resolução e senso de dever. Gandalf o coloca melhor no "último debate" após a Batalha dos Campos de Pelennor quando diz a Legolas, Gimli, Aragorn e aos filhos de Elrond (Elladan e Elrohir):

> Não é nosso papel dominar todas as marés do mundo, e sim fazer o que está em nós para socorro dos anos em que fomos postos, extirpando o mal nos campos que conhecemos, para que os que viverem depois tenham terra limpa para cultivar. O clima que enfrentarão não nos cabe imaginar.[13]

O mal é recorrente e não singular

Grande parte da Primeira Era é dada à derrota de Melkor/Morgoth. Finalmente, ele é derrotado pela aliança dos Valar, Elfos e Homens e expulso para sempre.[14] No entanto, Sauron, seu servo, toma seu lugar na derrota tanto na Segunda quanto na Terceira Eras pois, na visão de Tolkien, o mal nunca pode ser enfim derrotado. Ele é recorrente; assume muitas formas; e precisa ser derrotado repetidas vezes. No último capítulo de "Quenta Silmarillion" ("Da Viagem de Eärendil"), Tolkien oferece este adágio: o mal é "uma semente que não morre e não pode ser destruída; e de quando em vez brota de novo, e dará fruto sombrio até os últimos dias".[15]

O destino e o livre-arbítrio estão ligados de uma forma complicada

Assim como com seu amado *Beowulf*, no legendário de Tolkien a relação entre o destino e o livre-arbítrio é complicada. Entretanto, parece que Tolkien sugere que há um papel para a providência na vida e que ela é importante e negligenciada. Quando Gandalf explica a Frodo, no início da narrativa de *O Senhor dos Anéis*, a história do Um Anel até os dias de hoje, ele enfatiza que parece que os eventos aconteceram por uma razão, e começa apontando a estranheza de ter sido Bilbo quem encontrou o Anel, e continua:

> Por trás disso havia outra coisa em ação, além de qualquer intenção do artífice do Anel. Não posso expressá-lo mais simplesmente senão dizendo que Bilbo estava destinado a encontrar o Anel, e *não* por seu artífice. E nesse caso também você estava *destinado* a tê-lo. E esse pode ser um pensamento encorajador.[16]

E depois há Éowyn. De livre vontade, ela se veste como um guerreiro masculino e assume o nome Dernhelm, a fim de contribuir para a causa da luta de Rohirrim contra Sauron e Saruman. É sua presença no campo de batalha de sua livre vontade que leva à morte do Rei-bruxo de Angmar, e é uma presença que foi prevista na lenda. Como diz Gandalf a Pippin durante o cerco de Gondor, o Rei-bruxo será morto por algo que não seja "a mão de um homem", mas mesmo Gandalf não sabe exatamente qual será seu destino.[17] E o Rei-bruxo aparentemente ouviu a mesma lenda, pois, quando Éowyn disfarçada de Dernhelm o desafia para a batalha, o responde incredulamente: "Me matar? Tolo. Nenhum homem vivo pode me matar!"[18] Ao que Éowyn responde: "Mas eu não sou nenhum homem vivo! Você está olhando para uma mulher. Éowyn sou eu, filha de Éomund."[19] Claro que a providência é mais complexa do que essa resposta sugere, pois o Rei Bruxo é morto por duas pessoas, nenhuma das quais é homem: Éowyn (uma mulher) e Merry (um hobbit). Merry apunhala o Rei-bruxo atrás do joelho, e *esse* golpe faz o rei cair para frente e permite que Éowyn o apunhale no pescoço entre a coroa e o manto.

Que Tolkien acreditava na providência (uma espécie de livre-arbítrio misturado com o destino) é mais claro porque a maioria simplesmente afirmava no final de *O Hobbit*. As últimas palavras que Gandalf fala nessa história são para Bilbo, que voltou triunfantemente de sua aventura. Bilbo acaba de declarar a Balin e Gandalf que "as profecias das velhas canções se revelaram verdadeiras, de certa maneira". Ao que Gandalf responde:

> É claro! [...] E por que não se mostrariam verdadeiras? Certamente você não deixa de acreditar nas profecias porque houve uma mãozinha sua para concretizá-las, não é? Você não supõe que todas as suas aventuras e escapadas foram guiadas por mera sorte, só para o seu próprio benefício, supõe?[20]

O heroísmo requer a aceitação da morte

Boromir tenta tirar o Um Anel de Frodo enquanto a sociedade se desfaz no final de *A Sociedade do Anel*, e ele paga por isso com sua vida, mas morre honrosamente — e isso importa para Tolkien. Em seus últimos momentos, Boromir aceita seu erro e o reconhece para Aragorn: "Tentei tirar o Anel de Frodo. Eu lamento. Eu paguei."[21] Ele nunca pensa em fugir, mas, ao contrário, defende a si mesmo e aos hobbits até o fim. E sua morte custou a vida de muitos Orques. Ele é sepultado formalmente em uma cova improvisada, apesar da necessidade de pressa de seus companheiros. Aragorn e Legolas cantam um lamento por ele, e Anduin o leva e o protege à medida que o "barco-élfico" no qual seu corpo jaz navega pelas correntezas, passando por Osgiliath, e levando-o até mesmo para o "Grande Mar".[22]

Boromir morre herói apesar de ter caído moralmente, seduzido pelo poder do Anel. Ele representa muito bem a ideia anglo-saxônica de heroísmo, expressa no fragmento "A Batalha de Maldon". Ali, contra as probabilidades desesperadas, Beorhtwold comanda aqueles que permanecem fiéis ao seu líder morto, Beorhtnoth:

A coragem deve crescer mais forte, mais clara a vontade,

O coração mais feroz, à medida que a nossa força se desvanece.[23]

(Hige sceal þe hearra, heorte þe cenre,

mod sceal þe mare, þe ure mægen lytlað).[24]

O próprio Tolkien achou que esse conceito de "coragem do Norte" fosse "a grande contribuição da literatura do início do Norte"[25], mesmo quando ele deixa claro em "O Regresso de Beorthelm, Filho de Beorhtnoth" que o conceito é profundamente problemático: sua expressão em "A Batalha de Maldon" surgiu como resultado direto do *estado de espírito* (ou orgulho) por parte de Beorhtnoth. E pode-se dizer, é claro, que o heroísmo de Boromir é o resultado direto de uma falha moral. Como sempre, Tolkien — sempre o acadêmico — faz sua apresentação deste tema de forma sutil e complexa. Ele, no entanto, não torna a situação tão ambivalente que não possamos ver sua antítese. Se nos concentrarmos em Saruman por um momento, podemos ver que ele não é de forma alguma um herói e no final de sua vida ele está fazendo tudo o que pode para se manter vivo. Depois de ter sido poupado por Merry, Sam e Frodo, ele os amaldiçoa e é assassinado por Língua-de-Cobra, que finalmente está cansado de ser seu escravo. Língua-de-Cobra o mata bestialmente cortando-lhe a garganta. Ninguém lamenta por ele; ninguém lhe dá um enterro digno. Tolkien, em vez disso, se concentra em como sua morte é repulsiva.[26]

A imortalidade é sempre desejada; a morte é sempre temida

Em várias ocasiões no final dos anos 1950, ou seja, pouco depois da publicação de *O Senhor dos Anéis*, Tolkien argumentou em suas cartas que era esse tema com que o legendário (e, mais especificamente, *O Senhor dos Anéis*) mais se preocupava.[27] Esse tema é expresso de várias maneiras: pelo contraste entre os elfos imortais, os Anãos de vida longa, os humanos de vida longa (os Númenóreanos), e os mortais comuns; pelo desejo de perpetuidade por meio da família (vêm à mente os treze filhos de Sam Gamgi e Rosinha Villa); e pelo desejo de realizar atos de renome (Théoden na Batalha dos Campos de Pelennor, por exemplo). É, no entanto, no "Akallabêth" e histórias associadas da queda de Númenor e da Segunda Era que este tema é expresso com mais persistência. Como os Edain ajudaram os Valar a derrotar Morgoth no final da Primeira Era, eles são recompensados com uma vida muito mais longa do que a concedida aos homens comuns. Isso, porém, não é suficiente para eles, pois a força motriz por trás dos esforços arrogantes dos Númenóreanos para navegar para as Terras Imortais contra as proscrições dos Valar é o desejo de imortalidade e apenas esse.[28] Manwë, por meio de seus mensageiros, deixa claro, entretanto, que tal desejo é mal aconselhado, pois se baseia em um mal-entendido: são aqueles que vivem nas Terras Imortais que as fazem imortais e não o contrário. Se os Númenóreanos chegassem a essas terras, seriam consumidos como traças consumidas por uma chama brilhante.[29] Além disso, os mensageiros de Manwë sugerem que os Númenóreanos são culpados de querer as duas coisas: viver na Terra-média quando querem (e aceitar a mortalidade) e vir para Valinor quando desejam (e abraçar a imortalidade).[30] A genialidade de Tolkien reside na expectativa inversa, pois, do seu ponto de vista, o desejo humano de imortalidade é, na verdade, uma armadilha (envelheceria e não seria eternamente jovem) e a morte é, na verdade, desejada como uma espécie de eucatástrofe. Os mensageiros dos Númenóreanos argumentam de maneira sutil: a imortalidade dos Elfos é simplesmente uma parte de quem eles são; a mortalidade dos homens é igualmente integral ao seu ser. Não está claro se um grupo deve invejar o outro. Os Elfos estão ligados ao mundo, embora às vezes se cansem dele; os homens escapam dele por meio da morte.[31] Tolkien está sugerindo que a imortalidade pode não ser desejável, pois esse estado o prende ao mundo para sempre, e a morte não deve ser temida, pois permite que você seja livre.

A perda persiste na vida

Esse tema está por toda parte no legendário. A perda das Silmarils para o céu (Eärendil), a terra (Maedhros) e a água (Maeglin). A perda do Um Anel para o Orodruin. A perda de Thorin Escudo-de-Carvalho por sua sede pela Pedra Arken. E há perdas menos dramáticas. A morte de Aragorn enquanto sua esposa élfica, Arwen, vive de luto por ele. A morte de Théoden com seus dois filhos adotivos (Éowyn e Éomer) para chorar por ele. A perda de cada Portador-do-Anel para a Terra-média, em uma longa e dolorosa sequência. Não é difícil entender por que este tema é tão poderosamente apresentado por Tolkien. Ele perdeu dois de seus melhores amigos na Primeira Guerra Mundial: Rob Gilson e Geoffrey Bache Smith foram mortos na Batalha do Somme, uma batalha em que o próprio Tolkien também esteve presente. Tão poderoso é o tema que Tolkien fez Aragorn proferir um "ubi sunt?", ao lamentar no caminho para Edoras e para uma batalha que todos sabiam que está por vir:

> Onde está o cavalo e o ginete? Onde está a trompa a soar?
>
> Onde o elmo e a malha e o claro cabelo a voar?
>
> Onde a mão sobre a harpa e o rubro fogo a qucimar?

Onde o semear e a colheita e o alvo trigo a brotar?

Passaram qual chuva no monte, passaram qual vento que a leva;

Os dias desceram no Oeste, além dos morros em treva.

Quem buscará a fumaça da lenha morta queimando,

Ou verá os anos fugazes desde o Mar retornando?[32]

É um lamento bonito e assombroso e — do ponto de vista do enredo e da ação — absolutamente desnecessário, o que por si só mostra como foi importante para Tolkien.

A memória é ao mesmo tempo uma bênção e uma maldição

Dois exemplos podem ser usados para ilustrar a forma como a memória é uma maldição. Frodo é ferido, em 6 de outubro de 3018, no Topo-do--Vento (ou seja, Amon Sûl) pelo Rei-bruxo de Angmar. Um ano depois, ele está indiferente, distraído e com dores. Gandalf lhe pergunta se ele está bem e Frodo responde que a lembrança de ter sido ferido pesa sobre ele. Ao que Gandalf responde com uma máxima (como se poderia esperar dele): "Há algumas feridas que não podem ser curadas por completo." Frodo, por sua vez, responde: "Onde hei de encontrar repouso?"[33] Nas Terras Imortais, Gandalf sabe, mas não responde.

Galadriel revela que suas memórias são igualmente tristes (ou ainda mais tristes): do longo exílio de Valinor e do que vai acontecer mesmo que Sauron seja derrotado — ou melhor, *por causa da* derrota de Sauron. Ela fala da primeira memória para os convidados reunidos em Lothlórien, no contexto de seu casamento com Celeborn. Juntos, eles "lutaram na longa derrota".[34] Certamente, mais lembranças tristes podem existir. A segunda (o resultado da derrota de Sauron) ela reconhece em diálogo com Frodo quando eles estão diante de seu espelho. Como ela comenta, a escolha é simples: ou os Elfos partem para o Oeste ou se transformam em mero folclore.[35] Essa escolha — que na verdade não é uma escolha —

está profundamente ligada a tudo o que ela lembra da batalha sustentada dos Elfos contra o mal: primeiro na forma de Melkor/Morgoth e depois no disfarce de seu servo, Sauron.

Então, de que forma a memória é uma bênção? A resposta está na narrativa de todo o legendário, porém mais espetacularmente nos Apêndices A–C de *O Senhor dos Anéis*. Sem memória — sem uma veneração pelo passado — você não se sentirá pertencente à própria história ou à história do seu povo ou à história da sua cultura. À sua maneira, Tolkien está argumentando a favor da verdade do aforismo de George Santayana: "Aqueles que não se lembram do passado estão condenados a repeti-lo."[36] A memória também é uma bênção de uma forma menos direta. Se Gollum não tivesse lembrado constantemente a perda do seu "Precioso" (o Um Anel), não teria perseguido Frodo até a morte, e, se não o tivesse feito, o Um Anel não teria sido destruído e Sauron não teria sido derrotado.

E a memória pode não ser uma faculdade tão triste como a discussão acima sugere. No mesmo diálogo entre Galadriel e Frodo, diante de seu espelho ao qual acabo de me referir, ela de fato começa delineando a escolha que não é escolha, mas termina dizendo que, se os Elfos se tornarem lenda, irão aos poucos esquecer seu status outrora exaltado e serão, por sua vez, lentamente esquecidos.[37] A memória não é perfeita. As memórias se vão. Isso pode ser um elemento crucial na expressão de Tolkien sobre esse tema, pois até suas memórias da Primeira Guerra Mundial — horríveis como eram — devem ter começado a ser esquecidas à medida que ele envelhecia.

Homens e mulheres têm papéis específicos na vida

Observa-se frequentemente que não há personagens femininas em *O Hobbit* e poucas personagens femininas com ação em *O Senhor dos Anéis* e *O Silmarillion*. Há duas razões para isso. A primeira é que Tolkien cresceu em um mundo marcadamente mais falocêntrico do que o de hoje. A segunda é que ele acreditava que homens e mulheres tinham papéis específicos na vida. Se olharmos para o episódio de Tom Bombadil em *A Sociedade do Anel*, podemos ver quais são esses papéis. A dama de Bombadil é Fruta D'Ouro, e ela é a filha do rio. Bombadil é chamado simplesmente de "mestre". Quando Bombadil cumprimenta Fruta D'Ouro, comenta possessivamente que ela é bonita, comenta o que ela está vestindo e pergunta se a refeição está pronta de acordo com suas especificações.[38]

Se olharmos para outra personagem feminina, Rosinha Villa, vemos a mesma atribuição de um papel doméstico. Rosinha é uma segunda Fruta D'Ouro. Enquanto Sam está fora por um ano, Rosinha espera por ele na casa dos pais dela. Quando ele finalmente regressa da bem-sucedida jornada para destruir o Um Anel, ela o repreende por estar fora por tanto tempo, comenta como ele está bem-vestido, apoia-o na sua necessidade de vasculhar o Condado, e então diz a ele para ter cuidado e voltar assim que cumprir suas tarefas. Papéis tradicionais, até mesmo estereotipados: ação masculina; espera solícita da mulher. Esses papéis são repetidos no final do épico. O último parágrafo registra o retorno de Sam dos Portos Cinzentos, onde ele se despediu de Elrond, Galadriel, Gandalf, Bilbo e Frodo. Ele retorna a uma casa que é iluminada pela luz de velas e aquecida por um fogo. Sua refeição está pronta e Rosinha está esperando por ele. Ela o recebe, o senta em sua cadeira e coloca sua filha Elanor no colo dele.[39] Juntos, Sam e Rosinha têm treze filhos (a maioria dos quais tem o nome dos amigos *de Sam*), e ela desempenha o papel de uma esposa tradicional, enquanto Sam tem ação dentro do Condado, sendo eleito prefeito sete vezes. A aventura mais próxima de Rosinha foi passar um ano em Gondor como convidada do Rei Aragorn Elessar. Sam vive com ela fielmente, e depois que ela morre ele é capaz de cumprir sua parte na jornada maior como um Portador-do-Anel, passando pelo mar rumo às Terras Imortais.

Existem, no entanto, algumas exceções à visão tradicional de Tolkien sobre o papel da mulher na vida. Três em particular merecem menção: Éowyn, Galadriel e Lúthien. A primeira não se contenta em desempenhar um papel tradicional de ajudante. Ela assume um disfarce masculino como Dernhelm, luta na Batalha dos Campos de Pelennor e é a grande responsável por matar o líder dos Espectros-do-Anel, o Rei-bruxo de

Angmar. A segunda (Galadriel) é um dos Elfos mais poderosos e significativos da Terra-média. É ela quem convoca o Conselho Branco; é ela (e não seu marido, Celeborn) que usa Nenya, um dos três anéis élficos do poder; é ela quem interage bastante com a companhia que realiza a jornada e chega a Lothlórien; é ela quem tem uma biografia (delineada em vários trabalhos de Tolkien) que remonta a antes mesmo de a Primeira Era ter começado. Lúthien é descrita como a mais bela de todos os Filhos de Ilúvatar. Juntos, ela e seu futuro marido, Beren, cumprem com sucesso a quase impossível tarefa de trazer uma das Silmarils de volta para seu pai, Elu Thingol. Essa façanha só foi possível pois Morgoth caiu dormente com as canções de encantamento de sono e beleza de Lúthien.[40] Ela tem ação mesmo que essa ação dependa de atributos estereotipados femininos, e mesmo que ela sacrifique tanto por amor quando ela escolhe se tornar mortal para ficar com Beren.

E depois há o papel muito importante que as Entesposas desempenham na narrativa, embora nunca sejam vistas. Barbárvore diz claramente para Merry e Pippin que os Ents perderam as Entesposas, e esse comentário leva a um interlúdio de duas páginas que está entre as partes mais interessantes de todo o legendário. Barbárvore diz que, há um tempo, os Ents e as Entesposas viviam juntos, mas que eles deixaram de fazê-lo porque seus "corações não seguiram crescendo do mesmo modo".[41] As Entesposas "desejavam que ouvissem e obedecessem ao que lhes fosse dito", enquanto os Ents desejavam estar mundo afora e vaguear.[42] As Entesposas envelhecem, então quando Barbárvore as vê pela última vez elas estão "curvadas e amorenadas por sua labuta; seus cabelos foram crestados pelo sol até o tom de trigo maduro, e suas faces eram como maçãs vermelhas".[43] Antes, Barbárvore desejava Fimbrethil; agora ela estaria velha. E então Barbárvore recita uma canção élfica de sete versos sobre os Ents e as Entesposas. É um dueto entre um ent (versos 1, 3 e 5) e uma entesposa (versos 2, 4 e 6) com um sétimo verso de duas linhas cantadas juntas. A Entesposa diz que não voltará ao Ent na primavera "porque minha terra é bela", e ela não vai voltar no verão "porque minha terra é linda", mas ela vai esperar por ele no inverno, assim "juntos iremos pela estrada na chuva inclemente!".[44] O que a entesposa está dizendo é que ela não se comprometerá a não ser que o ent também se comprometa para que ambos sejam felizes. O que Tolkien está dizendo é que, nos relacionamentos, homens e mulheres acabam se separando porque têm interesses e necessidades diferentes. É um momento fascinante em que a realidade da vida fora de uma fantasia alcançada é habitada.

O papel masculino é mais facilmente examinado porque não há exceções para que a ação masculina seja valorizada. Uma lista de nomes é por si só suficiente: Aragorn, Gandalf, Saruman, Théoden, Bilbo, Frodo, Beren, Túrin e assim por diante. O interessante é que as mulheres não parecem importantes na vida dos homens, com exceção de Aragorn (que tem Arwen), Beren (que tem Lúthien Tinúviel) e Túrin (que tem Níniel/Nienor). De fato, as mulheres estão em grande parte ausentes da experiência masculina. O desejo também está ausente, então, embora Sam e Rosinha produzam juntos treze filhos, o desejo não é algo que faça parte significativa de sua relação. Amor, sim, mas desejo, não. E homens e mulheres estarem juntos é visto como um sacrifício ou tabu. Então Arwen e Lúthien desistem de sua imortalidade élfica para estar com aqueles que amam: Aragorn e Beren. Então Túrin se casou com Níniel e descobre depois que ela é sua irmã, o que leva ao suicídio deles — com Níniel se jogando em um barranco (Cabed-en-Aras) e Túrin se atirando em sua própria espada, Gurthang.

A música é a base da vida

Dois exemplos desse tema devem ser suficientes. O primeiro vem do mito da criação,[45] em que Ilúvatar faz primeiro os Ainur (ou Sacros) e depois fala com eles, mas o faz apenas em "temas de música".[46] Os Ainur cantam para ele e depois de um tempo conseguem maior "uníssono e harmonia".[47]Essa é a "Grande Música" da criação. Há no início um tema, mas Morgoth egoisticamente acrescenta outro por orgulho, que é dissonante. Depois Ilúvatar mostra aos Ainur uma visão de um mundo recém-criado, que surgiu apenas por meio da música. "Eis a tua música", diz ele.[48] No que diz respeito a Tolkien: sem música, sem criação

O segundo exemplo envolve o legendário como um todo, e é simplesmente isto: canção e música são onipresentes, então não é de se surpreender que Tolkien, no final de sua vida, tenha colaborado com o músico Donald Swann em uma coleção de alguns de seus poemas do legendário em versões musicais: *A Estrada em Frente Vai Seguindo*. Não há nem dez páginas de história em *O Hobbit* quando temos uma canção improvisada: "Bata copo e prato na porta",[49] que a dúzia de Anãos reunidos aparentemente cantam para facilitar a tarefa de limpar a cozinha. Uma página depois os Anãos relaxam após o jantar, a pedido de Thorin Escudo-de-carvalho: "Agora, um pouco de música! [...] Peguem os instrumentos!"[50] E ele recebe uma música em forma de uma canção de dez-quatros sobre o tesouro de Smaug ("Além dos montes em nevoeiro"[51]). Temos que esperar trinta páginas por outra música, mas esta é especial porque é a primeira vez que Bilbo conhece Elfos, e sua presença é precedida pelo som de sua canção de quatro versos: "O que estão fazendo/ Aonde vão descendo."[52] *O Senhor dos Anéis* está igualmente cheio de música e canto. É prefaciado com o "Verso do Anel" ("Três Anéis para os élficos reis sob o céu"[53]). A festa de despedida de Bilbo inclui "canções, danças, música, jogos e, é claro, comida e bebida". Enquanto os quatro hobbits (Frodo, Sam, Merry e Pippin) viajam pelo Condado, Frodo responde à pergunta de Sam: "Os Elfos vivem nesses bosques?" com uma resposta em forma de uma canção de oito linhas: "A estrada vai sempre adiante e adiante"[54], e nenhum dos hobbits reunidos acha esse comportamento estranho, pois a música é uma forma de comunicação bem comum para eles. Logo depois, os hobbits cantam outra canção[55] para facilitar a viagem. É uma canção composta por Bilbo e ensinada a Frodo enquanto os dois caminhavam no Condado e falavam de "Aventura". Ela tem o título "Há fogo rubro na lareira".[56]

A questão da música ser tematicamente tão importante tem mais de uma resposta. Há a biográfica: a família de Tolkien era musical e a esposa de Tolkien, Edith, musicista. Há a universal máxima emocional: músicas expressam alegria e felicidade, tristeza e pesar. Há a narrativa: as músicas interrompem a narrativa da jornada. Há a artística: as músicas são estéticas e encantadoras. E há a especulativa: a filha de Tolkien, Priscilla, sugeriu (em uma conversa de 1977 na Igreja House Westminster) que "o poder e a beleza da música podem [...] representar o sentimento de uma saudade insatisfeita de meu pai".[57] Ela, infelizmente, não explica a natureza e a(s) causa(s) dessa "saudade insatisfeita".

Juramentos não devem ser quebrados

Há três juramentos importantes no legendário. O primeiro é o juramento de Fëanor; o segundo é o de Eorl; e o terceiro é o feito pelo povo das Montanhas Brancas para apoiar Isildur na sua luta contra Sauron. Um contexto útil para o estudo desse tema do significado dos juramentos é a descrição de Hrothgar, o governante da Dinamarca, em *Beowulf* (o texto que Tolkien conhecia acima de todos os outros). Hrothgar, diz o poema, foi um rei poderoso em parte porque "em seus votos, ele não acreditou: os anéis que ele ofereceu e tesouros na festa".[58] Fazer um juramento é um assunto sério; quebrar um juramento tem sérias consequências.

O juramento de Fëanor é o momento mais dramático da "Quenta Silmarillion". É também o momento com as maiores consequências narrativas. O juramento é de Fëanor, e é feito por Fëanor e seus sete filhos, que diz:

> Seja ele amigo ou inimigo, seja ele sujo ou limpo,
> cria de Morgoth ou brilhante Vala,
> Elda ou Maia ou Sucessor,
> Homem ainda não nascido sobre a Terra-média,
> nem lei, nem amor, nem liga de espadas,
> terror nem perigo, nem o próprio Destino
> há de defendê-lo de Fëanor, e da raça de Fëanor,
> se esconder ou entesourar, ou na mão tomar,
> se achar guardar ou se longe jogar
> Uma Silmaril. Assim juramos nós todos:
> Morte havemos de trazer a ele antes do fim do Dia,
> Opróbrio até o fim do mundo! Nossa palavra ouve tu,

Eru Pai-de-Todos! À eterna

Escuridão condena-nos se nosso feito falhar.

Na montanha sagrada, ouvi em testemunho

E nosso voto lembrai, Manwë e Varda![59]

E, caso o leitor não entenda a seriedade do momento, o parágrafo em que o juramento é citado termina de forma sinistra: "Porque assim jurado, bom ou mau, um juramento não pode ser quebrado, e perseguirá o mantenedor ou violador do juramento até o fim do mundo."[60] A razão do juramento é que Morgoth havia roubado as Silmarils da fortaleza de Fëanor em Formenos. Morgoth agora tem as joias em sua posse, e Fëanor, seu criador, as quer de volta a qualquer preço. E o preço é alto. A maior parte da viagem dos Noldor para a Terra-média de Aman ocorre em busca desesperada das joias. Então os filhos de Fëanor lutam contra os Elfos de Beleriand desde que Lúthien venha a possuir uma das joias. Então eles destroem o reino de Doriath. No final, Fëanor e seis de seus filhos morrem; o sétimo (Maglor) torna-se um andarilho errante.

O segundo é um juramento mais simples e com um resultado mais feliz. Eorl, o primeiro rei de Rohan, e Cirion, o décimo segundo regente de Gondor, juram apoiar um ao outro em qualquer luta contra Sauron. Assim como o juramento de Fëanor, o de Eorl tem consequências ligadas a ele. Se fosse quebrado, a sombra cairia a quem quebrasse o juramento e ele seria amaldiçoado. É esse juramento que liga Rohan a Gondor na hora da necessidade de Gondor em 3018; é esse juramento ao qual Théoden permanece leal quando ele luta na Batalha dos Campos de Pelennor fora das muralhas de Minas Tirith.

O terceiro juramento é novamente mais simples em suas consequências narrativas do que o de Fëanor, mas, como aquele, se é quebrado, há consequências terríveis. O juramento é feito pelo povo que vive junto às Montanhas Brancas. Eles juram apoiar Isildur contra Sauron, mas quebram esse juramento e permanecem neutros nas batalhas do final da Segunda Era, que derrotaram Sauron. A consequência? Exatamente o que eles juraram que aconteceria se quebrassem seu juramento. Os que quebram o juramento minguam, morrem e se tornam fantasmas prontos para serem chamados pelo herdeiro de Isildur em qualquer batalha futura com Sauron. Eles seguem Aragorn, Gimli e Legolas desde a Pedra de Erech até Pelargir e derrotam os Corsários de Umbar ao sul de Gondor. Com isso, só então, eles finalmente morrem para sempre.

E por que Tolkien argumenta que os juramentos são tão importantes? Isso pode parecer estranho na nossa cultura pós-moderna em que a verdade está tão ameaçada, mas Tolkien viveu duas guerras mundiais, ambas porque os países fizeram juramentos um para o outro, juramentos de defesa mútua. A Primeira Guerra Mundial foi uma briga de família em que mais de onze milhões de soldados e seis milhões de civis morreram. Tolkien teria classificado isso como um exemplo de levar os juramentos levianamente no sentido de que as potências mundiais daquela época não pensavam o suficiente sobre as possíveis consequências das promessas que faziam. A Segunda Guerra Mundial era uma necessidade. Hitler teve que ser derrotado, mas isso custou a vida de cerca de 25 milhões de soldados e 30 milhões de civis. Tolkien teria classificado isso como horrível, mas necessário, e começou com o cumprimento de um pacto (uma espécie de juramento escrito dos tempos modernos). A Alemanha invadiu a Polônia; a Grã-Bretanha declarou guerra contra a Alemanha porque tinha um pacto para defender a Polônia se ela fosse invadida: o Pacto de Defesa Comum Anglo-Polonês. A Segunda Guerra Mundial começou em 1º de setembro de 1939.

De outra perspectiva, Tolkien também era um católico devoto e um crente dos Dez Mandamentos, um dos quais diz: "Não levantarás falso testemunho contra teu próximo." Tolkien também foi um filólogo de renome mundial das línguas anglo-saxônica, inglês médio e escandinava, cujas literaturas enfatizam repetidamente a importância da lealdade e da verdade. O legendário faz exatamente a mesma coisa.

A paz precisa ser preservada para ser mantida

A longa história da Terra-média em *O Silmarillion* é uma batalha entre os Valar e os Elfos (e alguns Homens) para subjugar Morgoth e alcançar a paz que inicialmente fazia parte da criação de Ilúvatar. A história da Primeira Era é sobre tentativas consecutivas de atingir uma paz utópica pelos reinos élficos (Doriath e Gondolin entre eles) contra a ira de Morgoth e, em menor grau, de Sauron. Sempre há guerras para preservar a paz até que na Grande Batalha ou Guerra da Ira, Morgoth finalmente é derrotado e banido para sempre do mundo e a paz retorna. É na história da Segunda Era que os Edain recebem dos Valar uma pequena terra utópica (a ilha de Númenor) como recompensa e acabam por destruí-la devido ao seu orgulho. Essa terra (que também é chamada de Andor ou Terra da Dádiva) é um "país justo e fecundo" no início do "Akallabêth" (ou o relato da queda de Númenor), e desaparece para sempre sob as ondas no final. Parece que Tolkien está sugerindo que a proteção da paz contra inimigos externos não é suficiente; sendo necessária também a proteção contra inimigos internos (como o orgulho) e o mal que tem a aparência do bem (Sauron).

A Terceira Era também se concentra na preservação da paz, mas não na paz a todo custo. O Condado é a visão idealizada por Tolkien de uma Inglaterra agrária. Os Hobbits são livres, felizes, bem alimentados e prósperos, mas o são porque os Guardiões (como Aragorn) protegem incessantemente suas fronteiras.[61] Valfenda e Lothlórien são utopias de outro tipo: de aprendizado e alta cultura, e são protegidas pela vigilância dos Elfos e pelo poder de Elrond, Celeborn e Galadriel. O reino de Tom Bombadil perto das Colinas-dos-túmulos é um mundo perfeito preservado por uma espécie de magia natural, mas esse não é um modelo que possa ser ampliado para incluir toda a geografia, porque existe apenas um Tom Bombadil. E é na narrativa de *O Senhor dos Anéis* que as forças do Oeste derrotam Sauron e destroem o Um Anel nas Fendas da Perdição. Elas o fazem porque percebem que devem entrar em guerra para criar uma paz significativa. Os membros do Conselho de Elrond consideram outras estratégias: manter o Um Anel em segredo em Valfenda ou dá-lo a Tom Bombadil para guardá-lo em segurança. No entanto, logo se dão conta de que ambas as estratégias são exemplos de paz a qualquer custo por meio da aparente prevenção da guerra e de que ninguém considera negociar a paz com Sauron ou com seu subalterno, Saruman, além de que não se pode confiar em ninguém, portanto, a paz não duraria muito.

E por que Tolkien consideraria esse tema tão importante a ponto de consagrá-lo em seu legendário? Aqui a sua biografia é novamente importante. Ele viveu duas guerras mundiais, lutou na Batalha do Somme e dois de seus filhos lutaram na Segunda Guerra Mundial. Ele sabia sob quais condições a paz tinha que ser preservada, pois passou os primeiros anos de sua vida como um órfão pobre, que sabia muito sobre a luta pela vida. E então passou grande parte de sua vida adulta como um acadêmico muito bem-sucedido e, antes de morrer, era um autor de fantasia de renome mundial. Sua vida foi de um estado de dúvida e luta a um estado de paz, o que foi alcançado por algo tão simples: trabalho incansável e persistente. É difícil não ler o legendário através da lente da vida.

A piedade é uma das maiores virtudes

A piedade é uma virtude tão poderosa na visão de Tolkien que sem ela a busca para destruir o Um Anel teria falhado. Frodo teria simplesmente se tornado outro Gollum e sido rapidamente derrotado por Sauron. A piedade desempenha um papel central tanto em *O Hobbit* quanto em sua sequência, *O Senhor dos Anéis*, mas é justo dizer que esse papel evoluiu conforme Tolkien desenvolveu o legendário. Se olharmos para a versão original (1937) publicada de *O Hobbit*, não é a piedade que caracteriza o comportamento de Bilbo. A interação entre ele e Gollum é visivelmente diferente daquela da versão revisada (1951). Na versão de 1937, ele simplesmente diz adeus a Gollum, que concordou em mostrar-lhe o caminho de saída dos túneis porque não consegue dar a Bilbo seu anel para ganhar o jogo de adivinhas, pois ele desapareceu. Na versão de 1951 (revista para alinhar a história com *O Senhor dos Anéis*), Bilbo fica tentado a matar Gollum ("Precisava apunhalar aquela coisa imunda, apagar seus olhos, matá-la"[62]), mas se abstém porque tem piedade dele. Ele compreende como a vida de Gollum tem sido terrível: "Uma compreensão repentina, uma piedade misturada com horror, brotou no coração de Bilbo: um vislumbre de dias intermináveis e nunca registrados, sem luz ou esperança de melhora, pedra dura, peixe frio, tocaiando e sussurrando."[63]

No Prólogo ao *Senhor dos Anéis* — a seção intitulada "4. *Do Achado do Anel*" — Tolkien reitera o papel da piedade, mas o amplia: Bilbo pensou em matar Gollum, mas a piedade o faz abster-se de cometer o ato, em parte porque Gollum é muito miserável e em parte porque a invisibilidade de Bilbo lhe dá uma vantagem injusta.[64] No segundo capítulo de *A Sociedade do Anel*, "A Sombra do Passado", Gandalf ensaia mais uma vez o jogo de adivinhas entre Gollum e Bilbo, e em resposta à afirmação de Frodo de que Bilbo deveria ter esfaqueado Gollum, Gandalf responde com firmeza que Bilbo demonstrou, com razão, piedade para com ele e que isso lhe permitiu evitar grande parte da má influência do Anel.[65]

A piedade é claramente uma virtude crucial para Tolkien. No início de *A Sociedade do Anel*, ele optou por repetir a história da descoberta do anel por Bilbo e o papel da piedade nessa história, e a resposta severa de Gandalf a Frodo (referida anteriormente) é enfatizada de forma retórica por meio de uma combinação de capitalização (Piedade, não piedade), ironia e paronomásia (dois significados da palavra "piedade"), e repetição combinada com periodicidade ("Piedade" é repetida três vezes na passagem de "A Sombra do Passado" e a palavra começa e termina a admoestação de Gandalf). E, caso o leitor não perceba — que a piedade é uma virtude transcendente —, Gandalf especula que a piedade de Bilbo por Gollum ainda pode trazer benefícios: "Meu coração me diz que ele [Gollum] ainda tem algum papel a desempenhar, para o bem ou para o mal, antes do fim; e quando isso acontecer, a piedade de Bilbo pode governar o destino de muitos — seus não menos importantes."[66]

Há outros exemplos do valor da piedade no legendário, mas os citados anteriormente são suficientes para provar a sua importância. A questão agora é: Por que a piedade é tão importante para Tolkien? A piedade não é uma virtude especificamente cristã ou católica, no entanto, está claramente relacionada à ideia de compaixão, à força motriz por trás da crucificação de Cristo. Ou seja, a compaixão de Cristo pela humanidade levou à sua paixão para produzir compaixão na humanidade. E a crucificação de Cristo é o evento central da história cristã.

Entretanto, a explicação para a ênfase de Tolkien na piedade como virtude pode ser tanto mais pessoal quanto mais utilitária. Do ponto de vista utilitário, a piedade muitas vezes retarda uma narrativa, adiando a ação e sustentando o ato. (Em poucas palavras, Gollum pode ter sido poupado porque sua presença levaria a uma trama mais complexa, moralmente matizada e desenvolvida.) É também o caso de que a piedade em um contexto bíblico está associada à amizade. Assim, temos Jó 6.14: "Recusar a piedade a um amigo é abandonar o temor ao todo-poderoso", e temos Jó 19.21: "Compadecei-vos de mim, compadecei-vos de mim, ao menos vós que sois meus amigos, pois a mão de Deus me feriu." De fato, basta a piedade de uma virtude cristã para que Deus retribua a sua expressão, como em Provérbios 19.17: "Quem se apieda do pobre empresta ao Senhor; que lhe restituirá o benefício." Do ponto de vista pessoal, Tolkien ficou órfão quando era jovem, então a amizade íntima era essencial para ele de uma forma que não seria para alguém com o benefício social de uma família. Sua história está repleta de grupos aos quais ele pertencia, e dos quais ele tirou amigos para toda a vida: o TCBS e os Inklings são apenas os dois mais conhecidos entre muitos. De certa forma, então, a piedade preencheu uma necessidade pessoal para os outros e representou uma expressão do catolicismo devoto de Tolkien.

Suspeito, no entanto, que o gosto de Tolkien pela piedade como conceito deriva de sua própria expressão de fé misturada com um pouco de Shakespeare (embora muitos pensem — de forma errada — que Tolkien rotineiramente desacreditava do trabalho daquele dramaturgo). Em um rascunho de carta a Eileen Elgar escrito em 1963 (muito tempo depois de seu trabalho com o legendário estar essencialmente terminado), ele oferece uma reflexão filosófica sobre a piedade, que ele equaciona com misericórdia.[67] Segundo Tolkien, devemos *nos* agarrar aos mais altos padrões morais porque somos seres imperfeitos, portanto, se não o fizermos, certamente não conseguiremos o que poderíamos conseguir de outra forma. Entretanto, devemos mostrar misericórdia ao julgar as ações dos *outros* — *porque* devemos mostrar boa vontade, porque naturalmente tendemos a pensar bem de nós mesmos, porque pode haver razões que desconhecemos para o comportamento dos outros, e porque todos têm limites à sua força de caráter. E Shakespeare? Bem, nessa carta a Elgar, Tolkien soa muito parecido com Portia em *O Mercador de Veneza* e seu famoso discurso de "qualidade da misericórdia".

O poder corrompe

É comum os estudiosos afirmarem que o poder é o tema mais importante no legendário e que Tolkien o vê quase sempre como intensamente negativo. Em sua correspondência, Tolkien argumenta que *O Senhor dos Anéis* é uma alegoria do poder usado com a intenção de dominar. No entanto, ele não considera o tema como o mais significativo da epopeia. O poder, segundo Tolkien, é mais um cenário e um meio para introduzir o tema da guerra (carta a Joanna de Bortadano, abril de 1956[68]). Em outras cartas, Tolkien afirma que Morgoth está preocupado apenas com o poder como dominação[69] e que no mundo real parece que aqueles que têm autoridade e não abusam do poder são muito raros (Carta a Christopher Tolkien, 29 de novembro de 1943[70]). Assim, ele sem dúvida teria concordado com as palavras do Barão Acton "o poder tende a corromper, e o poder absoluto corrompe absolutamente".[71]

Assim, o tema da natureza corruptora do poder é expresso no legendário, mas o que às vezes não é observado é o cuidado com que Tolkien faz dele um dispositivo narrativo em *O Senhor dos Anéis*. O símbolo de poder naquela parte do legendário é, naturalmente, o Um Anel, e no amplo arco da narrativa Tolkien organiza eventos para que quase todas as figuras importantes da história tenham a oportunidade de tomar posse do Anel, e todos, com exceção de dois personagens, a recusam. É como se ele quisesse reforçar o tema, transformando-o em um artifício estrutural — quase um motivo.

Primeiro há Gandalf. Frodo lhe oferece diretamente o anel da maneira simples e típica dos hobbits. A resposta de Gandalf é rápida, longa e tipicamente direta. Ele não vai aceitar o anel, pois, se o fizesse, se tornaria outro Sauron, mesmo que começasse usando o anel para fazer o bem no mundo, para mostrar piedade e ajudar os fracos. Ele sabe o bastante sobre os limites de sua própria força para perceber, também, que não poderia simplesmente agarrar-se ao anel e não usá-lo, pois seria tentado demais a empunhá-lo.[72] Gandalf é sábio o suficiente para conhecer suas limitações — mesmo como um Istari.

A seguir, temos Tom Bombadil. Tolkien brinca um pouco com o leitor no início, fazendo com que Bombadil soe ameaçador quando ordena a Frodo que lhe mostre o anel, que ele sinistramente chama de "precioso".[73] Frodo faz o que lhe é dito, mas o anel não tem nenhum efeito sobre Bombadil. Na verdade, ele se torna para Bombadil um meio inesperado para um fim cômico. Antes de devolvê-lo a Frodo, sorrindo como ele o faz, ele gira o anel no ar e *o* faz desaparecer de repente, em vez de seu portador. Em certo sentido, Tolkien está sugerindo que Tom Bombadil tem poder benéfico ilimitado em seu próprio pequeno reino, então por que ele trocaria isso por um poder maléfico no mundo todo?

E depois há Aragorn, que é testado. Em *O Pônei Empinado*, Frodo, Sam, Merry e Pippin conhecem Passolargo/Aragorn, que sabe muito bem o que eles possuem, e o rejeita com algo de um florescimento tespiano: "Se eu estivesse atrás do Anel, eu poderia tê-lo... AGORA!"[74] E sua rejeição ao poder corrupto que o anel representa torna-se uma oportunidade para Tolkien mostrar a ancestralidade de Aragorn e a pureza de suas motivações na busca do Portador-do-Anel e seus companheiros:

> Levantou-se e pareceu tornar-se subitamente mais alto. Em seus olhos brilhava uma luz incisiva e imperiosa. Jogando a capa para trás, pôs a mão no punho de uma espada que trazia escondida no flanco. Eles não ousaram mover-se. Sam ficou sentado, boquiaberto, fitando-o emudecido.
>
> "Mas eu sou o Passolargo de verdade, felizmente", disse ele, baixando os olhos para eles com um rosto suavizado por um sorriso repentino. "Eu sou Aragorn, filho de Arathorn; e se puder salvá-los por vida ou morte, eu o farei."[75]

Na viagem para o Sul de Valfenda, Boromir também é tentado pelo anel por um bom tempo — ostensivamente porque o quer como uma ajuda inestimável na defesa de Gondor; na verdade, porque fica tentado pelo poder que ele lhe ofereceria se o possuísse. Quando a companhia se aproxima de Gondor e Boromir se vê sozinho com Frodo perto das Cataratas de Rauros, ele vê sua oportunidade. Por um lado, Boromir está inclinado a fazer o bem, pois ele usaria o anel para derrotar Mordor; por outro, é atraído pelo anel pois ele lhe daria a capacidade de comandar qualquer um para fazer a sua vontade.[76] Rapidamente seu desejo de tomar o anel ganha força à medida que ele se move, aparentemente sem esforço, da ideia de que ele *poderia* possuir o anel para a ideia de que ele *deveria* fazê-lo: Assim, ele passa da ruminação para comandar diretamente que Frodo lhe dê o anel.[77] Olhado de uma perspectiva, Boromir caiu na armadilha que Gandalf sabiamente evitou no início da trilogia: o poder corrompe ao tentar o indivíduo fazer o bem — pelo menos inicialmente. Quando Boromir percebe seu erro (ele o considera um ataque temporário de loucura), ele mata o maior número possível de orques a fim de dar aos hobbits uma chance de escapar. Entretanto, ele sabe que o anel o corrompeu e aceita que ele deve pagar pelo seu fracasso.[78] Como se para enfatizar a enormidade do fraquejo de Boromir e o erro muito real, mas muito humano, que ele cometeu, Tolkien enquadra as palavras moribundas de Boromir com os atos de gentileza de Aragorn, que se ajoelha ao seu lado, pega sua mão e o beija na testa.

Na viagem para o Sul, a companhia está em Lothlórien para tentar enfrentar o sofrimento da perda de Gandalf. Lá, sem dúvida a mais poderosa e sábia de todos os Elfos, Galadriel, se vê tentada a tomar o Um Anel. Ela dá a Frodo a chance de se olhar no espelho de Galadriel e, no diálogo que se segue, Frodo lhe oferece o anel quase da mesma forma simples que fez com Gandalf dez meses antes. No entanto, há algumas diferenças sutis. Quando Frodo o ofereceu a Gandalf, o fez porque sabia que ele era sábio e já poderoso (talvez poderoso o suficiente para dominá-lo). Agora, ele oferece o anel a Galadriel porque ela é sábia (como Gandalf), corajosa, bonita e porque ele veio a conhecer bem o anel, pois ele viajou para o Sul portando-o e está assustado.[79] No entanto, ela reconhece o poder corruptor do anel, e o diz muito claramente em uma descrição bem-fundamentada o que aconteceria se ela aceitasse a oferta de Frodo. Ela se tornaria muito mais poderosa do que se pode imaginar, e aqueles que ela governava a amariam, teriam medo dela e se desesperariam.[80] A descrição de Galadriel é apenas parte de um debate retórico consigo mesma, porém, um debate em que ela sabe a resposta certa, mesmo enquanto debate. Ela conclui recusando o anel, pois orgulhosamente permanece Galadriel e prevê, corretamente, que deixará a Terra-média com o resto dos Eldar.[81]

Há mais duas demonstrações do poder corruptor do anel — no mínimo, para corromper aqueles cujos corações não são verdadeiros. A primeira envolve Sam em Cirith Ungol. Quando Frodo aparentemente é morto por Laracna, Sam tem que decidir se quer levar o anel para continuar a jornada. Inicialmente, ele considera o suicídio como uma forma de evitar a decisão, então ele decide que é indigno do anel e percebe que tem que pegar o anel e continuar a jornada, e o expressa com grande simplicidade: "'Não, é sentar aqui até que eles [Orques] venham e me matem por cima do corpo do mestre, e o peguem; ou o levem e vão.' Ele respirou fundo. Então pegue-o, é isso!"[82] A segunda é Gollum nas Fendas da Perdição. Ele é tentado a tomar o anel e o faz, mas isso era de se esperar, pois Gollum/Sméagol matou seu amigo Déagol mais de quinhentos anos antes para possuir seu "Precioso". Como se para enfatizar o quanto o poder pode corromper, Gollum tira o anel roendo bestialmente o dedo anular de Frodo antes de cair para trás nas fendas da perdição.

Quanto à questão de Tolkien estar tão consciente da sutil natureza corruptora do poder, há duas respostas curtas: a história sangrenta do século XX (sendo Hitler e Stalin meramente os mais notórios de uma longa lista de líderes brutais) e a política acadêmica. Tolkien foi professor por quase quarenta anos: primeiro na Universidade de Leeds e depois na Universidade de Oxford. Ele travou uma longa e bem-sucedida batalha enquanto esteve em Oxford, fundamentalmente para mudar o currículo de inglês. Isso teria lhe ensinado muito sobre o poder e o abuso de poder. Em uma carta para seu filho Christopher, em 1943, ele faz o julgamento sincero de que menos de um em um milhão pode permanecer incorruptível pelo poder. Somente aqueles que não desejam o poder têm ao menos uma chance de usá-lo para o bem.[83]

A jornada é uma parte essencial da vida

Há inúmeros exemplos das três Eras da importância desse tema para Tolkien, e pelo menos um exemplo do que acontece com alguém quando ele não tem uma jornada. É, naturalmente, um tema que Tolkien encontrou com frequência nas literaturas anglo-saxônica e de inglês médio. Em *Beowulf*, o herói epônimo tem sua jornada: destruir Grendel e sua mãe e (muito mais tarde) um dragão sem nome. Em *Sir Gawain e o Cavaleiro Verde*, Sir Gawain tem que cumprir seu "jogo de Natal". Nos *Contos da Cantuária*, todos os peregrinos estão em uma jornada idêntica: viajar para o santuário de São Tomás à Becket em Cantuária e voltar a Londres. E é um tema que o próprio Tolkien consagrou no arco da sua vida. Foi uma jornada notavelmente bem-sucedida passar de órfão empobrecido a professor de uma das maiores universidades do mundo. Ao longo do caminho, ele teve uma família e um longo e bem-sucedido casamento com Edith Tolkien (anteriormente, Bratt). E sua busca pelo sucesso na vida espelhou seu legendário quando ele escolheu ter os nomes "Beren" e "Lúthien" inscritos na lápide do túmulo que divide com sua esposa.

Comecemos pela Primeira Era para ver como se desenrola esse tema da natureza essencial da jornada na vida. Vou usar três exemplos: Beren e Lúthien, Eärendil e Túrin Turambar. O primeiro deles é a clássica história dos trabalhos de Hércules. O Rei Tingol de Doriath (um elfo) exige que Beren (um homem) traga de volta uma das Silmarils (atualmente em posse por Morgoth) para poder casar com sua filha, Lúthien, o ser mais belo do mundo.[84] Depois de muitas aventuras, ele o faz, e Thingol permite o casamento deles. No entanto, Beren é mortalmente ferido na busca. Lúthien viaja para os salões de Mandos e canta sua tristeza pela morte de seu marido. Mandos se emociona com a sua tristeza: ele traz Beren à vida e concede a mortalidade a Lúthien. Eles vivem suas vidas em Ossiriand e depois de muito tempo ambos morrem de morte natural. Tolkien voltou repetidamente a essa história e ao longo da história de seu legendário ele escreveu várias versões, mais notadamente "O Conto de Tinúviel" e "A Balada de Leithian". Em 2017, seu filho Christopher editou uma versão em livro da história, intitulada simplesmente *Beren e Lúthien*.

A jornada de Eärendil é muito diferente daquela em que Beren e Lúthien ficaram noivos, mas seu amor por sua esposa, Elwing, é igualmente notável. A jornada de Eärendil é conseguir ajuda dos Valar na luta entre Morgoth e Elfos e Homens. Eärendil é o primeiro homem a colocar os pés em Valinor; seu apelo feito aos Valar em busca de ajuda é bem-sucedido; e, juntos, os Valar, Elfos e Homens derrotam Morgoth, com este sendo permanentemente removido do mundo.[85] De uma perspectiva, a jornada de Eärendil é a mais importante de todo o legendário. Sem ela, Morgoth poderia não ter sido derrotado, e a história da Terra-média teria sido muito diferente e ainda mais trágica.

Se a história de vida de Eärendil é prova da importância da jornada na vida, a de Túrin Turambar é prova do oposto: o que acontece com alguém que não tem uma jornada. Pode-se argumentar que ele tem missões (encontrar Finduilas, matar Glaurung), mas estes são na verdade apenas momentos de uma vida fora da lei. Poderia ser argumentado, de certa forma, que sua missão é ganhar tantos epítetos quanto ele puder: Neithan, Gorthol, Agarwaen, Thurin, Adanedhel, Mormegil e Turambar, entre eles, mas a sua falta de uma jornada deve-se ao tipo de história em que ele se encontra. Com Túrin, Tolkien criou uma figura como Édipo, pois Túrin sofre muito durante sua vida, casando-se acidentalmente com sua irmã, Nienor/ Níniel. Quando eles percebem o que aconteceu, cometem suicídio. Eu sugeri que a história de Túrin mostra o quanto uma vida pode ser desperdiçada se não tiver uma jornada, mas também pode ser que a história da trágica vida de Túrin ilustre em parte o alcance do poder de Morgoth de fazer o mal no mundo, pois muito do que acontece com Túrin se deve ao fato de Morgoth ter a intenção de destruir a criação de Ilúvatar.

Até agora, tivemos exemplos de jornadas que foram bem-sucedidas e de vidas que ficaram sem uma jornada. Na Segunda Era, e com o rei Númenóreano Ar-Pharazôn, temos um exemplo de uma jornada que não é digna. A busca de Beren era por amor; a de Eärendil era por ajuda divina; a de Ar-Pharazôn é por autovalorização e imortalidade — e está condenada ao fracasso porque a mortalidade é uma parte essencial do que é ser humano. A princípio, quando Ar-Pharazôn reivindica Valinor para si mesmo, parece que ele obtém sucesso. Afinal de contas, quem poderia ficar contra frotas tão maciças a ponto de bloquear o pôr do sol? No entanto, é quase como se Ar-Pharazôn soubesse que ele não seria bem-sucedido, pois ele quase volta para trás ao ver Taniquetil tão alta, silenciosa e imutável nas margens de Valinor.[86] E o que faz Ilúvatar em resposta à busca arrogante da imortalidade de Ar-Pharazôn? Ele refaz o mundo e castiga Ar-Pharazôn e suas tropas mais severamente até mesmo do que os que quebraram o juramento nas Sendas dos Mortos em *O Senhor dos Anéis*. Todos eles estão eternamente presos nas Cavernas dos Esquecidos.[87] É certamente entendido por Tolkien como uma suprema ironia que Ar-Pharazôn conseguiu o que sempre quis: a imortalidade. Infelizmente, é uma imortalidade da prisão até o fim de todas as coisas. *Sic semper tyrannis*.

As jornadas da Terceira Era precisam de menos discussão aqui porque são bem conhecidas. Basta dizer que sem a jornada pelo tesouro de Smaug, *O Hobbit* não existiria. Teria sido um livro muito diferente e monótono, no qual Bilbo *não* tem aventura, mas apenas fica no Bolsão e na Vila dos Hobbits, sendo um hobbit apaixonado por comer, fumar tabaco no cachimbo e dar festas. Basta dizer, também, que não haveria nenhum épico sem a busca para destruir o Um Anel, ou ele seria muito diferente, sendo a busca aliada de Aragorn por sua realeza malsucedida ou bem-sucedida apenas à custa de sua honra, pois ele poderia ter sido capaz de derrotar Sauron usando o Um Anel contra ele. No entanto, isso teria levado Aragorn a tornar-se mau ao longo do tempo, e o propósito moral dessa parte do legendário teria sido prejudicado. É importante notar que as duas missões da Terceira Era — roubar o tesouro de Smaug e destruir o Um Anel — são opostos, pois um trata de possuir riqueza e o outro de destruí-la. É difícil não ver Tolkien como um erudito anglo-saxão lembrando aquela bela passagem em *Beowulf* na qual o poeta fala da inutilidade de adquirir um tesouro.

> Naquele monte [enterrado], eles [seguidores de Beowulf] colocaram armaduras, joias e todos os ornamentos como enquanto homens ousados tinham tirado do acúmulo, abandonando o tesouro dos homens poderosos à terra para guardar, ouro para o chão onde não tinha valor para os homens como antes.[88]

A sociabilidade é central para a felicidade

Como em alguns dos temas anteriores, é importante considerar a biografia de Tolkien por um momento. Tolkien era uma pessoa muito sociável, especialmente com os homens e os acadêmicos. Ao longo de sua vida, ele fez parte de muitos clubes, sendo os mais conhecidos o TCBS e os Inklings. Tolkien claramente valorizava a socialização com outros e pode-se ver isso tanto em *O Hobbit* quanto em *O Senhor dos Anéis*. Ambos começam com festas: uma pode ser "inesperada" e a outra "muito esperada", mas ambas são festas que o grupo formado (um mago e anãos em uma e um mago e hobbits em outra) desfruta completamente. Em contraste, são os solteiros ou solitários que são perigosos: o próprio Sauron (sozinho em Barad-dûr); Denethor (sozinho na Torre Branca); e Saruman (sozinho em Orthanc) vêm à mente. É como se o mal ou a loucura crescesse sem a companhia repressora de outros.

A tecnologia é corrosiva e perturbadora

Sabe-se que Tolkien não gostava de tecnologia. Ele a associou ao industrialismo e à perda de um estilo de vida mais calmo e rural que ele amava profundamente. Em uma carta ao seu filho, Christopher, em 1944, Tolkien escreveu que a tragédia das máquinas é que elas são usadas apenas para fomentar o poder. Máquinas que poupariam tempo e esforço às pessoas levam, na verdade, a piores tipos de trabalho. Demasiadas vezes e porque vivemos em um mundo lapsariano, as nossas criações são usadas para fins maléficos.[89] No próprio legendário, Morgoth cria fortalezas (Utumno e Angband) com danos colossais à natureza. No legendário, Saruman usa a tecnologia para criar os Uruk-hai, uma espécie de superorque, e destrói parte da Floresta de Fangorn — intencionalmente, porque ele não tem amor pela natureza. E Sauron, em busca de poder por meio de armas e força, transforma Mordor em uma terra morta.[90]

Há pouca tecnologia no legendário, como se quisesse mostrar o quanto Tolkien detestava, mas há as palantíri, e estas mostram como a tecnologia pode ser mal utilizada. Originalmente, as sete palantíri (ou Pedras-Videntes) eram uma forma avançada de comunicação criada pelos Noldor e usada para manter contato através de grandes distâncias e, aparentemente, através do próprio tempo.[91] Entretanto, Sauron e Saruman usam as que possuem para o mal; Denethor usa a dele para tentar descobrir os propósitos de Sauron; e Pippin usa a que ele toma de Gandalf porque é um tolo curioso. Saruman, por causa da palantír, decide erroneamente que a única maneira de sobreviver à guerra vindoura é servir a Sauron. Denethor decide que tudo está perdido e fica louco. Pippin sofre uma convulsão, mas não é prejudicado permanentemente. Gandalf deixa claro, no entanto, o que pensa da tecnologia, pois vê o uso que Pippin faz da Pedra-Vidente como malicioso e diabólico — uma visão que é ecoada mais tarde por Gimli chamando a mesma palantír de "aquela amaldiçoada pedra de feitiçaria!".[92]

Há apenas um sábio uso dessa tecnologia, e é quando Aragorn usa a palantír de Orthanc para arrancar o poder da pedra de Sauron e fazer com que Sauron duvide do sucesso de seus projetos. Esse é um momento crucial na narrativa do ponto de vista de Tolkien e, portanto, Aragorn reconta longamente sua luta com Sauron a Gimli e Legolas enquanto eles descansam.[93] O uso sábio e corajoso da palantír por Aragorn faz com que Sauron ataque Minas Tirith muito cedo — antes que seus planos estivessem totalmente desenvolvidos. Como diz Aragorn a Gimli: "O golpe apressado muitas vezes se extravia."[94] O uso de Aragorn também lhe permite ver uma ameaça a Gondor, que ninguém conhecia, vinda do Sul, e *isso* faz com que Aragorn adentre as Sendas dos Mortos e derrube os corsários de Umbar com a ajuda dos guerreiros que quebraram o juramento. Em certo sentido, então, Gondor teria caído se Aragorn não tivesse usado a palantír.

A tradição é um elemento essencial na organização social

Há várias maneiras pelas quais a importância da tradição se manifesta no legendário. Uma delas é por meio do poder que a tradição e a profecia têm. Há a sabedoria que envolve as propriedades curativas de uma erva chamada folha-do-rei (ou athelas). A erva salva Frodo, Faramir e Éowyn da morte ao serem envenenados pelo inimigo. Frodo é apunhalado com uma lâmina Morgul no Topo-do-Vento; Faramir é baleado com um dardo Nazgûl; Éowyn é ferida ao dar o golpe fatal no líder dos Nazgûl: o Rei-bruxo de Angmar. A lenda está inscrita em uma rima que começa "*Quando o hálito negro desce*".[95]

Nos apêndices de *O Senhor dos Anéis* nos são apresentadas outras importâncias da tradição para o legendário. O Apêndice A, "Anais dos Reis e Governantes", contém informações sobre Númenor, a casa de Eorl e o folclore de Durin. O subtítulo do Apêndice B, "O Conto dos Anos", é "(Cronologia das Terras Ocidentais)". O Apêndice C é intitulado "Árvores Genealógicas" e cobre apenas a genealogia dos hobbits. A única coisa que une esses apêndices, que estão cheios de material que Tolkien gostaria de ter incluído de alguma forma no legendário caso tivesse tempo e energia, é a tradição — seja ela nacional, cultural ou familiar. Em essência, Tolkien está dizendo que a tradição (ou a percepção da história) é essencial para manter uma organização social saudável.

Pode-se ver esse ponto com mais clareza, talvez, na história dos reinados em Gondor. O último rei de Gondor, antes de Aragorn voltar como rei, foi Eärnur, que havia sido coroado em 2043, mas foi traiçoeiramente assassinado pelo Rei-bruxo de Angmar. Como não foi possível encontrar um sucessor cuja reivindicação todos pudessem concordar, os regentes governaram no lugar do rei, e do primeiro (Mardil Voronwë) ao último (Denethor II) houve 26 regentes. Cada um deles fez um juramento: "De manter o bastão e governar em nome do rei, até que este retorne."[96] Esse juramento significou algo, pois parte das loucuras de Denethor — como é descrito no legendário — ocorrem porque em seu orgulho ele esqueceu seu juramento e permaneceu como regente de Gondor, mesmo que tudo indicasse que Aragorn era de fato o legítimo herdeiro do trono, ainda que não o tivesse reivindicado até o momento. Denethor deixa bem clara essa linha de raciocínio falaciosa ao atacar verbalmente Gandalf após a Batalha dos Campos de Pelennor.[97] Denethor esquece a tradição e seu juramento. Ele se mata em desespero com a morte de Boromir e (ele pensa) Faramir. Na verdade, parte do propósito da forma como a epopeia termina é restaurar a tradição, fazendo Faramir renunciar à *sua* regência para que Aragorn mostre *seu próprio* poder, restituindo a Faramir o papel cerimonial de regente: "Esse cargo não findou e há de ser teu e dos teus herdeiros enquanto durar minha linhagem. Agora cumpre teu dever!" "Faça agora o teu ofício!", declara ele.[98] Faramir cumpre essa tarefa publicamente anunciando o retorno do rei, retirando a antiga coroa de Eärnur (o último rei de Gondor) de seu caixão. E então Aragorn sela a tradição repetindo as palavras que Elendil falou em quenya quando pôs os pés na Terra-média no final da Segunda Era: "Et Eärello Endorenna utúlien. Sinome maruvan ar Hildinyar tenn' Ambar-metta!" ("Do Grande Mar vim à Terra-média. Neste lugar habitarei, e meus herdeiros, até o fim do mundo")[99] No entanto, na visão de Tolkien, a tradição é de certa forma um ser vivo e não deve ser tratada como absolutamente sacrossanta, por isso Aragorn se afasta ligeiramente do ritual esperado ao fazer Frodo lhe dar a coroa e ao fazer Gandalf colocar a coroa em sua cabeça para honrar seus papéis vitais na restauração de sua realeza. O que temos é a veneração da tradição, mas não de alguma forma ossificada, veneração das palavras e juramentos de (como diz Faramir) "nossos ancestrais de outrora"[100].

O amor verdadeiro envolve sacrifício

Há três exemplos clássicos no legendário sobre esse tema: Beren e Lúthien, Aragorn e Arwen, e Eärendil e Elwing. Dos dois primeiros pares de amantes este capítulo já falou, mas de Eärendil e Elwing pouco disse. Elwing possui uma das três Silmarils. Para impedir Maedhros (um dos filhos de Fëanor) de tomá-la, ela se joga no mar. O Vala Ulmo a resgata do mar e a transforma em um grande pássaro branco. Nesta forma, ela voa com a Silmaril sobre o peito em direção a seu marido que está a bordo de seu navio, o Vingilot. Naquela noite, ela é milagrosamente transformada de volta em mulher e esposa de Eärendil, que, pela manhã, a encontra dormindo em seus braços.[101] Eärendil sabe o perigo em que ela se colocou por amor a ele e tenta distanciá-la de qualquer raiva que os Valar possam sentir por ele ter navegado até Valinor para implorar por sua ajuda contra Morgoth. É um perigo que Manwë reconhece quando fala de Elwing ter "entrado em perigo por amor a" Eärendil.[102]

E o amor de Eärendil e Elwing é perpétuo, pois, quando ele guia seu navio através do paraíso brilhando como uma estrela com a Silmaril em sua proa, Elwing voa para encontrá-lo de sua torre branca ao Norte do Belegaer, o Grande Mar.[103] E isso acontece de forma tão previsível e eterna quanto o sol nasce e se põe.

Em uma interessante reviravolta na ideia do amor que requer sacrifício, em que Lúthien e Arwen escolheram a mortalidade para estar com os maridos mesmo na morte, Elwing escolhe a imortalidade para si mesma, e Eärendil escolhe o mesmo, embora sinta falta do mundo dos homens, de Tuor, de seu pai e do seu povo em especial. Portanto, quer a esposa se sacrifique ou o marido o faça, o amor requer sacrifício, na visão de Tolkien.

Posfácio

Em agosto de 2018, quando este livro estava prestes a ser concluído, a editora Houghton Mifflin Harcourt publicou *A Queda de Gondolin*, de Tolkien, editado por seu filho, Christopher. *A Queda de Gondolin* é a terceira das quatro grandes histórias da Primeira Era, que englobam também *Os Filhos de Húrin, Beren e Lúthien* e "O Conto de Eärendel". Como provavelmente não há material suficiente para um volume publicado separadamente dedicado a Eärendel, *A Queda de Gondolin* encerra a longa e notável saga do legendário de Tolkien e a devoção de seu filho à realização de seu pai.

A queda da cidade de Gondolin é, naturalmente, bem conhecida de muitos entusiastas de Tolkien por causa de *O Silmarillion* e *O Livro dos Contos Perdidos*, e embora o volume publicado recentemente acrescente muitos detalhes à versão em *O Silmarillion*, não é o que importa para mim aqui, pela simples razão de que não acrescenta nada inesperado ou incomum. É, no entanto, um documento importante em vários aspectos, que vou delinear neste Posfácio.

O elemento pessoal

Christopher Tolkien está agora em seus 95 anos. Ele havia pensado que *Beren e Lúthien* (publicado em 2017) seria seu último livro. Agora *A Queda de Gondolin* será com certeza: "É certo que o presente livro é o último", escreve ele.[104] Eu me comovo profundamente com a extraordinária e abnegada jornada de Christopher Tolkien ao longo de mais de quarenta anos e pelo tom de tristeza no Prefácio.

Editando

Em *A Queda de Gondolin*, Christopher Tolkien aborda em primeiro plano a questão de como editar melhor o trabalho de seu pai. Com *O Silmarillion*, ele optou por uma obra fortemente reconstruída, na qual a clareza superou a precisão. O que importava então (em 1977) era que a monumental obra da Primeira Era de seu pai fosse apresentada de forma coerente — mesmo que essa escolha perdesse a realidade da confusão textual. Afinal, Tolkien estava morto há apenas quatro anos, naquele momento. (Christopher Tolkien agora chama essa estratégia de "forjada"[105]). Com o volume 12 de *A História da Terra-média* (1983-96), ele optou por uma abordagem muito diferente: apresentar "todo o movimento narrativo como ele evoluiu ao longo dos anos", a fim de mostrar o legendário "longitudinalmente" (ao longo da vida de seu pai) e não "transversalmente" (como uma série de projetos acabados)[106]. Com *Os Filhos de Húrin*, Christopher Tolkien pegou uma história, tornou-a coerente com o trabalho que havia feito com *O Silmarillion* trinta anos antes e discutiu em anexo as alterações da narrativa ao longo do tempo. Com *Beren e Lúthien* e *A Queda de Gondolin* ele adotou uma quarta estratégia: apresentar várias versões da história de forma completa e sequencial.

Essa é, tacitamente, uma admissão honesta de sua própria atitude de desenvolvimento à edição que levanta uma questão maravilhosamente ressonante: Qual é a melhor maneira de editar o legendário?

Macrocosmo e microcosmo

Ao refletir sobre sua própria realização na série *A História da Terra-média* e as conquistas de seu pai com o legendário, Christopher Tolkien explica de forma útil a qualidade única do trabalho de seu pai:

Minha *História* daquela época, tão longa e complexa como é, deve sua duração e complexidade a esse poço sem fim [no legendário]: um novo retrato, um novo motivo, um novo nome, acima de tudo novas associações. Meu pai, como o Criador, pondera a grande história e, ao escrever, toma consciência de um novo elemento que entrou na história.[107]

Uma bela expressão de uma evolução complicada e duradoura.

O legendário

A Queda de Gondolin é uma história memorável e gratificante em seu próprio olhar. É como os outros grandes contos do legendário, no entanto, também significativamente única, e pouco notada. A escrita criativa de Tolkien está cheia de heróis (grandes e pequenos). Os títulos de seus muitos livros enfatizam esse mesmo fato: *O Hobbit* (Bilbo); *Mestre Gil de Ham; O Senhor dos Anéis* (Aragorn — ou seria Sauron?); — O Regresso de Beorhtnoth, Filho de Beorthelm"; *As Aventuras de Tom Bombadil*; *Ferreiro de Bosque Grande*; *Roverando*; *Os Filhos de Húrin*; *A Lenda de Sigurd e Gudrún*; *A Queda de Arthur*; *A História de Kullervo*; *A Balada de Aotrou e Itroun*; e *Beren e Lúthien*. Só *A Queda de Gondolin* se preocupa com outra coisa: o saque de uma cidade. Sim, Tuor (um homem) é importante para a ação, mas a destruição é central para o significado e o propósito do conto. Talvez em *A Queda de Gondolin* Tolkien tome a guerra como foco e exorcize suas experiências na Primeira Guerra Mundial. Afinal, foi a primeira de suas histórias iniciais a ser totalmente escrita em um papel (por volta de 1916–1918, durante e logo após suas experiências na Batalha do Somme). Foi a primeira de suas histórias a ser apresentada a um público: o Essay Club da Exeter College da Universidade de Oxford. O ano era 1920 e Tolkien tinha apenas 28 anos. Foi e seria sempre, como escreveu a W. H. Auden em 1955, "a primeira história real desse mundo imaginário"[108]. Será, adequadamente, o último de seus livros a ser publicado.

Apêndice A — As fontes de Tolkien

Esse apêndice consiste em seis tabelas seguidas de algumas notas destinadas a contextualizar as informações apresentadas.

Tabela A: Fontes anglo-saxônicas

Obra	Data	Descrição	Significado
A Batalha de Maldon (fragmento)	991–1075 EC	325 linhas (manuscrito *Cotton*)	As definições de heroísmo e orgulho (*ofermod*) combinam com as do legendário
Beowulf	500–700 EC	3.182 linhas (*Nowell Codex*)	Tolkien dedicou sua vida acadêmica ao estudo do poema e de seu significado. Sua influência sobre o legendário não pode ser superestimada
Êxodo	Desconhecido	590 linhas; uma recontagem da fuga dos israelitas escravizados no Egito (manuscrito *Junius*)	Uso da história, descrição do heroísmo, contraste entre a ortodoxia e o paganismo espelham os do legendário
O Fragmento de Finnsburg	Desconhecido	50 linhas; uma batalha entre Hnaef e os frísios (manuscrito original perdido)	Os perigos de quebrar juramentos
Maxims I e II	Desconhecido	Um conjunto de afirmações enigmáticas (*Exeter Book*)	Conexão com a tradição recôndita de Barbárvore e afirmações enigmáticas
"A Ruína"	700–800 EC	49 linhas (*Exeter Book*)	As descrições de Gondor em seu auge (em contraste com a Terceira Era), Osgiliath e Topo-do-Vento (Amon Sûl)

Obra	Data	Descrição	Significado
"O Marinheiro"	700–800 EC	124 linhas (*Exeter Book*)	Evocação do poder do mar; o tema "ubi sunt?"

Obra	Data	Descrição	Significado
"Salomão e Saturno"	800–925 EC	*Corpus Christi Colllege, Cambridge* MS 422	Jogo de adivinhas; cf. *O Hobbit*
"O Andarilho"	875–925 EC	115 linhas (*Exeter Book*)	Tom elegíaco e ênfase nas qualidades de um bom líder

Tabela B: Fontes em inglês médio

Obra	Data; Língua; Fonte	Descrição	Significado
"O Conto de Franklin"	1390–1400 EC; dialeto londrino de inglês médio; *Os Contos da Cantuária* de Geoffrey Chaucer	Um conto sobre as dificuldades da vida de casado	A ideia de trabalhos impossíveis faz lembrar o conto de Beren e Lúthien
Lais de Marie de France	1175–1200 EC; Anglo-Normando	Lais bretões; 12 pequenas narrativas	Linguagem elevada; narrativa distanciada; o conceito de amor cortês ecoa o amor de Aragorn e Arwen, cf. *A Balada de Aotrou e Itroun* de Tolkien
Bruto de Layamon	*c.* 1190–1215 EC	16.095 linhas de comprimento; uma história da Grã-Bretanha com uma seção sobre o Rei Artur	A palavra de Éowyn *dwimmerlaik* vem dessa fonte
A Morte de Arthur de sir Thomas Malory	1485 EC; dialeto londrino de inglês médio	Oito seções; conta a história da vida do Rei Arthur	Os tópicos de realeza, batalha e traição são centrais para o legendário, cf. *A Queda de Arthur* de Tolkien

Obra	Data; Língua; Fonte	Descrição	Significado
"O Conto do Padre da Freira"	1390–1400 EC; dialeto londrino de inglês médio; *Os Contos da Cantuária* de Geoffrey Chaucer	Fábula de 626 linhas	A ideia de animais falantes ocorre no legendário
Pérola	1385–1400 EC; dialeto de Northwest Midland de inglês médio; *Cotton Nero A*	Um poema de sonho sobre a perda por causa da morte de uma jovem garota	Idealização da mulher, cf. Arwen, Galadriel e Lúthien
"O Conte de Reeve"	1390–1400 EC; dialeto londrino de inglês médio; *Os Contos da Cantuária* de Geoffrey Chaucer	Um fabliau, de conteúdo sexualmente grosseiro	A conexão é linguística com Tolkien: fascínio por dialetos e linguagem em geral
Sir Gawain e o Cavaleiro Verde	1385–1400 EC; dialeto de Northwest Midland de inglês médio; *Cotton Nero A*	Um romance de jornada envolvendo um dos cavaleiros da Távola Redonda; 2.530 linhas; 101 estrofes	Tópicos de tentação, deambulação e de desafios morais são tolkienianos
Sir Orfeo	1330 CE; dialeto londrino de inglês médio; três manuscritos separados	Uma recontagem do conto de Orfeu	O conto de Orfeu misturado com a sabedoria das fadas é tolkieniano (especificamente a história de Beren e Lúthien)
Viagens de Jean de Mandeville	1357–1371 EC	Uma narrativa de viagens a lugares extraordinários	Pode ser que Tolkien tenha tirado suas Árvores do Sol e da Lua e a passagem dos Pântanos Mortos desta obra

Obra	Data; Língua; Fonte	Descrição	Significado
"As Guerras de Alexandre"	*Alexander C* manuscrito em duas versões na Biblioteca Bodleian e Trinity College Dublin	Um romance contando a história da vida de Alexandre, o Grande	O sobre-humano Alexandre faz lembrar Aragorn

Tabela C: Fontes escandinavas

Obra	Língua; Fonte	Data	Descrição	Significado
"Fáfnismál"	Nórdico Antigo; *Edda em Verso*	1200 EC	Poema	Discussão entre Bilbo e Smaug em *O Hobbit*
Kalevala: "A História de Kullervo"	Finlandês	1835, 1849 EC	22.795 versos. Épico (compilação de Elias Lönnrot); a história de Kullervo ocupa partes 31–36 do épico maior	Profundamente influentes em Tolkien por meio da tradução de 1907 de W. F. Kirby, particularmente o personagem de Kullervo, cf. *A História de Kullervo* de Tolkien
Edda em Prosa	Islandês antigo	1225–1241 EC	Compilado por Snorri Sturluson	O mito da criação em *O Silmarillion* foi influenciado por *Edda em Prosa*
A Saga do Rei Heidrek, o Sábio	Nórdico antigo	1325–1650 EC	Fornaldarsögur (Sagas dos Tempos Antigos)	Tom elegíaco; jogo de adivinhas; nome de espadas
A Saga do Rei Hrolf Kraki	Nórdico antigo	1400 EC	Existe em mais de quarenta manuscritos	Beorn in *O Hobbit* deve muito ao personagem Bödvar Bjarki

Obra	Língua; Fonte	Data	Descrição	Significado
"Skirnísmál"	Nórdico antigo; *Edda em Verso*	1200 EC	Poema	Orques e Montanhas Nevoentas (em *O Hobbit*)
"Vafðrúðnismál"	Nórdico antigo; *Edda em Verso*	1200 EC	Poema	Jogo de adivinhas
Saga de Völsunga	Nórdico antigo	1250–1300 EC	Fornaldarsögur traduzido por William Morris em 1870	A matança do dragão; combinação de natural e sobrenatural; o anel, a causa de tantos problemas, cf. *A Lenda de Sigurd e Gudrún* de Tolkien
"Völuspá"	Nórdico antigo; *Edda em Verso*	1200 EC	Poema	Nomes dos anãos e Gandalf em *O Hobbit*

Tabela D: Fontes celtas e germânicas

Obra	Data; Língua	Descrição	Significado
"Kilhwch e Olwen" em *O Mabinogion*	1100–1200 EC; galês médio	Uma história que se relaciona diretamente com o arco maior dos contos arturianos	Essa história particular influenciou a história de Beren e Lúthien
O Mabinogion	1100–1200 EC; galês médio	Um compêndio de 12 histórias variadas	O Outro Mundo Celta e a ideia das ilhas abençoadas se correlacionam com o legendário
O Niebelungenlied	1180–1210 EC; alto alemão médio	2.400 estrofes; a história de Siegfried, que mata um dragão	A vulnerabilidade de Siegfried é reminiscente à de Smaug
O Livro Vermelho de Hergest	1382–1410 EC; galês médio	Um manuscrito contendo prosa (O Mabinogion) e poesia	A fonte óbvia para o título de *O Livro Vermelho do Marco Ocidental* de Tolkien

Obra	Data; Língua	Descrição	Significado
"A Segunda Batalha de Mag Tuired"	800–1100 EC; irlandês	Uma história de opressão e o esforço para derrubar essa opressão	Apresenta os Tuatha Dé Danaan, que eram seres muito élficos; a história em si lembra *O Silmarillion*
"A Viagem de Bran, Filho de Febal"	900 EC; irlandês	Uma história que contém os elementos constituintes do *imram* (ou da viagem)	Reminiscência das viagens em *O Silmarillion*; o próprio Tolkien escreveu um poema chamado "Imram"

Tabela E: Fontes em literatura fantástica

Autor	Trabalho(s) e Datas	Notas Explicativas
John Buchan	"As Ilhas Distantes", 1899	O poder assombroso do mar
S. R. Crockett	*O Douglas Negro*, 1899	Wargs
Walter de la Mare	*Os Três Mulla-Mulgars*, 1910	A jornada de *O Hobbit*
Lord Dunsany	*Os Deuses de Pegãna*, 1905; *A Espada de Welleran e Outras Histórias*, 1908	Valar e o mito da criação
E. R. Eddison	*O Verme Ouroboros*, 1922; *Stybiorn, O Forte*, 1926; *Saga de Egil*, 1930	Influência geral; Tolkien admirava muito os poderes de invenção de Eddison
Kenneth Grahame	"O Dragão Relutante" (em *Dias de Sonho*, 1898)	Conhecimento sobre dragões
William Hope Hodgson	*A Terra da Noite*, 1912	Representação de Moria
Rudyard Kipling	*Puck da Colina Pook*, 1906; *Recompensas e Fadas*, 1910	Arte de ferreiro; anglicismo; desgosto da imagem vitoriana das fadas
E. H. Knatchbull-Hugessen	"Gato Mew" (em *Histórias para Meus Filhos*, 1869)	Incidente com o trol em *O Hobbit*

Autor	Trabalho(s) e Datas	Notas Explicativas
David Lindsay	*Uma Viagem a Arcturus*, 1920	Viajar como experiência espiritual
George MacDonald	*Phantastes*, 1858; "A Chave Dourada", 1867; *A Princesa e o Gobelim*, 1872; *A Princesa e Curdie*, 1882; *Lilith*, 1895	Influência geral
A. Merritt	*O Navio de Ishtar*, 1924	A viagem de Eärendel
William Morris	1. *A Casa dos Wolfings*, 1888; 2. *Raízes da Montanha*, 1889; 3. *A Planície Brilhante*; 4. *A Floresta além do Mundo*; 5. "O Folclore da Porta da Montanha"	1. Terra dos Cavaleiros; 2. Gollum; 3. Jornada pelas Terras Imortais; 4. A Floresta de Fangorn; 5. Caminhos dos Mortos
E. Nesbit	"Os Domadores de Dragões", 1889	Dragões; Chrysophylax Dives em *Mestre Gil de Ham*
Austin Tappan Wright	*Islândia*, 1942	Desgosto pela tecnologia; plenitude da visão criada
Ludwig Tieck	"Os Elfos", 1812	Parte do *Fantasma do* Tieck, 1860
E. A. WykeSmith	*A Maravilhosa Terra dos Snergs*, 1927	Criação dos Hobbits

Tabela F: Outras fontes importantes

Obra e data	Autor	Significado
Um Livro de Baladas Dinamarquesas, 1939	E. M. Smith-Dampier, tradutor	O amor de Tolkien pela música em seu legendário
O Anel de Nibelungo, 1848-1874	Richard Wagner	O conteúdo desse ciclo de ópera é paralelo ao legendário: jogo de adivinhas; arma quebrada como símbolo dinástico; poder do anel

Obra e data	Autor	Significado
As Baladas Populares Inglesas e Escocesas, 1882-1898	F. J. Child	O amor de Tolkien pela música em seu legendário
Folclore em Inglês e Baladas Escocesas, 1928	Lowry C. Wimberly	O amor de Tolkien pela música em seu legendário
Canções Folclóricas dos Apalaches do Sul, 1917	Olive D. Campbell e Cecil I. Sharp	O amor de Tolkien pela música em seu legendário
O Último dos Moicanos, 1826	James Fenimore Cooper	A viagem do herói e seus companheiros ao Forte Henry faz lembrar a passagem da sociedade por Tol Brandir

Interpretando as tabelas

Grande parte do que forneci é autoexplicativa; entretanto, é importante ter em mente as seguintes informações.

- Tolkien desaprovava a caça às fontes porque isso desviava a atenção do texto primário e porque focava a discussão mais na originalidade do que na tradição.
- Tolkien tinha uma atitude muito definida em relação à representação do mundo das fadas, como fica claro em seu ensaio "Sobre Estórias de Fadas".
- Eu só listei aquelas fontes que definitivamente fomentaram suas energias criativas. É difícil circunscrever a questão da influência, pois Tolkien era um acadêmico e um leitor voraz. Assim, seus trabalhos são o produto de uma vida inteira de leitura, tanto acadêmica quanto casual.
- Eu discordo e acho bastante inútil a distinção de Tom Shippey entre uma fonte "verdadeira" e uma fonte "herética". (Veja o

Apêndice A: "Fontes de Tolkien: A Verdadeira Tradição" na sua edição de *The Road to Middle-Earth*, revista e ampliada.[1]) Tal distinção permite a Tolkien controlar os termos da discussão. Só porque Tolkien, por exemplo, disse que não gostava de Shakespeare ou de George MacDonald, não significa que eles não fossem influentes. Dito isto, a discussão de Shippey sobre fontes em *The Road to Middle-Earth* — junto a *J.R.R. Tolkien Companion and Guide* de Scull e Hammond — *foram* tremendamente úteis na minha criação deste apêndice.

- Em relação ao uso da mitologia por Tolkien, é importante lembrar que várias de suas recriações imaginativas desses mitos foram publicadas nos últimos anos.

Apêndice B — Filmes do legendário

A história do esforço para trazer o legendário de Tolkien às telas começa, ignominiosamente, com a proposta de Morton Zimmerman e Forrest Ackerman de uma versão animada de *O Senhor dos Anéis* em 1957–1958. Tolkien não gostou nada dela — do cenário mais do que da própria ideia. Há, em seguida, em 1966, um filme de animação de 12 minutos de *O Hobbit* de Gene Deitsch, Jiri Trnka e Adolf Born. Foi exibido publicamente na cidade de Nova York em 1969. Para um público de massa, porém, a história nas telas do legendário de Tolkien realmente começa com três desenhos animados produzidos entre 1977 e 1980. O primeiro foi *O Hobbit* em 1977. Ele foi dirigido por Jules Bass e Arthur Rankin Jr. e foi transmitido pela NBC em 27 de novembro de 1977. O segundo foi *O Senhor dos Anéis*, em 1978, que foi dirigido por Ralph Bakshi e lançado nos cinemas no dia 15 de novembro de 1978. O terceiro, *O Retorno do Rei* (1980), foi novamente realizado por Bass e Rankin. Foi transmitido pela ABC em 11 de maio de 1980. Esses três desenhos animados podem ser rapidamente descartados. Todos os três são terríveis. Design ruim de personagens, má animação, música e trilha sonora incidental irritantes, uma infinidade de erros para irritar os puristas. Eu tive essa opinião quando eles foram lançados e continuo achando isso. Eles são inadequados como demonstrações de talento em desenhos animados; são inadequados como representações de partes-chave do legendário. A única coisa que acontece com as três animações é que, se você observar todas, terá *alguma* noção da trama das partes mais completamente realizadas (por Tolkien) do legendário.

Os filmes de Peter Jackson

A versão cinematográfica de Peter Jackson de *O Senhor dos Anéis* e *O Hobbit* consiste em seis filmes individuais: três filmes de *O Senhor dos Anéis* e três de *O Hobbit*. Os três dedicados àquele foram lançados da seguinte forma: *A Sociedade do Anel* (2001), *As Duas Torres* (2002) e *O*

Retorno do Rei (2003). Houve então uma lacuna de nove anos antes de Jackson fazer sua versão de *O Hobbit: Uma Jornada Inesperada* (2012), *O Hobbit: A Desolação de Smaug* (2013) e *O Hobbit: A Batalha dos Cinco Exércitos* (2014). Essas duas trilogias representam um feito significativo, até mesmo notável. Há sites, seções de sites, blogs, páginas de fãs e notícias de jornais que analisaram minuciosamente as diferenças entre as versões dos filmes e os livros originais de Tolkien. Agradeço por isso, pois me permite fazer algo bastante diferente neste apêndice: avaliar o valor geral do que Jackson realizou ao longo de um período de treze anos. Isso vai exigir que eu fale em termos gerais sobre como Jackson alterou o trabalho de Tolkien, mas eu não vou olhar minuciosamente para as mudanças dele.

O ponto mais importante a salientar inicialmente (e isso é algo que muitos dos que olharam para as mudanças de Jackson raramente reconhecem) é que filme e romance são duas formas de arte totalmente diferentes, então Jackson poderia ter representado muito fielmente o mundo de Tolkien, mas como filme poderia ter sido horrível. Da mesma forma, Jackson poderia ter dado pouca consideração aos quatro livros de Tolkien, mas fez filmes que merecem ser considerados obras-primas.

Vejamos as duas trilogias em sequência.

O Senhor dos Anéis

Com *O Senhor dos Anéis*, Jackson fez algumas escolhas que foram claramente ditadas por o que ele imaginava que o público gostaria. Assim, ele acrescenta as piadas anãs de Gimli (duas delas); ele substitui Arwen por Glorfindel na sequência que leva os hobbits e Aragorn do Vale Etten para Valfenda; ele expande os papéis de Galadriel e Éowyn. Essas escolhas são astuciosas e eficazes. O mundo de 1955 (quando *O Senhor dos Anéis* foi publicado em sua totalidade) não é o mundo de 2000. As necessidades dos cinéfilos não são as mesmas que as daqueles que leem *O Senhor dos Anéis*. Sim, há uma sobreposição, mas muitos dos que foram ver os filmes de Jackson nunca haviam lido os livros em que os filmes se basearam.

Além dessas mudanças que resultaram da percepção que Jackson tinha do público, houve deleções da trilogia: toda a sequência de Tom

Bombadil foi cortada; o Expurgo do Condado foi cortado (exceto por um ou dois vislumbres durante a sequência do espelho de Galadriel). Essas são as principais deleções. Houve, penso eu, diferentes razões para essas duas deleções.

A sequência de Bombadil simplesmente não se encaixava com o tom e conteúdo do resto do épico de três volumes. O Expurgo do Condado teria alongado uma série de filmes que já era muito longa (chegando às nove horas e dezoito minutos nas versões *não* estendidas). Acho que essas foram escolhas sensatas de Jackson. Os capítulos de Bombadil são muito diferentes do resto do épico — chega até a causar desconforto em alguns momentos. Tolkien escolheu dramatizar a vida de um boneco de seu filho Michael. Não tenho certeza se isso foi uma boa ideia, embora a sequência na Colinas-dos-túmulos seja importante para a narrativa. O Expurgo do Condado é muito importante tematicamente para a narrativa de Tolkien, mas Jackson estava certo em pensar na duração. A versão cinematográfica da terceira parte da trilogia chegou aos 201 minutos o que, *sem dúvida,* é um filme longo. Ironicamente, se Jackson tivesse estendido o filme para incluir o expurgo, então ele poderia ter calado as críticas tolas, mas frequentes, de que o final do terceiro filme consiste em uma série de despedidas. Sim, e daí? O maior efeito colateral infeliz de não filmar o episódio do expurgo é que Saruman tem que ser morto de alguma forma, mas de uma maneira diferente do final escolhido por Tolkien no épico. Aqui eu acho que Jackson errou feio. Fazer com que Saruman caísse da varanda de Orthanc e fosse empalado em uma roda d'água foi um erro. Demasiado teatral e um eco dos piores excessos dos filmes de Drácula da Hammer dos anos 1950. O fato de o falecido Christopher Lee interpretar Drácula nesses filmes e Saruman não é desculpa, embora seja um tributo à longevidade de Lee.

Além de apelos ao público e deleções de partes da narrativa, Jackson também reorganizou o enredo de diversas formas e acrescentou algumas cenas. Quanto à reorganização, os filmes de Jackson começam e terminam em pontos diferentes da narrativa original; as mudanças infrequentes (livro) no foco narrativo de *As Duas Torres* são substituídas por um uso muito maior de corte de cena em cena (filme); há transposições de cenas e discursos; há alterações na linha do tempo. Tudo isso foi feito por motivos cinematográficos defensáveis (até mesmo louváveis). O efeito geral é melhorar os filmes, ainda que os puristas, compreensivelmente, possam objetar que Jackson tomou muita liberdade em sua adaptação. Quanto aos acréscimos, o episódio dos cavaleiros warg na viagem para o Abismo de Helm (quando Aragorn cai de um penhasco) é totalmente inventado. A decisão de Faramir de mandar o Um Anel para Gondor antes de mudar de ideia (aparentemente por causa da persuasão de Sam) é uma invenção menos chamativa. A primeira funciona brilhantemente no cinema, mas não me parece que se encaixe bem no espírito e nos talentos de Aragorn como guerreiro. A segunda é uma infeliz alteração de uma narrativa que funciona bem no livro de Tolkien.

No geral, o efeito das inúmeras mudanças que Jackson faz no original de Tolkien é considerável: ele enfatiza temas particulares em detrimento de outros; corta grande parte da especulação filosófica, provavelmente porque retardaria a narrativa dos filmes; usa um grande número de tomadas de helicóptero para simular a escala épica da obra de Tolkien.

Vários pontos precisam ser considerados com relação à trilogia de Jackson de *O Senhor dos Anéis* antes de passar à sua interpretação de *O Hobbit*. Primeiro, os filmes de Jackson são obras cinematográficas incríveis. Segundo, Jackson na verdade toma muito poucas liberdades com o épico de Tolkien. Terceiro, é claro que Jackson está muito familiarizado com *O Senhor dos Anéis* e o admira. Também é claro que ele é tecnicamente mais do que competente. Finalmente, todos nós que apreciamos os filmes devemos agradecer por ter sido Jackson a fazer os filmes (um entusiasta e não um cético), e por terem sido feitos quando os efeitos especiais tinham avançado a ponto de a realidade cinematográfica ser bem sustentada e bem-sucedida. Se a trilogia tivesse sido feita nos anos 1980, digamos, poderia ter sido um trabalho sério, mas teria sido risível.

O Hobbit

A trilogia *Hobbit* de Jackson é um desastre espetacular como uma interpretação de Tolkien e um fracasso como filme. Não temos que procurar muito para ver a origem do problema, embora os efeitos do problema sejam amplos e variados. Como Jackson fez *O Senhor dos Anéis* um épico — e com razão —, escolheu fazer o mesmo com *O Hobbit*, mas esse é um grave erro de categoria. Dar ao *O Hobbit* (uma história infantil) o tratamento épico é interpretar extremamente mal o gênero. Os três filmes de *O Senhor dos Anéis* englobam mais de mil páginas dos livros originais, já os três filmes de *O Hobbit* (quase oito horas de duração) englobam uma obra que tem apenas um quarto do tamanho de *O Senhor dos Anéis*. Foi como se, por ter tido tanto sucesso com *O Senhor dos Anéis*, Jackson insensatamente decidisse experimentar a mesma receita, mas, se as instruções para uma receita (digamos um suflê) produz um delicioso suflê nas mãos de um chef talentoso, essa mesma receita não poderia produzir uma ótima carne de panela, não importando o talento do chef.

E é como se, por ter decidido fazer um filme genericamente diferente do livro original de Tolkien, Jackson tenha se inspirado a ir muito além do que fez com *O Senhor dos Anéis* nas mudanças — mudanças por atacado — daquele original. Então ele acrescenta personagens ao enredo na esperança, presumo, de despertar o interesse do público. Azog, Finbul, Frodo, Galadriel, Grinnah, Legolas, Radagast, Saruman, Tauriel são as principais instâncias de uma lista mais longa. Alguns desses personagens estão em *O Senhor dos Anéis*, e ele os traz de volta — mas em *O Hobbit* — porque eles funcionaram bem uma vez (então por que não duas?); alguns são personagens citados em *O Hobbit* mas que não desempenham nenhum papel (então ele lhes dá um); alguns são personagens que estão mortos mas ele os traz de volta à vida; alguns são totalmente inventados. É difícil ver alguma melhora nos filmes devido a esses acréscimos. Depois há alterações na trama. Jackson muda a maneira como Bilbo adquire a espada Ferroada e o Um Anel. Ele extirpa o funeral de Thorin e a coroação de Dáin. Ele inventa uma luta entre os

Anãos e Smaug. Ele muda toda a relação entre Radagast e Gandalf e o Necromante. Essas são as principais instâncias de uma lista muito mais longa. E, mais uma vez, é difícil entender como os filmes melhorariam com qualquer uma dessas alterações. A consequência não intencional pode ser que o público que leu *O Hobbit* antes de ver a trilogia de Jackson aprecie ainda mais a maravilhosa e leve história infantil de Tolkien por sua simplicidade e sua unidade artística.

É difícil não condenar Jackson por sua húbris (ou, como os anglo-saxões o chamavam, *modo de ser*). Pode-se certamente acusá-lo de se enamorar demais pela tecnologia. De que outra forma se pode explicar a sua escolha de 48 frames por segundo em vez de 24 como formato para os três filmes? Ele o fez para que as sequências de ação ficassem mais realistas e menos desfocadas. Mas o efeito tornou o filme hiper-realista e assim, ironicamente, mais distante de seu público. É claro, essa visão é subjetiva, mas é a visão de muitos que já viram os filmes. O efeito é inesperado e visualmente perturbador. Se a trilogia de Jackson tivesse funcionado como filme, provavelmente os críticos teriam caracterizado a escolha de uma taxa de frames mais alta como idiossincrática e desnecessária. Como os filmes não foram muito bem recebidos, essa escolha é acrescentada a uma longa lista de coisas que Jackson não deveria ter feito. Vale ressaltar que *O Senhor dos Anéis* conquistou 17 Oscars e 24 indicações (só *O Retorno do Rei* recebeu 11 Oscars, o que o coloca na companhia de elite do *Titanic* e *Ben Hur* como os filmes mais premiados de todos os tempos pela Motion Picture Association of America). A trilogia *O Hobbit* não ganhou nenhum Oscar, mas foi nomeada oito vezes. A indústria cinematográfica falou alto e de forma justa.

Então, o que nos diz toda essa discussão sobre as versões cinematográficas do legendário de Tolkien? Talvez seja melhor voltarmos à reação de Tolkien em 1958 a uma proposta de tratamento cinematográfico de Morton Grady Zimmerman de *O Senhor dos Anéis*. O que ele diz lá se aplica bem às falhas de *O Hobbit* e aos pontos fortes de *O Senhor dos Anéis* como filme. Em uma carta para Forrest J. Ackerman, ele reclama que a proposta de Zimmerman trata seu trabalho com cavalheirismo e sem um claro entendimento de seu propósito. Em sua essência, ela confunde *O Senhor dos Anéis*.[2] A versão cinematográfica de Jackson de *O Senhor dos Anéis* funciona tão bem justamente porque ele entendeu o significado de *O Senhor dos Anéis* em seus próprios termos. Já a versão cinematográfica de Jackson de *O Hobbit* falha miseravelmente porque é imprudente e não tem nenhum entendimento do que o livro trata. Ela exagera características de uma história para crianças até a caricatura, ele acrescenta material desnecessário e confunde o original. E, ao fazer tudo isso, cria uma nova história com pouco valor cinematográfico. É melhor do que o desenho animado de Bass e Rankin de 1978, mas isso é dizer muito pouco. Muito pouco mesmo.

Apêndice C — Estudos sobre Tolkien

Essa lista é composta de textos (livros e artigos) que considero de leitura essencial, juntamente com sites e periódicos úteis. Além da lista, teci alguns comentários sobre o que ainda falta fazer nos estudos sobre Tolkien.

Livros e artigos essenciais

Allan, Jim, Ed. *An Introduction to Elfish*. Hayes: Branl's Head Books, 1978.

Anderson, Douglas A., *The Annotated Hobbit*. Ed. rev. e ampl. Boston, MA: Houghton Mifflin, 2002.

Birzer, Bradley. *J. R. R. Tolkien's Sanctifying Myth: Understanding Middle-earth*. Wilmington, DE: ISI Books, 2002.

Burns, Marjorie. *Perilous Realms: Celtic and Norse in Tolkien's Middle--earth*. Toronto: Imprensa da Universidade de Toronto, 2005.

Carpenter, Humphrey. *The Inklings: C. S. Lewis, J. R. R. Tolkien, Charles Williams, and Their Friends*. Londres: George Allen & Unwin, 1978.

Carpenter, Humphrey. *J. R. R. Tolkien: A Biograpghy*. Londres: George Allen & Unwin, 1977.

Crabbe, Katharyn W. *J. R. R. Tolkien*. Ed. rev. e amp. Nova York: Continuum, 1988.

Croft, Janet Brennan. *War and the Works of J. R. R. Tolkien*. Westport, CT: Praeger, 2004.

Drout, Michael D. C. *J. R. R. Tolkien Encyclopedia: Scholarship and Critical Assessment*. Nova York: Routledge, 2006.

Flieger, Verlyn. *Green Suns and Faërie: Essays on J. R. R. Tolkien*. Kent, OH: Kent State University Press, 2012.

Flieger, Verlyn. *Interrupted Music: Tolkien and the Making of a Mythology* Kent, OH: Kent State University Press, 2005.

Flieger, Verlyn. *A Question of Time: J. R. R. Tolkien's Road to Faërie*. Kent, OH: Kent State University Press, 1997.

Flieger, Verlyn. *Splintered Light: Logos and Language in Tolkien's*

World. 2ª ed. Kent, OH: Kent State University Press, 2002.

Flieger, Verlyn e Carl F. Hostetter (eds.). *Tolkien's Legendarium: Essays on the History of Middle-earth.* Westport, CT: Greenwood Press, 2000.

Fonstad, Karen Wynn. *The Atlas of Middle-earth.* Ed. ver. Boston, MA: Houghton Mifflin, 1991. Publicado originalmente em 1981.

Foster, Robert. *The Complete Guide to Middle-earth: From The Hobbit to The Silmarillion.* Londres: George Allen & Unwin, 1978.

Gilliver, Peter M., Jeremy Marshall e Edmund Weiner. *The Ring of Words: Tolkien and the Oxford English Dictionary.* Oxford: Oxford University Press, 2006.

Hammond, Wayne com a colaboração de Douglas A. Anderson. *J. R. R. Tolkien: A Descriptive Bibliography.* New Castle, DE: Oak Knoll Books, 1993.

Hammond, Wayne e Christina Scull. *J. R. R. Tolkien: Artist and Illustrator*. Boston, MA: Houghton Mifflin, 1995.

Hammond, Wayne e Christina Scull. *The Lord of the Rings: A Reader's Companion.* Boston, MA: Houghton Mifflin, 2005.

Hammond, Wayne e Christina Scull (eds.). *The Lord of the Rings, 1954–2004: Scholarship in Honor of Richard E. Blackwelder.* Milwaukee, WI: Marquette University Press, 2006.

Isaacs, Neil D. e Rose A. Zimbardo (eds.). *Tolkien and the Critics: Essays on J. R. R. Tolkien's The Lord of the Rings.* Notre Dame, IN: University of Notre Dame Press, 1968.

Isaacs, Neil D. e Rose A. Zimbardo (eds.). *Tolkien: New Critical Perspectives.* Lexington, KY: University Press of Kentucky, 1981.

Johnson, Judith A. J. R. R. *Tolkien: Six Decades of Criticism.* Westport, CT: Greenwood Press, 1986.

Kocher, Paul H. *Master of Middle-earth: The Fiction of J. R. R. Tolkien.* Boston, MA: Houghton Mifflin, 1972.

Lobdell, Jared C. (ed.). *A Tolkien Compass.* 2ª ed. LaSalle, IL: Open Court, 2003.

Marquette University, Patrick e Beatrice Haggerty Museum of Art. *The Invented Worlds of J. R. R. Tolkien: Drawings and Original Manuscripts from the Marquette University Collection.* Milwaukee, WI: The Museum, 2004.

McIlwaine, Catherine. *Tolkien: Maker of Middle-earth.* Oxford: Bodleian Library, 2018.

Pearce, Joseph (ed.). *Tolkien, A Celebration: Collected Writings on a Literary Legacy.* London: Fount, 1999.

Petty, Anne C. *Tolkien in the Land of Heroes: Discovering the Human Spirit.* Cold Spring Harbor, NY: Cold Spring Press, 2003.

Priestman, Judith. *J. R. R. Tolkien: Life and Legend.* Oxford: Bodleian Library, 1992.

Purtill, Richard L. *J. R. R. Tolkien: Myth, Morality, and Religion.* São Francisco, CA: Harper & Row, 1984.

Reynolds, Patricia e Glen H. Goodknight (ed.). *Proceedings of the Tolkien Centenary Conference 1992.* Altadena, CA: Mythpoeic Press, 1995.

Rosebury, Brian. *Tolkien: A Cultural Phenomenon.* Houndsmills: Palgrave Macmillan, 2003.

Scull, Christina e Wayne G. Hammond. *The J. R. R. Tolkien Companion and Guide.* 2 vols. Boston, MA: Houghton Mifflin, 2006.

Shippey, Tom. *J. R. R. Tolkien: Author of the Century.* Londres: HarperCollins, 2000.

Shippey, Tom. *The Road to Middle-earth.* Ed. rev. e amp. Boston, MA: Houghton Mifflin, 2003.

Sibley, Brian e John Howe. *The Maps of Middle-earth.* 2 vols. Boston, MA: Houghton Mifflin, 2001.

Solopova, Elizabeth. *Languages, Myths, and History: An Introduction to the Linguistic and Literary Background of J. R. R. Tolkien's Fiction.* Nova York: North Landing Books, 2009.

Strachey, Barbara. *Journeys of Frodo: An Atlas of J. R. R. Tolkien's The Lord of the Rings*. Londres: George Allen & Unwin, 1981.

Tolkien, John, e Priscilla Tolkien. *A Tolkien Family Album*. Londres: HarperCollins, 1992.

Tolkien Society, *Leaves from the Tree: J. R. R. Tolkien's Shorter Fiction.* Londres: The Tolkien Society, 1991.

Vaccaro, Christopher e Yvette Kisor (ed). *Tolkien and Alterity.* Cham: Springer Nature/Palgrave Macmillan, 2017.

West, Richard C. "A Tolkien Checklist: Selected Criticism 1981–2004."

Modern Fiction Studies 50 (4) (2004): 1015–1028.

West, Richard C. *Tolkien Criticism: An Annotated Checklist.* 2ª ed. Kent, OH: Kent State University Press, 1981.

Zettersten, Arne. *J. R. R. Tolkien's Double Worlds and Creative Process: Language and Life*. Nova York: Palgrave Macmillan, 2011.

Sites úteis

Council of Elrond, <councilofelrond.com>
The One Ring, <theonering.com>
The One Wiki to Rule Them All, <lotr.wikia.com>
Tolkien Gateway, <tolkiengateway.net>
The Tolkien Society, <www.tolkiensociety.org>

Melhores periódicos

Journal of Tolkien Research. Universidade Valparaiso.
Mallorn. The Tolkien Society.
Mythlore: A Journal of J. R. R. Tolkien, C. S. Lewis, and Charles Williams Studies. Mythopoeic Society.
Parma Eldalamberon. Elvish Linguistic Fellowship.
Tolkien Studies: An Annual Scholarly Review. West Virginia University Press.
Vinyar Tengwar. Elvish Linguistic Fellowship.

Pesquisas futuras sobre Tolkien

Estudiosos de Tolkien têm uma grande dívida com autores e pesquisadores como Humphrey Carpenter, Verlyn Flieger, Wayne Hammond, Carl Hostetter, Christina Scull e Tom Shippey. O trabalho deles é minucioso, preciso, bem escrito e inteligente. Parte do legado de Tolkien foi cuidadosamente estudado — seu trabalho como filólogo vem à mente. Parte dele foi menos bem mapeado e avaliado. Penso em três partes desse legado que necessitam de mais atenção: sua biografia, sua obra e a aplicação da teoria crítica ao seu trabalho.

A primeira é óbvia pelo fato de termos apenas uma biografia útil: a biografia "oficial" de Carpenter. Essa, porém, já tem mais de quarenta anos, e sempre foi uma pequena obra. A ideia de que a vida de um dos mais importantes escritores do século XX poderia ser representada por menos de trezentas páginas é, francamente, absurda. No entanto, essa biografia maior não será divulgada a menos que a família Tolkien e a Tolkien Trust disponibilizem de forma não mediada todos os periódicos e cartas de Tolkien. Carpenter ocasionalmente cita as revistas e coedita uma pequena seleção das cartas de Tolkien (auxiliado por Christopher Tolkien), mas isso é tudo. No entanto, se olharmos cuidadosamente as cartas que ele escreveu, podemos ver que Tolkien não era o homem plácido e sem problemas que a biografia oficial sugere. Em 1972, Tolkien escreveu a seu filho Christopher alguns comentários profundamente perspicazes sobre como sua vida inicial e a de Edith tinha sido dura ("sofrimentos terríveis" é a frase que ele usa). O quanto seus traumas de infância nunca haviam sido totalmente curados em nenhum deles. Quantas vezes ele havia "provado incapacidade" na vida posterior. O quanto seu amor os salvou através do poder da memória, pois eles sempre puderam lembrar como aquele amor floresceu. O quanto esse amor foi um talismã contra a inevitabilidade da morte[3]. Profundamente comovente. Notável. De partir o coração. Não é o retrato cuidadosamente aerodinâmico que Carpenter nos dá.

A segunda parte que falta — conhecimento completo da obra — só seria possível se a família de Tolkien e a Tolkien Trust disponibilizassem todos os manuscritos e textos datilografados de Tolkien. Desde a morte de Tolkien, tivemos volumes (geralmente editados por seu filho Christopher) lançados a cada dois anos e às vezes com mais frequência. As apresentações são úteis; Christopher Tolkien trabalhou árdua e assiduamente na preparação dos textos. No entanto, repetidas vezes, ele se refere a manuscritos e datilografias que apenas ele ou alguns poucos selecionados já viram, que dirá mais examinados. E não está claro para mim, apesar das credenciais acadêmicas de Christopher Tolkien, que ele é a melhor pessoa para editar o trabalho de seu pai. Ele pode não ser objetivo, e suas apresentações às vezes são pouco claras e confusas.

Sem acesso aos materiais originais, qualquer leitor pode se sentir como se estivesse olhando uma miragem.

A terceira lacuna nos estudos sobre Tolkien é óbvia para qualquer pessoa que tenha estudado teoria crítica. Temos pouco mais que análise linguística (algumas das quais rapidamente se tornam arcanas e abstrusas para quem não tem formação na área), discussão belletrística, abordagens históricas, estudos de gênero, pesquisas interdisciplinares esquemáticas e estudos de mitos. Onde estão as leituras desconstrutivas, a análise pós-moderna, as abordagens psicanalíticas? Nenhum Formalismo russo, nenhum Formalismo, nenhum Novo Historicismo, nenhuma fenomenologia, poucas leituras feministas, quase nenhuma teoria *queer*[4]. É difícil explicar essa ausência. É apenas por que a Teoria é difícil? Os teóricos não se sentem atraídos pelo trabalho de Tolkien? Eles tomam como evangelho o comentário de Tolkien a C.S. Lewis em 1948: "Eu *não sou* um crítico. Eu não quero ser um"[5]? Os críticos levam a sério a dispensa da crítica de Tolkien: "Eu acho que a 'crítica' — seja válida ou intelectualmente envolvente — tende a atrapalhar um escritor que tem algo pessoal a dizer. Quem caminha na corda bamba pode exigir *prática*, mas se ele começar uma teoria de equilíbrio perderá graça (e provavelmente cairá)" (Tolkien 2000: 126, nota de rodapé)? Claro, isso é um absurdo, mas parece um pedido para que os críticos não sejam, bem, críticos demais, para cavar muito abaixo do brilho da superfície do texto. E os textos de Tolkien brilham lindamente!

Notas de fim

Introdução

1. N. do E.: O legendário compreende todo o conjunto de informações sobre a mitologia da Terra-média. Há um consenso entre os tolkienistas (estudiosos da vida e obra de J. R. R. Tolkien) de que ele inclui não só as obras, mas cartas, entrevistas, rascunhos e relatos diversos que vieram do autor.

Capítulo 1

1. É interessante observar que essa leitura equivocada da vida de Tolkien tem continuado e muito no presente. Em maio de 2019, a Fox Searchlight lançou uma cinebiografia da vida de Tolkien, Tolkien. Quaisquer que sejam seus méritos como filme, ele não menciona C.S. Lewis ou os Inklings, e nada tem a dizer sobre o papel crucial da fé na vida de Tolkien.

2. Carpenter (2000), p. 14.

3. Ibid., p. 162.

4. White (2003), p. 10.

5. Ibid., p. 122.

6. Carpenter (2000), p. 144–145.

7. Ibid., p. 91.

8. Ibid, p. 75.

9. Tolkien (2000), p. 420-421.

10. Tolkien (2016a), p. 96.

11. The Christ of Cynewulf (1964), p. 104–105.

12. Tolkien (2000), p. 353–354.

13. Ibid., p. 9–10.

14. Citado em Carpenter (2000), p. 93–94.

15. Tolkien (2000), p. 78.

16. Ibid, p. 303.

17. Tolkien (1994a), p. 322.

18. Citado em Carpenter (2000), p. 89.

19. Tolkien (1994b), p. 423.

20. Carpenter (2000), p. 102

21.Tolkien (2016b), p. xxi-xxii.

22.Tolkien (2000), p. 257.

23.Tolkien (2007b), p. 269–282.

24. Ibid., p. 280.

25. Tolkien (1984), p. 252–277.

26. Tolkien (2000), p. 144–145

27.Citado em Carpenter (2000), p. 131

Capítulo 2

1. *Os Filhos de Húrin, Beren e Lúthien* e *A Queda de Gondolin* constituem o relato mais completo destes três contos cruciais da Primeira Era, como editado por Christopher Tolkien. Eles se expandem nas versões muito mais breves de *O Silmarillion*. A resolução bem-sucedida de Eärendil quanto ao dilema das Silmarils (Como o juramento de Feänor deve ser tratado?) parece não ter material suficiente dedicado a ele para merecer publicação como livro à parte.

2. Nascido em 1924, Christopher Tolkien foi nomeado o executor literário de seu pai. Formou-se em inglês na Universidade de Oxford, em 1949, e em literatura nórdica antiga, no início da década de 1950. Foi nomeado fellow do New College, Oxford, em 1961 e professor universitário de língua e literatura inglesa primitiva em 1964. Ele renunciou a esses postos acadêmicos em 1975, a fim de dedicar sua vida à edição da obra inédita de seu pai.

3. The Christ of Cynewulf (1964), ll. p. 104–105.

4. Carpenter (2000), p. 83.

5. Scull; Hammond (2006), Vol. I. p. 54.

6. Ibid., p. 70.

7. Hammond; Scull (1995), p. 45–46.

8. Tolkien (1986), p. 215–218.

9. Hammond; Scull (1995), p. 47.

10. Tolkien (2000), p. 144.

11. Tolkien (1983), p. 9.

12. Ibid., p. 64–93.

13. Ibid., p. 64.

14. Ibid., p. 1.

15. Tolkien (1986), p. 11.

16. Ibid.

17. Ibid., p. 77–78.

18. Tolkien (1987) p. 201.

19. Ibid., p. 218.

20.Tolkien (1986), veja Capítulo 4.

21. Tolkien (1987), veja Apêndice 3.

22. Tolkien (2000), p. 17.

23. Ibid., p. 215.

24. Citado em Anderson (2002) p. 28

25. Tolkien (2000), p. 145.

26. Ibid., p. 26.

27. Ibid., p. 40–41.

28. Tolkien (1999a), p. 33–255.

29. Tolkien (1983), p. 5.

30. Tolkien (2000) p. 143–161.

31. Ibid, p. 160.

32. Tolkien (1987), p. 11–35.

33. Tolkien (1992), p. 329–340.

Capítulo 3

1. Tolkien (2007a), p. 1.

2. Ibid. p. 8.

3. Ibid. p. 19.

4. Tolkien, 1994a, p. 4.

5. Ibid., p. 2.

6. Ibid., p. 77.

7. Ibid., p. 77–78

8. Ibid., p. 78.

9. Tolkien (2007a), p. 46.

10. Tolkien (1994a), p. 79.

11. Ibid., p. 13–15.

12. Ibid., p. 14.

13. Ibid.

14. Tolkien (1999a), p. xi.

15. Ibid., p. 25.

16. Ibid., p. 49.

17. Ibid., p. 55.

18. Ibid., p. 165.

19. Tolkien (2005), p. 750–782.

20. Tolkien (2000), p. 289.

21. Scull; Hammond (2006), p. 2.468.

22. Ibid., p. 2.469.

23. Carpenter (2000), p. 75.

24. Scull; Hammond (2006), p. 2.474.

25. A distinção comum entre "artificial" e "inventada" é que todas as línguas inventadas são artificiais, mas apenas línguas artificiais são inventadas — normalmente para o bem da humanidade — para serem adotadas. Pode-se também dizer que as línguas inventadas são apenas para uso privado ou para serem entendidas apenas pelos cognoscentes. As línguas inventadas por Tolkien ficaram bastante fora de seu controle, mas seu principal propósito era tornar mais convincentes as manifestações sociais e culturais de seu legendário.

26. Tolkien (2000), p. 219.

27. Tolkien (1999), p. 92.

28. Tolkien (1994a), p. 49.

29. Scull; Hammond (2006), p. 1.126.

30. Tolkien (1994a), p. 297–298.

31. Tolkien (1994c), p. 1.087.

32. Ibid., p. 1.093.

33. Ibid.

34. Ibid.

35. Ibid., p. 1.096.

36. Ibid.

37. Ibid., p. 1.101.

38. Ibid., p. 1.102.

39. Ibid., p. 1.103.

40. Ibid., p. 1.104.

41. Ibid.

42. Ibid., p. 1.106.

43. Ibid., p. 1.108.

44. Tolkien (1967a), p. 57 e 62.

45. Ibid., p. 63.

46. Ibid., p. 65.

47. Ibid., p. 66.

48. Ibid.

49. Tolkien (1999a), p. 355–365.

50. Ibid., p. ix.

51. Ibid., p. 355.

52. Ibid., p. 310–311.

53. Tolkien (1997b), p.1.

54. Tolkien p. 4.

55. Ibid., p. 162.

56. Ibid.

57. Ibid., p. 166.

58. Ibid.

59. Ibid.

60. Tolkien (1983), p. 246–273.

61. Ibid., p. 247.

62. Ibid.

63. Ibid. p. 248.

64. Ibid. p. 247.

65. Tolkien (1984), p. 335–349.

66. Ibid. p. 335.

67. Ibid, p. 148.

68. Ibid.

69. Ibid. p. 149.

70. Ibid.

71. Tolkien (1987), p. 167–198.

72. Ibid., p. 339–400.

73. Ibid., p. 404–407.

74. Ibid., p. 341.

75. Ibid., p. 342.

76. Tolkien (1992), p. 413–440.

77. Lowdham é Arundel Lowdham (ou Loudham), um personagem importante em "The Notion Club Papers". Ele realiza pesquisas, principalmente de natureza linguística, sobre a queda de Númenor e a língua mais associada com os Númenóreanos: adûnaico.

78. Tolkien (1992), p. 439–440.

79. Ibid., p. 440.

80. Tolkien (1994d), p. 357–424.

81. Ibid., p. 359.

82. Ibid., p. 360–372.

83. Ibid., p. 372.

84. Ibid., p. 380–385.

85. Ibid., p. 359.

86. Ibid., p. 388.

87. Ibid., p. 391.

88. Ibid., p. 397.

89. Tolkien (1996), p. 19–84.

90. Ibid., p. 331–366.

91. Ibid., p. 367–376.

92. Ibid., p. 331.

93. Ibid., p. 332.

94. Ibid., p. 335.

95. Ibid., p. 367.

Capítulo 4

1. O Retorno do Rei foi publicado em 1955; O Silmarillion em 1977 (embora o material nele contido remonte ao início da Primeira Guerra Mundial).

2.Tolkien (1994c), p. 1.082.

3. Para um estudo detalhado da mudança geográfica em Arda e na Terra-média, o melhor lugar para começar é com O Atlas da Terra-média de Karen Wynn Fonstad (1981; ed. rev., 1991).

4. Tolkien (1999a), p. 15.

5. Ibid.

6. Ibid., p. 18.

7. Ibid.

8. Ibid., p. 20.

9. Ibid., p. 18.

10. Ibid., p. 20.

11. Ibid., p. 22.

12. Na página 18, Tolkien havia escrito "um lugar para a moradia deles [Elfos e Homens] nas Profundezas do Tempo e no meio das inumeráveis estrelas".

13. Tolkien (1999a), p. 28.

14. Ibid., p. 37.

15. Ibid., p. 39.

16. Ibid., p. 41.

17. Ibid., p. 101.

18. Ibid., p. 342–356.

19. Tolkien (1994d), p. 344–345.

20. Ibid., p. 344.

21. Ibid., p. 343.

22. Tolkien (2007a), p. 48.

23. Ibid., p. 154.

24. Ibid.

25. Ibid., p. 271.

26. Ibid.

27. Ibid.

28. Ibid., p. 4.

29. Ibid., p. 5.

30. Ibid., p. 24.

31. Ibid., p. 89.

32. Grotta (1992), p. 45.

33. É importante notar aqui que o 12º volume de *A História da Terra-média* de Christopher Tolkien, que se intitula Os Povos da Terra-média, analisa extensivamente os Capítulos 6 e 8 nas versões anteriores de Tolkien e nas versões alternativas do Apêndice B de O Senhor dos Anéis. Decidi, para obter clareza, não discutir essas versões alternativas do material publicado, mas incentivo os leitores interessados a procurar lá um sentido detalhado do que Tolkien pensava sobre os eventos importantes da Segunda, Terceira e Quarta Eras da Terra-média.

34. Tolkien (1994c), p. 1.057.

35. Ibid., p. 1.059.

36. Ibid.

37. Ibid., p. 1.058–72.

38. Ibid., p. 1.065, 1.070–71.

39. Ibid., p. 1.097.

40. Ibid., p. 1.060.

41. Ibid., p. 1.094.

42. Tolkien (1999a), p. 20.

43. A palavra "Terra-média" aparece pela primeira vez em *O Silmarillion*, na seção "Valaquenta" chamada "Dos Valar". Lá, ela é usada para diferenciar duas línguas Élficas: a que era falada em Valinor e a que era falada na Terra-média. O termo é usado quase de improviso por Tolkien. Isso pode ser devido ao seu profundo conhecimento do anglo-saxão, uma linguagem em que a Terra-média é usada para descrever o mundo em que todos os seres vivos existem. É somente na "Quenta Silmarillion" em si que a Terra-média é vista geograficamente como um local que precisa ser iluminado e como um local com um norte pelo qual Melkor invade e tenta derrubar os Valar (Tolkien, 1999a, p. 35-36)

44. Tolkien (1999a), p. 18.

45. Ibid., p. 22.

46. Essa terra, na qual tantos dos eventos cruciais de O Silmarillion ocorrem, é descrita em sua totalidade no Capítulo 14 da "Quenta Silmarillion": "De Beleriand e seus Reinos (Tolkien, 1999a, 118-124)

47. Tolkien (1999a), p. 51.

48. Ibid., p. 252.

49. Ibid., p. 280.

50. Ibid., p. 282.

Capítulo 5

1. Essas obras menos conhecidas incluem "A Chegada dos Elfos e a Criação de Kôr"; "A Versão Inicial dos Anais de Beleriand"; "Dos Valar", "Leis e Costumes entre Os Eldar" e "Mitos Transformados"; "Os Anais Cinzentos", "Dos Homens", "Sobre os Anãos", "Da Chegada dos Homens ao Oeste" e "Quendi e Eldar"; "A Casa de Eorl", "O Povo de Durin" e "Dos Anãos e Homens"; "Uma Descrição da Ilha de Númenor", "Os Homens do Norte e os Lavradores" e "Da Viagem dos Cavaleiros Negros de Acordo com a Tarefa que Gandalf deu a Frodo". Há também inúmeros comentários sobre os povos da Terra-média nas cartas de Tolkien, publicadas pela primeira vez em 1981.

2. Logo no início da criação do seu legendário, Tolkien usou o termo "gnomos" em vez de "Elfos". Esta última tornou-se a forma correta no início da década de 1930.

3. Tolkien (1999a), p. 18.

4. Tolkien (2007a), p. 49.

5. Tolkien (1994a), p. 44.

6. Ibid., p. 50.

7. Ibid., p. 78.

8. Ibid., p. 79.

9. O nome dos Elfos para si mesmos é Quendi. Significa "aqueles que falam com vozes".

10. Tolkien (1999a), p. 52.

11. Ibid., p. 104.

12. Ibid., p. 53.

13. Ibid., p. 83.

14. Ibid., p. 90.

15. Para aqueles que querem um desafio, há então o ensaio extraordinariamente denso de Tolkien intitulado "Quendi e Eldar" (Tolkien, 1994d, p. 359–424), que data de 1959 a 1960 e inclui este detalhe fasci-

nante sobre as origens dos Elfos:

Segundo a lenda, preservados de forma quase idêntica entre os Elfos de Aman e os Sindar, os Três Clãs eram, no início, derivados dos três Elfos-pais: Imin; Tata; e Enel (sc. Um, Dois, Três), e aqueles que cada um escolheu para se juntar aos seus seguidores. Então eles tinham no início simplesmente os nomes Minyar "Primeiros", Tatyar "Segundos" e Nelyar "Terceiros". Estes numerados, dos 144 Elfos originais que acordaram pela primeira vez, 14, 56 e 74; e estas proporções foram mantidas aproximadamente até a Separação. (Tolkien, 1994d, p. 380).

16. Tolkien (1999a), p. 42.

17. Ibid., p. 41.

18. Ibid., p. 42.

19. Tolkien (1997c), p. 153.

20. Para aqueles que querem saber sobre os costumes matrimoniais dos Elfos, Tolkien os discute em detalhes em um ensaio intitulado "Leis e Costumes entre os Eldar" (Tolkien, 1993, 207–233). O ensaio é datado por Christopher Tolkien como tendo sido escrito no final da década de 1950.

No entanto, Tolkien nem sempre é tão otimista quanto à mortalidade dos homens ser um presente, pois no capítulo intitulado "Dos Homens", em O Silmarillion, ele enfatiza os aspectos menos agradáveis da vida humana: fragilidade, doença e envelhecimento (Tolkien, 1999a, p. 104), e admite ter dúvidas sobre o que acontece com os humanos após a morte. Em uma obra pouco conhecida intitulada "Athrabeth Finrod ah Andreth" (Tolkien, 1993, p. 303–366), Tolkien introduz a ideia de que os Edain não pensavam que a mortalidade humana fosse uma ideia concebida por Ilúvatar; ao contrário, a mortalidade humana foi criada "pela malícia de Melkor" (Tolkien, 1993, p. 304). Os Eldar rejeitam a ideia de forma bastante convincente, mas foi Tolkien quem primeiro levantou deliberadamente (e desnecessariamente) a possibilidade.

21. Tolkien (1999a), p. 103–105.

22. Ibid., p. 47–54.

23. Ibid., p. 103.

24. Ibid.

25. Ibid.

26. Ibid., p. 148.

27. Ibid., p. 260.

28. Ibid., p. 281.

29. Tolkien fornece muitas versões dessa história de Atlântida em seu legendário. Há nada menos que três outras versões editadas por Christopher Tolkien: duas que ele chama de "A Queda de Númenor"; e uma que ele chama de "A Submersão de Anadûnê". Ver A Estrada Perdida e Outros Escritos (Tolkien, 1987, p. 11–35, e 1992, p. 331–440).

30. Tolkien (1999a), p. 285–309.

31. Tolkien (1994c), p. 1.038–45.

32. Tolkien (1996), p. 270–274.

33. Minha descrição desse povo tenta levar em conta as várias versões de sua cultura como desenvolvida por Tolkien.

34. Durin foi o primeiro dos lendários Sete Pais dos Anãos. (Ver Apêndice A, O Senhor dos Anéis [Tolkien, 1994c, p. 1045]). Outros nomes para os Anãos incluíram Khazad, os Naugrim e Gonhirrim.

35. Pelo menos, é isso que "uma das últimas notas do Livro Vermelho" indica (Apêndice A, O Senhor dos Anéis [Tolkien, 1994c, p. 1055])

36. Tolkien (1999a), p. 44.

37. Tolkien (1994d), p. 201–215.

38. Ibid., p. 205.

39. Para quem tiver interesse em acompanhar o desenvolvimento dos hobbits como povo, Os Povos da Terra-média (Tolkien, 1996, p. 85–139) fornece um rico material sobre o Condado.

40. Apresento essa questão das origens com alguma profundidade porque era muito importante para Tolkien e também para mostrar aos leitores o quão complicado é o mundo que Tolkien criou. Talvez eu pudesse ter me aprofundado mais em minhas discussões sobre a maioria dos povos e indivíduos que são o assunto deste capítulo, mas isso teria ido contra a minha intenção: brevidade e clareza.

41. Tolkien (1999a), p. 50.

42. Ibid., p. 94.

43. Tolkien (1994d), p. 390.

44. Tolkien (1994c), p. 1.131–32.

45. Tolkien (1993), p. 72–74, 78, 109–110, 123–124.

46. Ibid., p. 406.

47. Ibid., p. 408–424.

48. Tolkien (1994c), p. 1.131.

49. Tolkien (1993), p. 74.

50. Ibid.

51. Ibid.

52. Ibid., p. 109.

53. Ibid., p. 406.

54. Ibid., p. 411.

55. Ibid., p. 416.

56. Ibid., p. 409.

57. Tolkien (1999a), p. 25–32.

58. Tolkien (1983), p. 64–93.

59. Tolkien (1993), p. 143–152.

60. Ibid., p. 199–205.

61. Tolkien (1999a), p. 25.

62. Ibid., p. 26.

63. Ibid.

64. Ibid., p. 28.

65. Ibid.

66. Ibid., p. 28–29.

67. Ibid., p. 26.

68. Ibid., p. 27.

69. Ibid., p. 28.

70. Ibid.

71. Ibid., p. 29.

72. Ibid., p. 30.

73. Ibid., p. 31.

74. Tolkien (2007a), p. 7.

75. Se Gandalf for um maia, significa que todos os cinco magos nomeados por Tolkien também são Maiar. Isso é pouco claro, mas provável.

76. Tolkien (1999a), p. 285–304.

77. Tolkien (1994c), p. 1.059–60.

78. Tolkien (1980), p. 388–402.

79. Tolkien (1996), p. 384–385.

80. Tolkien ressalta que não sabemos seus verdadeiros nomes, por isso, os que nos dão são dados precisos, mas presumidos.

81. Tolkien (1994c), p. 1.060.

82. O discurso de Círdan no Apêndice B de O Senhor dos Anéis, quando ele dá Narya a Mithrandir, existe em outro lugar em duas versões ligeiramente diferentes. Ver ensaio "Os Istari" (Tolkien, 1980, p. 389) "Dos Anéis de Poder e da Terceira Era" (Tolkien, 1999a, p. 304).

83. "Dos Anéis de Poder e da Terceira Era" comenta que, na verdade,

Círdan disse a Elrond e Galadriel que os Istari "vieram pelo Mar" (Tolkien, 1999a, p. 299).

84. Tolkien (1980), p. 389.

85. Ibid.

86. Ibid., p. 391.

87. Ibid., p. 389.

88. Ibid., p. 401.

89. Ibid., p. 390.

90. Ibid.

91. Tolkien (1996), p. 385.

92. Em notas a "Os Istari" fornecidas por Christopher Tolkien, há algum material escrito por Tolkien que se relaciona com o raciocínio por trás dos Valar enviando esses Maiar particulares para a Terra-média (1980, 392–394). Essa parte da história não aparece em nenhum outro lugar. É fascinante, mas sua discussão está além do escopo do capítulo.

93. Tolkien (1999a), p. 267.

94. Ibid., p. 289

95. Tolkien (2000), p. 42

96. Tolkien (1994c), p. 1.105.

97. Tolkien (2007a), p. 108.

98. Ibid., p. 263–264.

99. Tolkien (2000), p. 178.

100. Ibid.

101. Ibid., p. 26.

102. Ibid., p. 174.

103. Ibid., p. 192.

104. Ibid.

Capítulo 6

1. Tolkien (2000), p. 149.

2. Tolkien (1994a), p. 263.

3. Ibid., p. 286.

4. Ibid., p. 289.

5. Tolkien (1999a), p. 42.

6. Tolkien (1997c), p. 153.

7. Tolkien (1994a), p. 348.

8. Tolkien (1994b), p. 419.

9. Ibid., p. 484.

10. Ibid., p. 714.

11. Tolkien (1994c), p. 775.

12. Ibid., p. 927.

13. Ibid., p. 861.

14. Tolkien (1994a), p. 254–255.

15. Tolkien (1999a), p. 255.

16. Tolkien (1994a), p. 254–255.

17. Tolkien (1994c), p. 801.

18. Ibid., p. 823.

19. Ibid.

20. Tolkien (2007a), p. 276.

21. Tolkien (1994b), p. 404.

22. Ibid., p. 407.

23. Alexander, (1991), p. 104.

24. The Battle of Maldon (2009), p. 313–314.

25. Tolkien (1997a), p. 20.

26. Tolkien (1994c), p. 997.

27. Tolkien (2000), p. 246, 262, 284.

28. Tolkien (1999a), p. 263.

29. Ibid., p. 264.

30. Ibid.

31. Ibid., p. 264–265.

32. Tolkien (1994b), p. 497.

33. Tolkien (1994c), p. 967.

34. Tolkien (1994a), p. 348.

35. Ibid., p. 356.

36. Santayana (1953), 82 p.

37. Tolkien (1994a), p. 356.

38. Ibid., p. 122.

39. Tolkien (1994c), p. 1.008.

40. Tolkien (1999a), p. 180.

41. Tolkien(1994b), p. 464.

42. Ibid., p.464–465.

43. Ibid., p. 465.

44. Ibid., p. 466.

45. Tolkien (1999a), p. 15–22.

46. Ibid., p. 15.

47. Ibid.

48. Ibid., p. 17.

49. Tolkien (2007a), p. 13.

50. Ibid., p. 14.

51. Ibid., p. 14–16.

52. Ibid., p. 46.

53. Tolkien (1994a), p. v.

54. Ibid., p. 72.

55. Ibid., p. 76.

56. Ibid.

57. Citado em Scull e Hammond 2005) p. 2.615.

58. Tolkien (2014), p. 64–5.

59. Tolkien (1993), p. 112.

60. Ibid.

61. Tolkien (1994a), p. 59.

62. Tolkien (2007a), p. 81.

63. Ibid.

64. Tolkien (1994a), p. 12.

65. Ibid., p. 58.

66. Ibid.

67. Tolkien (2000), p 326.

68. Ibid., p. 246.

69. Ibid., p. 146.

70. Ibid., p. 64.

71. Citado em Scull e Hammond (2006) p. 2.779.

72. Tolkien (1994a), p. 60.

73. Ibid., p. 130.

74. Ibid., p. 168.

75. Ibid., p. 171.

76. Ibid., p. 389.

77. Ibid., p. 390.

78. Tolkien (1994b), p. 404.

79. Tolkien (1994a), p. 356.

80. Ibid.

81. Ibid., p. 357.

82. Tolkien (1994b), p. 715.

83. Tolkien (2000), p. 64.

84. Tolkien (1999a), p. 165.

85. Ibid., p. 254.

86. Tolkien (1999a), p. 278.

87. Ibid., p. 278–279.

88. Tolkien (2014), p. 105, 2650–2654.

89. Tolkien (2000), p. 87–88.

90. Tolkien (1994c), p. 902.

91. Tolkien (1994b), p. 583–584.

92. Tolkien (1994c), p. 763.

93. Ibid.

94. Ibid.

95. Tolkien (1994c), p. 847.

96. Ibid., p. 1.028.

97. Ibid., p. 835–836.

98. Ibid., p. 945.

99. Ibid., p. 946.

100. Ibid.

101. Tolkien (1999a), p. 247.

102. Ibid., p. 249.

103. Ibid., p. 250.

104. Tolkien (2018), p. 13.

105. Ibid., p. 11.

106. Ibid., p. 13.

107. Ibid., p. 10.

108. Citado em Tolkien (2018), p. 22.

Apêndices

1. Shippey (2003), p. 388–398.

2. Tolkien (2000), p. 270, 277.

3. Tolkien (2000), p. 420–421.

4. N. do E: A teoria queer surgiu na década de 1990 e teve como referencial teórico os estudos de Focault e Derrida, além da contemporânea Judith Butler. O intuito é o de questionar a sociedade heteronormativa. Portanto, representa as minorias sexuais em sua diversidade e multiplicidade, levando em consideração todos os tipos e todas as concepções de sexualidade

5. Tolkien (2000), p. 126.

Referências Bibliográficas

"The Battle of Maldon" (2009), <https://wcb.archive.org/web/20090109124524/http://www8.georgetown.edu/departments/medieval/labyrinth/library/oe/texts/a9.html> (acessado em 2 de junho de 2019).

A Sociedade do Anel (2001). Dir. Peter Jackson, EUA: New Line Cinema/WingNut Films, 2001.

Alexander, Michael (1991), "The Battle of Maldon", *The First Poems in English*, Londres: Penguin Classics, [92]–104.

Anderson, Douglas A. (2002), *The Annotated Hobbit*. Ed. rev. e amp. MA: Houghton Mifflin.

As Duas Torres (2002). Dir. Peter Jackson, EUA: New Line Cinema/WingNut Films.

Carpenter, Humphrey (2000), *J. R. R. Tolkien: A Biography*, Boston, MA: Houghton Mifflin. Publicado pela primeira vez em 1977.

Fonstad, Karen Wynn (1991), *The Atlas of Middle-earth*. Ed. rev. Boston, MA: Houghton Mifflin.

Grotta, Daniel (1992), *The Biography of J. R. R. Tolkien: Architect of Middle Earth* [*sic*]. Philadelphia, PA; Running Press. Publicado pela primeira vez em 1976.

Hammond, Wayne G. e Christina Scull (1995), *J. R. R. Tolkien: Artist & Illustrator*, Boston, MA: Houghton Mifflin.

Hammond, Wayne G. e Christina Scull (2005), *The Lord of The Rings: A Reader's Companion*, Boston, MA: Houghton Mifflin.

O Hobbit (1966). Dir. Gene Deitsch com Jiri Trinka e Adolf Born, EUA: Rembrandt Films.

O Hobbit (1977). Dir. Jules Bass e Arthur Rankin, Jr., EUA: Rankin/Bass Productions.

O Hobbit: A Batalha dos Cinco Exércitos (2014). Dir. Peter Jackson, EUA: New Line Cinema/WingNut Films/MGM.

O Hobbit: A Desolação de Smaug (2013). Dir. Peter Jackson, EUA: Nova Linha Cinema/WingNut Films/MGM.

O Hobbit: Uma Viagem Inesperada (2012). Dir. Peter Jackson, EUA: New Line Cinema/WingNut Films/MGM.

O Retorno do Rei (1980). Dir. Jules Bass e Arthur Rankin, Jr., EUA: Rankin/Bass Productions.

O Retorno do Rei (2003). Dir. Peter Jackson, EUA: New Line Cinema/WingNut Films.

O Senhor dos Anéis (1978). Dir. Ralph Bakshi, EUA: Bakshi Productions.

O Senhor dos Anéis (2001–2003). Dir. Peter Jackson, EUA: New Line Cinema/WingNut Films.

Salu, Mary e Robert T. Farrell (1979), *J. R. R. Tolkien, Scholar and Storyteller*, Ithaca, NY: Cornell University Press.

Santayana, George (1953), "Reason in Common Sense", pt. I de *The Life of Reason; or, The Phases of Human Progress*. Rev. de George Santayana e Daniel Cray, Nova York: Charles Scribner's Sons, p. 3–86.

Scull, Christina e Wayne G. Hammond (2006), *The J. R. R. Tolkien Companion and Guide*. 2 vols. (*Chronology; 2 Reader's Guide*), Boston, MA: Houghton Mifflin.

Shippey, Tom (2003), *The Road to Middle-Earth*. Ed. rev. e amp. Boston, MA: Houghton Mifflin.

The Christ of Cynewulf (1964). Ed. Albert S. Cook, Hamden, CT: Archon Books/The Shoe String Press. Publicado pela primeira vez em 1900.

Tolkien (2019). Dir. Dome Karukoski, EUA: Fox Searchlight Pictures.

Tolkien, J. R. R. (1922), *A Middle English Vocabulary*. Oxford: Clarendon Press, 1922.

Tolkien, J. R. R. (1949), *Mestre Gil de Ham*. Londres: George Allen & Unwin.

Tolkien, J. R. R. (1954–5), *O Senhor dos Anéis*. Londres: George Allen & Unwin.

Tolkien, J. R. R. (1961), *The Adventures of Tom Bombadil and Other Verses from The Red Book*. Londres: George Allen & Unwin.

Tolkien, J. R. R. (1962), *Ancrene Wisse: The English Text of the Ancrene Riwle*. Londres: Oxford University Press/Early English Text Society.

Tolkien, J. R. R. (1964), "Leaf by Niggle" em *Tree and Leaf*. Londres: George Allen & Unwin, 71–92 p. Publicado pela primeira vez em 1945.

Tolkien, J. R. R. (1966), "The Homecoming of Beorhtnoth Beorthelm's Son", em *The Tolkien Reader*. Nova York: Ballantine Books, [1]–27 p. Publicado pela primeira vez em 1953.

Tolkien, J. R. R. (1967a), *The Road Goes Ever On: A Song Cycle — Poems by J. R. R. Tolkien; música de Donald Swann*. Nova York: Ballantine Books.

Tolkien, J. R. R. (1967b), *Smith of Wootton Major*. Londres: George Allen & Unwin.

Tolkien, J. R. R. (1967c), *Sir Gawain and the Green Knight*. 2ª ed. Norman Davis, Oxford: Clarendon Press. Publicado pela primeira vez em 1925.

Tolkien, J. R. R. (1975), *Sir Gawain and the Green Knight, Pearl, and Sir Orfeo*. Nova York: Ballantine.

Tolkien, J. R. R. (1979), *Pictures by J. R. R. Tolkien*. Boston, MA: Houghton Mifflin.

Tolkien, J. R. R. (1980), *Unfinished Tales of Númenor and Middle-earth*. Ed. Christopher Tolkien, Boston, MA: Houghton Mifflin.

Tolkien, J. R. R. (1982), Mr. *Bliss*. Londres: George Allen & Unwin.

Tolkien, J. R. R. (1983), *The Book of Lost Tales Parte I*, vol. I de *The History of Middle-earth*. Ed. Christopher Tolkien, Boston, MA: Houghton Mifflin.

Tolkien, J. R. R. (1984), *The Book of Lost Tales Parte II*, vol. II de *The History of Middle-earth*. Ed. Christopher Tolkien, Boston, MA: Houghton Mifflin.

Tolkien, J. R. R. (1986), *The Shaping of Middle-earth: The Quenta, The Ambarkanta, and The Annals*, vol. IV de *The History of Middle-earth*. Ed. Christopher Tolkien, Boston, MA: Houghton Mifflin.

Tolkien, J. R. R. (1987), *The Lost Road and Other Writings: Language and Legend before "The Lord of the Rings"*, vol. V de *The History of Middle-earth*. Ed. Christopher Tolkien, Boston, MA: Houghton Mifflin.

Tolkien, J. R. R. (1992), *Sauron Defeated: The End of the Third Age* (*The History of the Rings Part Four*), vol. IX de *The History of Middle-earth*. Ed. Christopher Tolkien, Boston, MA: Houghton Mifflin.

Tolkien, J. R. R. (1993), *Morgoth's Ring: The Later Silmarillion, Part One —The Legends of Aman*, vol. X de *The History of Middle-earth*. Ed. Christopher Tolkien, Boston, MA: Houghton Mifflin.

Tolkien, J. R. R. (1994a), *The Fellowship of the Ring*. Boston, MA, Houghton Mifflin.

Tolkien, J. R. R. (1994b), *The Two Towers*. Boston, MA: Houghton Mifflin.

Tolkien, J. R. R. (1994c), *The Return of the King*. Boston, MA: Houghton Mifflin.

Tolkien, J. R. R. (1994d), *The War of the Jewels: The Later Silmarillion Part Two — The Legends of Beleriand,*, vol. XI de *The History of Middle-earth*. Ed. Christopher Tolkien, Boston, MA: Houghton Mifflin.

Tolkien, J. R. R. (1996), *The Peoples of Middle-earth*, vol. XII of *The History of Middle-earth*. Ed. Christopher Tolkien, Boston, MA: Houghton Mifflin.

Tolkien, J. R. R. (1997a), "Beowulf: The Monsters and the Critics", em *The Monsters and the Critics and Other Essays*. Ed. Christopher Tolkien, Londres: HarperCollins, [5]–48 p. Publicado pela primeira vez em 1936.

Tolkien, J. R. R. (1997b), *The Monsters and the Critics and Other Essays*. Ed. Christopher Tolkien, Londres: HarperCollins. Publicado pela primeira vez em 1983.

Tolkien, J. R. R. (1997c), "On Fairy-Stories". In: *The Monsters and the Critics and Other Essays*. Ed. Christopher Tolkien, Londres: HarperCollins, [109]–161 p. Publicado pela primeira vez em 1939.

Tolkien, J. R. R. (1998), *Roverandom*. Ed. Christina Scull e Wayne G. Hammond, Boston, MA: Houghton Mifflin.

Tolkien, J. R. R. (1999a), *The Silmarillion*. Ed. Christopher Tolkien, 2ª ed. Londres: HarperCollins. Publicado pela primeira vez em 1977.

Tolkien, J. R. R. (1999b), *The Father Christmas Letters*. Ed. Baillie Tolkien. Ed. rev. Londres: HarperCollins. Publicado pela primeira vez em 1976.

Tolkien, J. R. R. (2000), *The Letters of J. R. R. Tolkien*. Ed. Humphrey Carpenter com a assistência de Christopher Tolkien, Boston, MA: Houghton Mifflin. Publicado pela primeira vez em 1981.

Tolkien, J. R. R. (2002), *Bilbo's Last Song* (*at the Grey Havens*). Ed. rev. Nova York: Alfred A. Knopf. Publicado pela primeira vez em 1990.

Tolkien, J. R. R. (2006), *Finn and Hengest: The Fragment and the Episode*. Ed. Alan Bliss, Londres: HarperCollins. Publicado pela primeira vez em 1982.

Tolkien, J. R. R. (2007a), *The Hobbit or There and Back Again*. Boston, MA: Houghton Mifflin. Publicado pela primeira vez em 1937.

Tolkien, J. R. R. (2007b), *The Children of Húrin*, também chamado *Narn I Chîn Húrin: The Tale of the Children of Húrin*. Ed. Christopher Tolkien, Boston, MA: Houghton Mifflin.

Tolkien, J. R. R. (2009), *The Legend of Sigurd and Gudrún*. Ed. Christopher Tolkien, Boston, MA: Houghton Mifflin.

Tolkien, J. R. R. (2013), *The Fall of Arthur*. Ed. Christopher Tolkien, Boston, MA: Houghton Mifflin.

Tolkien, J. R. R. (2014), *Beowulf: A Translation and Commentary together with Sellic Spell*. Ed. Christopher Tolkien, Boston, MA: Houghton Mifflin.

Tolkien, J. R. R. (2016a), *The Lay of Aotrou and Itroun*. Ed. Verlyn Flieger, Londres: HarperCollins.

Tolkien, J. R. R. (2016b), *The History of Kullervo*. Ed. Verlyn Flieger, Boston, MA: Houghton Mifflin.

Tolkien, J. R. R. (2017), *Beren and Lúthien*. Ed. Christopher Tolkien, Boston: Houghton Mifflin.

Tolkien, J. R. R. (2018), *The Fall of Gondolin*. Ed. Christopher Tolkien, Boston: Houghton Mifflin.

Tolkien, J. R. R. et al. (1963), *Angles and Britons: O'Donnell Lectures*. Cardiff: University of Wales Press.

White, Michael (2003), *Tolkien: A Biography*. Nova York: New American Library. Publicado pela primeira vez em 2001.